# 시, 인터-리뷰

# 차례

## 3

## 4

## 5

**prologue**

**최가은**   안녕하세요, 대한 씨.

**조대한**   안녕하세요, 가은 씨.

**최가은**   음…… 세상 어색하네요.

**조대한**   (웃음) 그러게요. 이번 책이 인터뷰 형식을 빌린 리뷰 집이다 보니 기왕이면 서문이나 발문도 인터뷰 형식으로 짤막하게 진행해보면 어떨까 싶어 이런 어색한 시작을 하게 되었는데요.

**최가은**   맞습니다. 서로 각자의 인터뷰어가 되어주면서 말이지요. 서두니까 일단 이 책이 만들어진 계기부터 이야기해볼까요. 어떻게 시작하게 된 기획이었나요?

**조대한**  늘 그렇듯 시작은 사소한 수다였던 것 같아요. 저희 둘 다 같은 대학원에서 오랫동안 같이 공부를 해왔죠. 그날도 평소처럼 이런저런 이야기를 하다가, 서로 좋게 읽었던 시인의 작품에 대해 한참을 떠들었어요. 그러다가 이 이야기들을 어딘가에 기록해보자는 의견이 나왔고요. 문학 비평과 연구 분야에서 각자 글을 써오고 있었지만 좀 더 사적인 끌림과 재미에서 비롯된 글들을 써봐도 재미있겠다는 생각이 들어 시작하게 되었습니다.

**최가은**  그 기록들을 남길 수 있는 블로그를 만들고 거기에 '시로'라는 이름을 붙이게 되었지요. 대한 씨 말씀대로 공적인 청탁과 무관하게 좋아하는 작품에 대해 쓰고 싶었던 사적인 글들을 월 단위로 남겨보자는 기획이었습니다.

**조대한**  물론 처음 계획대로 많은 글을 남기지는 못했지만요.

**최가은**  그래도 블로그 통계를 살펴보면 생각보다 읽어주시는 분들이 많더라고요. 우리만의 사사로운 발화로 끝나지 않게 되었다는 점도 의미가 있을 듯해요.

**조대한**　오, 접속하신 분들 숫자가 많은가요? 신기하네요.

**최가은**　저기요, 관심 좀 가져주실래요.

**조대한**　(웃음) 억울합니다. 제가 관심이 없는 것이 아니라 블로그 통계까지는 못 찾아봐서……. 저도 나름의 방식대로 여기저기 알리고 홍보하기도 해요.

**최가은**　그러신 것 같더라고요. 관련해서 『문학과사회』 2020년 여름호 지면에 쓰신 「김현의 편파적 사심에 부치는 글」을 읽어보았어요. 아니, 홍보도 좋고 다 좋은데 저희 작업을 '지인'과 함께한 기록이라고 표현하셨더라고요. 지인이라니 너무한 것 아닙니까? (웃음) 그냥 대충 아는 사람과 했다는 뜻인가요?

**조대한**　네? (웃음) 아니요, 그게 김현 평론가를 기리는 특집의 글이다 보니 저희 이야기를 너무 구체적으로 할 수는 없어서 뭉뚱그려 표현한 거랍니다. 다른 지면에서는 동료 가은과 함께했다고 써놨는데 어떻게 딱 그것만 찾으셨는지…….

**최가은**　여하튼 그 글 이야기를 계속해보면, 김현 평론가를 다루는 글이었지만 동시에 대한 씨 개인의 비평관이 어느 정도 녹아들어 있더라고요. 특히 자신의 사사로운 마음을 정당화하기 위해 이론적으로 논증해나가는 '편파적 보편성'이라는 이야기가 와닿았는데요. 저희가 하려던 작업도 그렇고 이 책도 그렇고 모두 사적이고 편파적인 애호의 기록들을 공적인 지면으로 보편화하려는 시도니까요.

**조대한** 맞습니다. 저희의 취지가 그랬지요. 시를 읽고 공부하다 보면 어떤 작품에 빠져 옹호하고 그 이유를 설명하느라 서로 토론하고 떠들다가 때로 논쟁도 하잖아요. 사사로운 장소에서 휘발되고 마는 그런 원초적인 끌림과 기쁨을 다른 사람들과도 이야기해보고 싶었어요.

**최가은** 다른 사람들이 원하지 않을 수도 있겠지만요. (웃음) 그래도 분명 숨어 있는 시 덕후분들이 계실 거예요.

**조대한** 그럼요. 물론 덕질의 기본 소양은 '영업'이니까 이 책을 읽고 시를 좋아하는 분들이 한 명이라도 늘어났으면 하는 마음이 더 커요. 사실 이 소박한 기획을 시작하게 된 진짜 취지 중 하나는 '응원'이었어요.

**최가은** 이 세계의 숨은 덕후들을 응원하시는 건가요?

**조대한** 물론 그들도 응원하지만…… (웃음) 그분들은 스스로

행복을 착즙하는 데 도가 튼 분들이니까 큰 문제는 없을 것 같아요. 좀 더 응원을 보내고픈 쪽은 계절마다 작품을 발표하는 작가분들이었어요. 저도 매 계절 마감에 허덕이며 원고에 치이다 보니 심신은 조금씩 소모되는데 허공에 응답 없는 편지를 보내고 있는 듯한 기분이 들더라고요. 그래서인지 같은 지면에 실린 다른 작가분들의 작품이 마음에 계속 남았어요. 특히 신작 시들은 한 편 두 편 세상에 잠깐 나왔다가 시집으로 묶이기 전까지는 다시 쉽게 찾아보기 힘들거든요. 시집에 포함된다는 보장도 없고 시집의 형태로 나오더라도 단독으로 주목받기는 꽤 어렵고요. 그렇게 사라지는 작품들이 너무 아쉬워서 손 닿는 작품들이라도 기록을 남겨놓고 싶었어요. 온전히 한 편의 시에 충실한 리뷰나 인터뷰를 통해서요. 물론 개인적으로 좋아서 시작한 일들이지만 이런 작업들이 누군가에게는 당신의 작품들을 읽고 있다는 응답이자 응원이 되었으면 하는 바람도 조금은 있었답니다.

**최가은** 좋네요. 저 역시 문학 연구에 푹 빠져 있을 때는 그 자체로 즐겁기는 해도 이전 세대의 작품들을 고고학적으로 만나는 듯한 기분이 들기도 하거든요. 그러다가 매달 매 계절 실시간으로 발표되는 작품들을 따라 읽으며 '시로'의 작업들을 하고 있으니, 내가 동시대의 문학과 호흡을 같이하고 있구나 하는 생각이 들어서 또 다르게 기쁘더라고요. 한데 사라지는 작품들이 아쉬우셨다니 새삼 대한 씨의 덕심이 신기하네요.

**조대한**  일지덕심을 자규야 알랴마는…….

**최가은**  네?

**조대한**  아니……, 아닙니다.

**최가은**  쓸데없는 소리는 끊고 그럼 이쯤에서 어떤 기록들이 묶이게 되었는지 만나보도록 하죠.

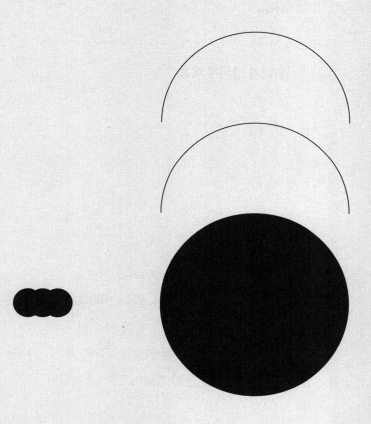

**1**

## 우리가 장미주택을

시 김유림

글 최가은

　　더 이상 쓸 수 없는 이야기라서 괴로운 것도 아니었고
슬픈 것도 아니었다 따라가던 길에 장미주택을 보았는데 그
것이 이야기로 연결되지 않아서 더 이상 갈 수가 없다 어째
서 가로막혔는지 그러나 담장은 길을 따라 서 있고 나는 길
을 따라갈 수 있는데 안 가고 있다 안 가는 것만이

　　가로막히는 것

　　너무 답답해서 외투를 벗고 땀을 훔쳤다

　　손에 쥔 것

　　펼쳐도 움츠러든 것

　　모양 모양으로 핀 꽃 같은 것 대충

　　하얀 것 하얗다가 만 것 그래서 자세히 보면

반원 모양의 그릇 모양의 화분에 진녹색 두 줄이 있고

흙이 당연히 빈약한 나무가 당연히 꽂혀 있다

키우는 사람들

키운다고 생각하는 사람들

그러나 화분의 주인은 여기 어디에도 없다

붉은 담장이 있고 너무나 흔한 것

사람들이요 사람들이 있을 법한데 그리고 있는데 보이지 않는다

이미 한강 고수부지까지 가버린 주민들을 따라서 길어지는

환한 오후의 거리

환한 오후의 거리에 장미주택이 있고 장미주택이 아닌 곳에서 동네 주민 1을 본 것 같다

그러나 가로막혀서 장미주택에는 담장이 있고 담장 너머로도 빛이 있고 담장 너머로도

빛이 있고 장미주택이 있다 무언가 이상하지

여기는 동네이고 저기도 동네이다

어디로도 건너가지 못하면서

보아버린 먼 멀어버린 것

난 눈을 감고 말았다 장미주택으로 돌아간 그날엔

동네 주민 2인가 3인가 4인가 아 5인가

손을 흔들어주면서

저기 봐라

온다 끝까지 가서 한강 맛을 보고

돌아오는 사람들 사람들 손에 들린 것은 모르는 체하면서

끝까지 갔다가 돌아오는 사람들은 아무 일도 없다는 듯이 집으로 들어가고 없고 말았다

아마 그랬을 것이다

아주 더운 봄날 헷갈리는 나는

문

이 없어서 괴로운

문잡이의 친구

누가 친구고 누가 문잡이였지

바람에 맞고 싶어서 일단 바람을 가르며 걸어보기로 한다

잡아끌어서 길이라는 것이든 문이라는 것이든 뭐 아무래도 뭐라는 그런 것이든 쑤셔 넣고

유혹을 참고

유혹을 참고 사람들이 갔다던 곳으로 가버린다

아 제발 나는 가고

나만의 것은 아닌 장미주택

참는다

대충 이상한 화분이 보였을 때부터 알아차려야 했는데

§

　크고 한산한 카페 안, 내 시야에 애매하게 걸쳐 있는 이들은 테이블을 사이에 두고 반듯하게 앉아 있는 한 쌍의 남녀다. 꽤 오랜 시간 동안 두 사람은 말이 없지만 나는 그들이 연인일 것이라 확신하고 있다. 한 사람이 낮고 느린 목소리로 한마디를 꺼내고 다시 입을 닫는다. 뱉어낸 말의 파장이 다 지나간 뒤에야 맞은편에 앉은 그의 연인이 작게 웃고, 또 한참의 침묵이 그들 사이를 메운다. 고개를 들어 바라보니 둘은 테이블 위로 원을 그리는 일에 열중하고 있다. 무수한 원의 소리가 그들의 침묵을 지나 내 자리로 넘어올 때까지 두 사람의 손끝은 다양한 크기의 원을 쉼 없이 만들어낸다.

*

　수상한 장미주택 앞에 누군가 서 있다. 그에겐 더 이상 쓸 수 없는 이야기가 하나 있다지만, 그것이 장미주택 앞에 서 있게 된 중대한 사유는 아니다. 이야기가 이어질 수 없다는 사실은 그를 괴롭거나 슬프게 만들지 않는다. 그는 다만 이야기를 이어 쓸 수 없기에 이 길을 지나갈 수가 없다고 말할 뿐이다. 화자는 분명 "길을 따라 서 있"지만, 그래서 마음만 먹으면 충분히 "길을 따라갈 수 있"겠지만 가지 않는다.

어째서일까. 장미주택만큼이나 수상한 것은 버젓이 열려 있는 골목 어귀에 서 있으면서도 자발적으로 '가로막힌 상태'가 되려 하는 그의 태도다. 이야기가 연결되지 않아서 "더 이상 갈 수가 없다"던 그는 곧이어 밀도 높은 문장들을 배치하기 시작한다. 이 문장들은 주택을 지나가기 위해 화자가 만들어낸 새로운 이야기에 해당하는 것일까. "안 가는 것만이 / 가로막히는 것", 가로막히는 것만이 새로운 길을 내는 법. 원하는 방향과 간격으로 단어를 놓으며 앞서가는 그의 이야기를 듣기 위해 "아주 더운 봄날" "외투를 벗고 땀을" 훔치면서도 우리는 기어이 그의 뒤를 따라 주택가를 걷기로 한다.

> 모양 모양으로 핀 꽃 같은 것 대충
> 하얀 것 하얗다가 만 것 그래서 자세히 보면
> 반원 모양의 그릇 모양의 화분에 진녹색 두 줄이 있고
> 흙이 당연히 빈약한 나무가 당연히 꽂혀 있다

길가에 놓인 것은 사물이 되지 못하고 펼쳐지는 것 또한 풍경이 되지 못한다. 그것은 이야기가 되려다 되지 못하고 남은 말들의 흔적이거나 애초부터 이야기가 될 생각이 없었던 언어의 조각들이다. 펼쳐도 움츠러드는 것으로, 꽃 같기는 하지만 대충 꽃 같은 무엇으로, 하얀 것으로, 혹은 하얗다 만 것들의 모양 모양으로

그것들은 피어 있다. 하지만 당연히 빈약하게, 당연히 꽂혀 있는 그것들에 주목을 요청하기 위해 그가 우리를 이곳으로 이끈 것은 아닌 듯하다. 이 길엔 장미주택과 관련한 그 어떤 새로운 이야기도 없다. 지극히 단조롭고 나른한 이곳에서 우리는 다만 가로막힐 뿐이다.

> 환한 오후의 거리
> 환한 오후의 거리에 장미주택이 있고 장미주택이 아닌
> 곳에서 동네 주민 1을 본 것 같다
> 그러나 가로막혀서 장미주택에는 담장이 있고 담장 너
> 머로도 빛이 있고 담장 너머로도
> 빛이 있고 장미주택이 있다 무언가 이상하지

화자가 내어주는 낱말 다리, 이를테면 "환한 오후의 거리"는 우리에게 환한 오후의 거리를 지닌 풍경을 선사하지 않는다. 그것은 곧장 반복되는 다음의 "환한 오후의 거리"라는 담장이 되어 우리 앞을 가로막는다. 가로막힌 우리가 "환" "한" "환한" "오후" "오후의" "거리" "거리에"의 사이를 머뭇거리며 낱말의 생김새를, 모양 모양으로 피어난 그것들의 이음새를 살피는 동안 우리 앞엔 "미로가 된 문장"*들이 느린 놀이를 하듯 나타나 걸음의 방향을

---

* 조재룡, 「미로의 미래-생각, 그리고 편지의 탄생」, 『양방향』 해설, 민음사, 2019.

잡는다. 그러다 그 너머로 새로운 길을 내어줄 것 같았던 "담장 너머로도 빛이 있고"라는 문장이, "담장 너머로도 빛이 있고"라는 또 하나의 담장으로 이어지며 우리의 시야를 가릴 때, 그래서 도무지 "어디로도 건너가지 못"하게 되는 일만이 반복될 때 우리는 별수 없이 이곳은 "무언가 이상하"다고 생각하게 된다.

시적 화자 역시 이상하다는, 헷갈린다는 말만 반복하는 신뢰하지 못할 인물이지만 어쨌거나 그는 장미주택의 미로 속 유일한 주인이기도 하다. 이곳엔 "사람들이요 사람들이 있을 법한데 그리고 있는데 보이지 않"고, 먼 길을 갔다 돌아온 몇몇 이들은 금세 "아무 일도 없다는 듯이 집으로 들어가"버린다. 미덥지 않은 이 미로 주인의 안내를 냉정히 뿌리칠 수 없는 이유다.

의심하는 우리의 표정 앞에서 그는 결국 스스로를 "문 / 이 없어서 괴로운 / 문잡이의 친구"라고 소개한다. 문이 있지도 않는 곳에 존재한다는 문잡이의 '친구'는 대체 무엇을 하는 사람일까. 문잡이의 친구는 온전히 새로운 세계를 열어젖힐 문이 될 수도, 나아가 "누가 친구고 누가 문잡이였지"라는 질문의 답조차 제대로 기억해낼 수도 없는 자이지만, 문잡이 옆에 '친구'로 서 있음을 주장함으로써 문과 문잡이가 있다고 믿게 만드는 인물이기도 하다. 하지만 이 믿음의 정체란 무엇일까. 이야기로 연결되지 않는, 새로운 세계로 이끌지 않는 낱말들로 말의 미로를 부리는 것이 그 '믿음'과 관련된 일이라면, 우리는 그것에 "잡아끌어서 길이라는 것이든 문이라는 것이든 뭐 아무래도 뭐라는 그런 것이든 쑤셔 넣"으려는 유혹을 참으며 이 헤맴을 좀 더 견뎌볼 수도 있다.

> 장래가 촉망된들 무엇 하나
> 당신은 떠났고 그는 시로 돌아와야 하는데
>
> _「산업과 운명」*

　시인에게 시는 일상을 떠나 잠시 머무르는 환상 혹은 탈일상의 세계가 아니다. 그것은 떠난 당신을 뒤로하고 돌아와야만 하는 엄연한 이곳, 현실의 삶이다. 장미주택을 수놓은 장미는 피고 지고 다시 피는 순환의 삶을 산다. 돌고 도는 것으로 원을 그리며 그 자리를 지키는 장미주택과는 달리, 떠나간 당신이 다시 이곳으로 돌아올 일 따위는 없다. 내 남은 삶은 그런 너를 지나쳐 어디로든 가야만 하는 직선의 길 위에 놓여 있기 때문이다. 떠밀리듯 죽음으로 내몰리는 이 길에서 너에 관한 이야기를 생성하려는 당연한 욕망은 너무나 빈약해서, 초라함이라는 또다시 당연한 결과를 낳는다. 너의 이야기 또한 언젠가 길로 '이어지지 않는' 순간에 도달할 것이라는 사실, 그것은 '문잡이 친구'의 말처럼 슬픈 일도 괴로운 일도 아니다. 다만 그것은 가로막히는 일이며, 이제 가로막힌 그 길 어디쯤엔 문잡이의 친구가 있다. 당신이 떠났다는 사실은 촉망받는 미래의 시간으로 나아가는 일과는 무관한 것이기에 우

---

\*　김유림, 『양방향』.

리는 덥고 단조로운 장미주택으로 언제고 돌아올 수 있다. '우리의 장미주택'은 삶으로부터의 이탈이 아닌 직선으로부터의 이탈, 그것을 꿈꾸게 하는 장소다.

*

눈앞의 연인은 여전히 말이라는 것 앞에서 오래 서성이는 중이다. 서로를 향해 내어놓는 말이 곧장 끝을 담보한 '이야기'로 이어지지 않도록 그들은 안간힘으로 말을 골랐다 지우고 각자의 말 앞에서 자발적으로 가로막히는 일을 반복한다. 원이라 믿고 있는 그들 사랑의 주기도 결국 "당신은 떠났고 그는 시로 돌아와야"만 하는 문장을 향해 달려가는 중이라는 사실을 그들은 어느 누구보다 잘 알고 있다.

두 사람은 무수히 많은 원을 그리며 그 막힌 단어들로 저마다의 길을 내는 중이다. 나는 '문잡이의 친구'의 믿음을 빌려와, 말의 문턱 앞에서 부러 걸려 넘어지는 일을 반복하고, 그것으로 말 사이의 미로를 오래도록 헤매는 그들을 바라본다. 그 무수한 사랑의 몸짓이 침묵을 지나 우리의 장미주택으로 넘어올 때까지.

※ 김유림 시인의 시는 『문학과사회』 2020년 여름호에서 가져왔으며, 테이블을 사이에 두고 침묵에 가까운 대화를 나누는 연인의 모습은 한정현의 장편소설 『줄리아나 도쿄』(스위밍꿀, 2019)의 한 장면으로부터 시작되었다.

## 브루클린, 맨해튼, 천국으로 가는 다리

시 주민현

글 조대한

나의 파이프는 금빛이 나는 칠로 단장되어 있어*
네 가슴팍엔 모형 개구리가 잠들어 있지

파이프를 타고 연기가 오르내릴 때
네가 구두를 신고 내 가슴속으로 들어오는 것처럼,
그때의 찬 바람 냄새

우리에게 아직 이름이 없었을 때
세상을 잠깐 내려다보았다는 건

*   장 폴 사르트르, 『구토』, 방곤 옮김, 문예출판사, 1999.

우리가 꾸며내기 좋아하는 인생의 첫 장면


나는 브루클린 다리 아래서,

너는 맨해튼 다리 아래서

버려진 소파에 앉아본다

푹신한 천사의 코가 스쳐 간 것 같아


인간의 안에는 언제나 신기한 면이 있어

놀라울 만큼의 선의

우연한 악의의 감정

우리는 일찍이 학습했네


테러를 추모하는 공원에도 조롱꾼은 있고

손에 쥔 만화경을 돌리며

천국은 작고 어둡다

그런 말을 떠올렸네


약혼자와 헤어지고서

누군가 네 가슴을 포크로 찍고 있는 것 같다고

말하는 너는 거대한 케이크 같고


나는 촛불을 후 불어 끄듯이 생각했네

오늘 나의 하루가 아름다웠다면 누군가의 해변으로 검
은 모래가 밀려온다는 것


밤은 검고, 검고, 검어서
브루클린, 맨해튼, 빛나는 다리 위로


25층에서 오랜 욕설 전화에 시달린 사람이 기절하거나
승강기를 고치던 사람이 갑자기 세상을 떠나기도 해


영화를 보다 보면 때때로 정말 중요한 장면은
페이드아웃과 페이드인 사이에 있어


요약된 문장 사이로
요약된 사람들 사이로 눈이 내리네


뉴욕, 시티, 빈손을 쥔 사람들이 모이고
또 그만큼의 사람들이 짐을 싸고 떠난 거리


공휴일의 월스트리트는 천천히 재로 물들지


꿈의 무대를 만들던 사람이 떠난 거리로
새로운 메가폰을 잡은 사람이 들어서고 있어

화려한 뉴욕의 밤거리를 걷다가

검고 반짝이는 구두를 샀네

미숙한 기관사는 정차와 달리기를 반복하고

탭댄스를 추듯 슬픔을 모르는 사람의 발을 살짝 밟기

위해서

§

〈세렌디피티〉(2001)라는 영화가 있다. 뉴욕의 크리스마스이 브를 배경으로 하는 이 작품은 '사라'와 '조나단'의 우연한 만남으로 시작된다. 잠시 동안의 만남이지만 둘은 서로에게 깊이 끌린다. 이미 사귀던 사람이 있었던 사라와 조나단은 각자의 연락처를 5달러짜리 지폐와 헌책에 적고, 그것들이 돌고 돌아 운명처럼 서로에게 닿게 되면 그때 연락을 주고받자고 약속한 후 아쉽게 헤어진다. 7년이 지난 뒤 여전히 맨해튼에서의 짧은 만남을 잊지 못하는 사라와 조나단 앞에 서로의 징표들이 운명처럼 다시 나타난다. 그들은 미래를 약속했던 약혼자와의 관계를 포기하며 서로를 찾기 위해 애쓰고, 수많은 엇갈림 끝에 결국 다시 만나게 된다.

세렌디피티(serendipity)는 등장인물들이 처음 만났을 때 이야기를 나눈 카페의 이름이지만, 과학 분야 등에서 뜻밖의 발견 또는 의도치 않은 성과를 뜻하는 단어로 사용하기도 한다. 우연한 행운을 의미하는 이 표제처럼, 영화는 뜻밖의 만남과 운명적인 사랑을 꿈꾸는 할리우드 로맨스의 전형을 그려내고 있는 것 같기도 하다.

이 시 또한 "화려한 뉴욕의 밤거리"를 배경으로 하고 있다. 그 도시는 많은 영화에서 오래도록 형상화되어왔던 것처럼 "빈손을 쥔 사람들이 모이고" "또 그만큼의 사람들이 짐을 싸고 떠"나는 "꿈의 무대"로 그려진다. 그곳이 밤에 어울리는 도시인 까닭은 일차적으로 화려한 거리와 조명들 때문이겠지만, 작고 어두운 스스로의 처지를 잠시 잊고 왠지 그 불빛 속에 동화될 수 있을 것만 같은 곳이기 때문이기도 할 것이다.

수많은 사람들의 꿈과 이야기가 교차하는 그곳에 '나'와 '너' 역시 놓여 있다. 이스트 강을 사이에 두고 "나는 브루클린 다리 아래" "너는 맨해튼 다리 아래" 서 있다. 빛나는 도시를 동경하던 우리는 우연히 만나 영화처럼 서로에게 이끌린다. 의도치 않은 매혹과 이끌림은 내 금빛 파이프 연기가 네게로 스며든 것처럼, "네가 구두를 신고 내 가슴속으로 들어온 것처럼" 어쩔 수 없이 그리된 일일 것이나, 이 세렌디피티한 도시가 너와 나에게 선물한 뜻밖의 행운이기도 하다.

그러한 우연성은 이 세계의 작동 방식 그 자체이기도 하다. 그것은 뜻밖의 만남과 사랑을 주재하는 행운으로 우리에게 다가오기도 하지만, 갑작스러운 불행을 안겨다주기도 한다. 너와 나의 운명을 연결해주는 낭만적인 도시의 다리는 "25층에서 오랜 욕설 전화에 시달린 사람이 기절하거나" 마천루의 "승강기를 고치던 사람이 갑자기 세상을 떠나"는 장소가 되기도 한다. 이 화려한 도시에서 "오늘 나의 하루가 아름다웠다면", 누군가에게는 "해변으로 검은 모래가 밀려"오듯 피할 수 없는 공평한 재앙이 닥친다.

잔인한 건 그 행운과 불행의 문장들 사이에 어떠한 인과관계도 없다는 점이다. 너와 나의 사랑이 불현듯 이뤄진 것처럼, 누군가의 비극 또한 우리의 사랑과는 무관하게 어찌할 수 없이 생겨난다. "테러를 추모하는 공원에도 조롱꾼은 있고", 사랑과 평화를 위한 노력의 총량과는 상관없이 전쟁은 일어나고 혐오는 계속된다. 그러니까 이곳은 놀라울 정도의 선의와 두려울 만큼의 악의가, 아무런 관련 없이 한곳에 펼쳐져 있는 차갑고 매끈한 우연의 세계인 셈이다.

일전에 주민현 시인의 시 「복선과 은유」*를 언급하는 글에서 발터 베냐민의 이야기를 꺼낸 적이 있었다. 사례는 점성술에 관한 것이었다. 그는 점성술이, 어두운 하늘 속 별자리의 배치와 한 치 앞도 보이지 않는 인간의 운명 사이에서 합리적으로는 설명되지 않을 유비 관계를 찾아낸다고 말했다. 아무런 인과관계가 없는 두 대상을 맞닿아놓는 것만으로 실제로 달라지는 것은 아무것도 없겠지만, 그 은유적 연결 이후 양쪽 사이에는 명명 이전에는 없었

---

\*   주민현, 『킬트, 그리고 퀼트』, 문학동네, 2020.

을 어떤 유형의 힘이 복선처럼 작동하는 듯싶기도 하다.

어쩌면 이 시 또한 "요약된 문장"과 "요약된 사람들 사이", 무관심하게 축약된 사람들의 삶과 문장 사이를 잇는 성긴 은유적 매듭의 일종으로 놓여 있는 것은 아닐까. 그것은 너와 나를 연결했던 브루클린-맨해튼의 다리처럼, 혹은 사라와 조나단이 새긴 운명 같은 서로의 징표처럼, 우연뿐인 도시 속에 기적과도 같은 인과의 흔적을 남기려는 시도일지도 모르겠다. 이 차갑도록 매끄러운 세계에 "푹신한 천사의 코가 스쳐 간 것 같"은 오목한 감촉 하나를 남기기 위해서, 이 비극적인 도시의 "슬픔을 모르는 사람"들의 무심한 "발을 살짝 밟기 위해서."

※ 주민현 시인의 시는 『현대문학』 2020년 1월호에서 가져왔다.

## 주민현
## : 슬픔을 모르는 세계의 발을 살짝 밟기 위해서

**일시** 2020년 2월 7일 금요일
**장소** 홍대 비밀기지
**참여자** 조대한, 주민현, 최가은


**조대한**　안녕하세요, 주민현 시인님. 반갑습니다.

**최가은**　정말 반갑습니다. 저희의 첫 인터뷰에 선뜻 응해주셔서 감사합니다.

**주민현**　네, 두 분 반갑습니다. 초대해주셔서 감사합니다.

**조대한**　오늘의 인터뷰가 평소에 하시던 인터뷰와 조금 다른 점이 있다면 한 편의 시에 집중해 이야기를 나눈다는 점일 것 같습니다. 곧 첫 시집이 발간되는 것으로 알고 있고, 출간 이후에는 시집과 관련한 인터뷰를 많이 하시게 될 텐데요. 오늘은 특별히

「브루클린, 맨해튼, 천국으로 가는 다리」에 대해서만 집중적으로 이야기를 나눠보겠습니다.

**최가은**　먼저 시 한 편을 대상으로 하는 인터뷰라는 게 시인님께 어떻게 다가오는지 여쭤보고 싶습니다.

**주민현**　처음에 섭외 전화를 받고 나서 사실 많이 걱정되기는 했어요. 한 권의 책에 대해서도 할 말이 크게 없을 때가 있잖아요. 시 한 편을 가지고 무슨 이야기를 해야 하나…… 그런데 질문지를 받고서는 안심되었습니다. 두 분이 준비를 많이 해주셨다는 느낌이 들었거든요.

**조대한**　질문지에 관해서 먼저 죄송하다는 말씀을 드려야 할 것 같습니다. 제가 시 「복선과 은유」를 「은유와 복선」이라고 써서…….

**최가은**　「은유와 복선」이라는 시를 하나 새로 만드셨더라고요, 혼자서.

**주민현**　어? 근데, 저도 틀린 줄 몰랐네요. (웃음)

**조대한**　저랑 가은 씨가 이 시에서 각자 좋았던 구절을 미리 뽑아보았습니다. 그에 관한 이야기로 시작해보는 것이 어떨까요?

**최가은**　네, 제가 좋았던 구절은 이것인데요.

> 우리에게 아직 이름이 없었을 때
> 세상을 잠깐 내려다보았다는 건
> 우리가 꾸며내기 좋아하는 인생의 첫 장면

　제목이 기대하게 하는 어떤 이미지나 정서를 조용히 배반하는 느낌이 있어서 좋았어요. 이 구절이 연상케 하는 시적 화자의 이미지, 즉 세상을 잠깐 내려다보는 화자의 이미지가 매우 강력하게 다가왔습니다. 그래서인지 처음에는 바로 이어지는 구절인 "나는 브루클린 다리 아래서, / 너는 맨해튼 다리 아래서"의 구절을 '아래를'로 오독하기도 했어요. 너와 내가 각기 다른 다리 아래를 내려다보고 있다는 느낌이 들었거든요.

　조금 더 구체적으로 말해보자면, 시적 화자의 전반적인 태도가 이 구절에 담겨 있다는 생각이 들었는데요. 굳이 표현해야 한다면 '시니컬한' 느낌에 가깝다고 말할 수 있습니다. 개인적으로 이것을 주민현 시인의 시적 세계관이라고 보아야 할지, 아니면 이 시만의 특징이라고 보아야 할지 사실 잘 모르겠어요. 그럼에도 세계에는 어떤 총량이라는 것이 있고, 잔인하고도 우연한 방식으로 그것의 균형이 맞춰지는 것이 원래 우리의 인생사라는 다소 시니

컬한 태도가 시 전반에 어느 정도 관여하고 있다는 생각을 지울 수 없었습니다. 누군가가 떠나면 누군가가 모여들고, 행복이 있으면 불행도 있는 것이 시인의 세계관인 것 같다는 생각이요.

**주민현**　오, 맞아요.

**최가은**　"페이드아웃"이 있으면, "페이드인"이 있는 세상. 항상 그런 식의 맞춤이 있는 것 같아요. 흥미로웠던 것은 그것이 소위 '인생은 원래 그런 거야'라는 식의 다소 오만하고도 무력한 태도는 아니라는 점입니다. 그렇다고 또 비관적이거나 허무주의적인 태도도 아니고요. 이러한 인상에 대해서 어떻게 생각하시는지 질문드리고 싶습니다.

**주민현**　말씀해주신 것들이 맞는 것 같아요. 공원에 가서 썼던 시가 하나 떠오르는데요. 거기서도 제게는 아이를 잃어버린 엄마의 모습이나 폴리스 라인이 쳐져 있는 장면이 갑작스레 눈에 띄곤 했어요. 너무나 평화로운 공원이지만 한편으로는 그런 불안이 공존하고 있다는 것이 제가 기본적으로 세계를 인식하는 태도인 것 같아요. 이번에 시집을 엮으면서 느꼈던 것이기도 하고요.

**조대한**　시 안에서도 악의와 선의, 내 하루의 아름다움과 검은 모래를 떠안은 누군가의 불행 등 말씀하신 공존이랄지, 세계의 총

량 같은 것들이 제시됩니다. 한데 그것들 사이에는 아무런 인과관계가 없다는 점 혹은 느닷없이 출현한다는 점, 그런 무심함이 좋았어요. 그 갑작스러운 시어들은 또 굉장히 아름답고요.

**최가은**　맞아요. 반짝이는 시어들이잖아요. 그 부분도 인상적인 것 같아요.

**주민현**　대한 씨가 뽑아주신 구절 중에 "미숙한 기관사"라는 시어가 있잖아요. 저는 기본적으로 신이라는 존재가 있다면 이런 모습일 거라고 생각해요. 우리의 세계는 우연에 가까운 것 같아요. 잘 짜인 형태가 결코 아니고요. 평화롭게 지나치는 일상에서도 언제나 돌발적인 일들이 닥칠 수 있는 것처럼 말이에요. 개인적으로 마지막 구절은 제가 시를 쓰는 태도에 가깝다고 말할 수도 있을 텐데, 특별히 이렇게 두 개를 뽑아주셔서 좋았습니다.

**조대한**　"미숙한 기관사"라는 시어가 너무 좋다는 이야기는 저희끼리도 나누었는데, 그것이 신의 모습에 가깝다는 말씀이 인상적입니다. 미숙함에서 비롯되는 우연성 같은 것일까요? 내 가슴속에 훅 들어오는 다정한 사람들이 있는 반면, 추모 공원에서 아무렇지 않게 조롱을 일삼는 사람들도 있는 우연성이요.

**최가은**　그런데 그 우연이라는 것이 지나치게 강조되다 보면 삶을 그저 운명론적으로 바라보거나 말 그대로 '우연성'의 다른 이름으로 치부해버릴 위험성이 있는 것 같아요. 그 위험을 피하면서도 우연성을 강조하는 시적 화자의 태도가 아주 재미있다는 생각이 듭니다.

**주민현** 우연성이 세계에 대한 허무함이나 무력감으로 비치지 않는 이유가 있다면…… 글쎄요, 이렇게 말해볼 수 있을까요? 말씀드린 것처럼 제게 세계란 우연한 것으로 비춰지는 건 사실이에요. 그런데…… 이 시에서 의식적으로 검은색을 많이 썼거든요? 검은 밤, 검은 모래, 검은 재, 검은 구두 등이요.

그렇게 색으로 통일하면서 우연 안에서의 시적 논리를 찾아가려고 노력했던 것 같아요. 시는 어쨌든 한 편의 완성된 세계를 그려내는 것이니까요. 기본적으로 우연적인 것으로 세계를 바라보지만, 시어나 시적 분위기 등을 통해 그것에 일관성을 부여하려 했다고 말할 수도 있겠네요.

**최가은** 검다는 이야기를 하셔서 하나 덧붙이자면, 저는 이 구절도 참 좋았어요.

밤은 검고, 검고, 검어서
브루클린 맨해튼 빛나는 다리

검고, 검고, 검기 때문에 오히려 빛날 수 있다는 이러한 접근법도 양극단이 우연히 빚어내는 균형 같다는 느낌이 드네요.

**주민현**　그렇게 읽어주셔서 감사합니다.

**조대한**　이제는 제가 좋았던 구절을 말해볼까요?

　　화려한 뉴욕의 밤거리를 걷다가
　　검고 반짝이는 구두를 샀네
　　미숙한 기관사는 정차와 달리기를 반복하고
　　탭댄스를 추듯 슬픔을 모르는 사람의 발을 살짝 밟기
위해서

저는 이 구절을 골랐는데요. 사실 이 마지막 구절을 위해 리뷰를 썼다고 해도 과언이 아닐 정도로 인상 깊었습니다. 주민현 시인의 시에는 '구두' 이미지들이 곧잘 등장하는 것 같아요.

**주민현**　맞아요.

**조대한**　이 시에는 "검고 반짝이는 구두", 「원피스에 대한 이해」*라는 시에는 "오 일 만에 발견된 여자는 목이 긴 구두를 신고 있었다 / 자기 자신으로부터 걸어 나가기 위함이라는 듯……"이

라는 구절이 있고,「안과 밖」†이라는 작품에는 "밤에만 마주치
는 여자가 택시에서 내려 어느 날 돌아오지 않는다면 / 그 여자를
기억하는 건 누구겠니, / 매일 저녁 굽 높은 구두를 신는다는 것
뿐"이라는 구절이,「은유와 복선」에서는…….

**최가은**　「복선과 은유」라고요.

**조대한**　아, 죄송합니다. 혹시 시집 낼 때 제목 바꿔주실 수 있
으세요? (웃음)

**주민현**　(웃음)

**최가은**　너무 무례하신 거 아닙니까?

**조대한**　죄송합니다. 그 시 정말 좋았었거든요.

**주민현**　감사합니다.「복선과 은유」를 언급하신 팟캐스트도
들었어요.

---

＊　　주민현,『킬트, 그리고 퀼트』.
†　　같은 책.

**조대한**  부끄럽네요, 아무튼. "언니가 셋이라는 건 / 옷장의 질서에 두서가 없다는 뜻이죠"라고 시작하는 시로, 거기에도 구두가 등장하지요. 구두를 신고 어딘가로 사라지는 여성들의 이야기가 자주 나오는 것 같습니다.

**주민현**  사실 제가 구두를 이렇게 많이 쓴 줄 몰랐어요. (웃음) 제가 평소에 구두를 잘 신지 않거든요? 그래서 구두를 특별하게 느끼는 것 같기도 해요. 오랜만에 신는 것이기 때문에. 특별한 자리에 나가거나 특별한 사람을 만날 때 신는 것이어서 저에게 구두는 남다른 이미지로 다가오는 듯합니다. 그리고 무엇보다 구두의 소리 있잖아요? 또각또각. 그 소리를 들을 때마다 어쩐지 소리가 제게서 걸어 나가는 듯한 느낌이 들어요. 그런 느낌을 시적으로 포착하고자 하는 욕구가 있었던 것 같고요.

아, 그리고 구두를 잘 보면 사람 발 모양과 닮아가는 느낌이 들어요. 헌 구두를 보면 신은 사람의 발 모양이 이렇게 남아 있잖아요. 그런 것 때문에 한 사람에게 조금 특별한 이미지로 그려볼 수 있겠다는 생각도 들었어요. 그래서 이렇게나 많이 쓴 것일까요? (웃음)

**조대한**  말씀을 듣고 보니 주민현 시인의 시에서 구두를 신고 나가는 장면들은 전반적으로 설레는 듯한 느낌이 들었어요. 동시에 이유 모를 허망함 같은 정서도 깔려 있지만요.

**최가은**　운동화 신고 달려서 떠나가는 것과는 확실히 다른 느낌이 있네요. 그런데 대한 씨가 고른 마지막 구절이 시를 쓰시는 태도에 가깝다고 말씀하셨잖아요. 이것을 구두와 연결했을 때, 구두를 신고 슬픔을 모르는 자의 발을 밟는 것을 어떤 태도라고 말할 수 있을까요?

**주민현**　뉴스에 단신으로 처리되는 사람들, 이를테면 승강기를 고치다가 사라지는 사람들의 소식에 대해서 그냥 읽고 지나치는 것이 사실 우리들의 모습이잖아요. 시를 통해서 그런 사람을 한 번 더 부르고, 우리가 무심코 지나치는 슬픔 또한 한 번 더 밟아보고 싶다는 생각이 들었어요.

　그런데 굳이 왜 구두일까요? 갑자기 스스로에게 의문이 생기네요. 「안과 밖」에서는 구두를 신고 싶지 않아도 신어야만 하는 어떤 상황들에 대해서도 생각했어요. 특히 어떤 경우에는 구두가 여성성에 대한 폭력과 억압의 역할을 수행할 수도 있을 것 같아요.

**조대한**　화려함과 동시에 지니고 있는 강제성 같은 것들이요?

**주민현**　네, 맞아요. 지금 이렇게 모아놓고 보니까 그런 생각이 드네요.

**최가은**　구두에 관한 말씀이 굉장히 인상 깊은데요. 그렇다면 구두를 신고 밖으로 나가는 인물들의 모습은 그런 억압의 의미를 다시 구성하고, 재의미화하는 과정이라고도 볼 수 있을까요? 억압의 신발로서가 아니라 타인의 슬픔을 다시 밟아보는 데 적극적으로 관여하는 구두요.

**주민현**　다른 시에서의 '구두'와 이 시에서의 '구두'는 좀 다른 맥락에서 쓰인 것 같아요. 저는 억압의 구조를 바라보는 존재에 가깝고, 이 시에서 구두를 신은 저는 슬픔을 모르는 사람의 발을 밟고 싶은 것이기 때문에 두 구두는 다른 것 같아요. 말하다 보니 그렇네요.

**최가은**　구두 너무 재밌어요. 구두가 많은 것도, 일관되는 이미지이지만 다양하게 쓰이는 것도요.

**주민현**　아, 그래요? 전 제가 구두를 이렇게 많이 쓰는 줄 정말 몰랐어요.

**조대한**　좀 더 앞선 구절에서는 천사가 소파에 앉았다가 가는 장면이 나오잖아요. 그것이 세계에 발자국이랄지, 오목한 흔적 같은 것을 남기려는 의도인 것처럼 보이기도 했어요. 마지막 구절에 시를 쓰는 태도가 반영되어 있다고 말씀하시니까 그런 생각이 드네요.

**최가은**　'균형'이라는 전반적인 느낌과 지금의 이야기를 연결해볼 수도 있을까요? 시적 세계가 균형을 따라 마냥 매끈하기만 했다면 자칫 허무주의적인 태도로 빠질 수 있었을 것 같은데, 이 시는 총량과 균형을 의식하는 관조적 시선을 지녔으면서도 그러한 태도로 빠지지는 않는 것 같거든요. 대한 씨가 말씀하신 것처럼 발을 밟으면서 그 매끈함에 약간의 흔적을 내고, 천사가 다녀간 자리를 남기고……. 그런 것들을 소홀히 하지 않기 때문에 마냥 매끈하다는 느낌이 들지 않는 것 같기도 합니다.

**주민현**　저는 영화를 볼 때도 주연보다 조연 이야기가 훨씬 궁금한 편이에요. 백인 남성 영웅으로 대표되는 주체가 싸우거나 성장하는 이야기가 어떤 서사의 디폴트이거나, 그것의 크고 작은 변주인 경우가 많잖아요. 그런 게 너무 지겨워요.

**최가은**　맞아요.

**주민현**　한데 이를테면 그런 남자 주인공에게 여동생이 있을 때요. 그녀가 영화 속에 잠깐 등장하고 사라질 때, 그 사람의 시선에서 뒷 이야기가 진행된다면 어떨까 하는 생각이 종종 들어요. 말씀을 듣고 보니 이 시를 쓸 때도 그런 생각을 했던 것 같아요. 저는 아직 발화되지 않은 존재들, 페이드인과 페이드아웃 사이의 존재들에 대한 이야기를 하고 싶은 사람인가 봐요.

**조대한**    이 시의 태도와 시선이 상당히 영화적이라는 느낌도 들어요. 리뷰에서는 〈세렌디피티〉를 언급했지만, 사실 가장 먼저 떠올랐던 영화는 〈브루클린〉(2016)이었어요. 정서가 잘 어울린다는 생각이 들었거든요. 아일랜드에서 뉴욕으로 떠나 새로운 삶과 사랑을 시작하는 여성의 이야기인데, 완벽히 연결되지는 않겠지만 영화와 겹쳐서 시를 읽으니 재밌는 부분이 있더라고요.

**주민현**    시인의 자리가 어딘가 영화감독이 서 있는 자리 같다는 생각이 들 때도 있어요. 삶도 영화같이 느껴질 때가 있잖아요. 줄거리가 없는 영화랄까요. 삶을 어디가 끝이고 어디가 시작인지 모르는 한 편의 영화라고 한다면, 그리고 그것을 지금 내가 내려다보고 있다면……. 그런 생각으로 이 시를 썼어요.

**조대한**    아까 내려다본다는 이야기도 그렇게 연결될 수 있겠네요.

**주민현**    네, 맞아요.

**최가은**    그렇다면 시적 화자가 관조하는 것은 백인 영웅의 이야기이고, 그 외의 인물들, 이를테면 조연들에 대해서는 다정한 눈길을 보내는 자리가 주민현 시인이 말씀하시는 시인의 자리일 수 있겠네요. 발화되지 않은 목소리에 관심이 많다고 하셨는데요.

말씀하신 디폴트로서의 백인 남성 영웅 위주의 이야기에서 발화되지 못한 목소리는 대부분 여성 혹은 여성과 관련된 것일 수 있을 것 같아요. 그래서 갑자기 떠오른 주민현 시인의 시가 있는데요. 「오늘 우리의 식탁이 멈춘다면」*입니다. 이 시는 제목이 그러한 것처럼 대부분 가정假定으로 이루어져 있어요. 그때의 가정들, 그러니까 "여성들이 일을 멈춘다면"과 같은 가정들은 지금껏 보이지 않았던 존재들의 존재감을 드러내는 세계로 이어집니다. "세상의 절반으로만 눈이 내리겠지"로, 말하자면 지워진 것으로서 존재를 드러내는 세계로 넘어가는 것이지요. 그러한 가정들이 어찌 보면 스크린 밖을 비추려는 시도였다는 느낌이 듭니다. 이 시와 그 시는 완전히 다른 느낌이지만 일관된 세계관 혹은 연결되는 지점이 있다는 생각이 드네요.

**조대한**  이제 조금 더 디테일한 이야기를 해볼까요? 저는 시에 등장하는 소품이 하나하나 좋았어요. 만화경, 파이프 등등. 일상에서는 단순한 단어지만 시에서는 중요한 역할을 하잖아요. 이런 시어는 어떻게 가져오셨을까요?

**주민현**  파이프는 앞에 나온 금빛 파이프로부터 배관의 파이프를 떠올렸어요. 그런 식으로 같은 단어지만 중의적으로 쓸 수 있

*  같은 책.

는 것을 가져왔어요. 만화경은 "천국은 작고 어둡다"를 쓰고 나서 이 문장과 어울리는 어휘가 뭐가 있을까 생각하다 떠올렸어요. 그런 식으로 앞뒤를 연결하면서 시어나 소품을 배치했어요.

**조대한**　그 단어 자체에서 시작하시기보다는…….

**주민현**　네. 이미지로 연결되는 것들을 연속적으로 배치하는 것이지요. 질문지를 보면 '은유'에 대한 이야기도 나오는데, 그렇게 은유적으로 이어지는 분위기를 따라 시를 진행했어요. 브루클린, 맨해튼 같은 시어도 어떻게 보면 그런 식으로 나온 건데요. 제 친구가 뉴욕을 여행하다가 저에게 동영상을 하나 보내줬어요. 브루클린 다리에 지하철이 지나가는 동영상을요.

그때 친구는 맨해튼 다리 밑에 있었는데, 저는 브루클린 다리 밑에서 그것을 같이 바라보고 있는 듯한 느낌이 들었어요. 거기서부터 이 시가 시작되었다고 할 수 있겠네요. 이후로도 친구가 계속해서 여행 사진을 보내줬어요. 9·11 테러로 빌딩이 무너진 자리에 마련한 추모의 공간을 찍은 사진도 보냈고요.

사진과 영상을 보면서 이걸 어떻게 시로 쓸 수 있을까 생각했습니다. 추모 공원을 오래 바라보고 있다 보니, 우리 사회에서 끊임없이 조롱받고 있는 어떤 추모들이 떠올랐고, 그것이 다소 뜬금없지만 뉴욕의 자본주의적 면모에 대한 생각으로 이어지기도 했어요. 그런 식으로 자연스럽게 이어가면서 시를 썼던 것 같아요.

**조대한**  말씀을 듣고 보니 사회적인 메시지도 염두에 두고 계시는 듯해요. 직접적으로 발화되지는 않지만 시에서 굉장히 멋지게 드러나는 것 같고요.

**최가은**  맞아요. 메시지를 직접적으로 전달하는 것은 분명 아니지만 결코 힘을 잃지 않은 어투, 시구라는 생각이 들어요.

**주민현**  지금껏 하신 말씀들에 대해 생각해보니까, 제가 굉장히 은유적인 사람인 것 같다는 생각이 드네요. 저는 세상을 은유의 방식으로 받아들이는 것 같아요. 가령 누군가 길에서 제 어깨를 툭 치고 지나간다면, 저는 분노하기보다는 곧바로 소매치기에 대한 상상을 하는 사람이에요. 세상을 은유적으로 받아들이고 그런 표현을 많이 한다는 사실을 알게 되었어요.

**조대한**  「복선과 은유」에서도 은유가 직접적인 소재로 등장하지요. 가은 씨가 이야기했던 '무심한' 태도가 허무주의로 빠지지 않는 것은 이런 은유적 방식과 관련 있다고도 말할 수 있을 것 같아요. 은유로 이어지는 사유는 세계 속 사물 간의 '연결'을 계속해서 생각하게 만드니까요.

**최가은**  주민현 시인이 은유적으로 세상을 바라보는 사람이라면 이 시를 바라보는 태도가 주민현 시인 자신의 세계관과 많이 닮아 있다는 생각이 드네요.

**주민현**　네, 매우 밀접한 작품이에요. 웃겼던 경험도 있는데요. 제 시를 본 누군가가 저에게 여행을 많이 다니는 것 같다고 말하는 거예요. 그런데 전 실제로 여행을 진짜 안 다니거든요.

**조대한**　아, 실제로 여행을 떠나기보다는 화면 너머로 여행하는 것을 즐기는 스타일이신가요?

**주민현**　네. 간접 경험을 좋아하는 편이거든요. 베트남에 관해 쓴 시도 직접 가본 것이 아니라, 여행 블로그를 보면서 여기 좋다, 가보면 어떨까? 라고 상상하는 데서 출발했어요. 상상의 배경은 상당히 현실적이고요. 다른 사람들이 보기에는 그것이 나의 경험이라고 할 수 있을 만큼 나 자신과 굉장히 밀접한데, 사실은 상상인 경우가 많아요. 겪어보지 않은 일을 구체적으로 상상하면서, 시를 통해 어떤 세계를 실현해요. 현실의 나는 인식적인 측면에서도 경험적인 측면에서도 한계가 많은데, 시로써 그것을 한 단계 뛰어넘고 싶은 욕망이 있어요.

**최가은**　그러한 세계의 실현이 주민현 시인의 방에서 시작된다는 것이 너무 멋지네요.

**조대한**  말씀하신 은유 이야기를 좀 더 덧붙여보자면, 저는 주민현 시인의 '은유'가 문법으로서의 은유라기보다는 세계관으로서의 은유라고 생각했습니다. 「복선과 은유」에서도 식물을 바라보던 화자가 불현듯 그 모습을 가족의 은유로 인식하는 장면이 나와요. 말씀하신 길거리에서의 어깨 부딪힘이 소매치기에 대한 상상으로 이어지는 것처럼, 아무런 상관이 없는 사물들을 어떤 방식으로든 나와 연관이 생기는 세계로 만드는 거잖아요. 그렇게 말을 내뱉는 순간 그것이 삶의 복선이 되기도 하고요. 이 시에서도 그러한 인과의 흔적이 느껴져서 이야기를 꺼내봤습니다.

**주민현**  네, 정말 맞는 것 같아요.

**최가은**  은유가 연결로 이어진다는 대한 씨의 지적이 재미있네요. 대한 씨는 주민현 시인의 은유를 문법보다는 세계관으로 파악하셨지만, 사실 저는 그 문법적 형식도 재미있었거든요. '−처럼' '−같다' '−같고' 이런 식으로 직유의 형식을 대담하게 사용하시는 것도 특징적이라고 생각했습니다.

**주민현**  그 방식이 어떻게 보면 폭력적이잖아요. 그래서 지양하려 하기도 하고, 낡은 작법으로 인식되기도 하는 것일 텐데요. 그럼에도 저에게는 세계가 그런 방식으로 다가온다는 느낌을 지울 수 없어요. 또 한편으로 은유는 이제 쓸 만큼 다 썼다는 생각도 들어요. 첫 시집 이후로는 조금 다르게 쓰고 싶습니다.

**조대한**　주민현 시인의 한 세계가 첫 시집을 통해 완결된 것인가요?

**주민현**　네, 그렇다고 봐야겠죠.

**최가은**　시집 이야기가 나와서 말인데요, 시집 제목이 『킬트, 그리고 퀼트』이지요? 아까 말한 '연결'과 묘하게 연결되는 지점이 있네요. (웃음) 홍보하는 겁니다.

**조대한**　제 주변에는 특히나 시인분들이 주민현 시인의 첫 시집을 굉장히 기다리고 있습니다.

**주민현**　감사합니다. 어떡하죠? (웃음)

**최가은**　시인들로부터 특별히 사랑받는 느낌, 어떠세요?

**주민현**　아, 행복하기도 하고 걱정되기도 하네요.

**최가은**　시집 너무 기대되네요. 인터뷰가 발표될 즈음이면 시집이 나와 있을 수도 있겠어요.

*— 잠시 휴식 —*


**최가은**　자, 이제 더 자유로운 이야기를 나누어보아도 될 것 같아요. 저기 술도 있답니다! 힘들 때 말씀해주세요.


**주민현**　어, 정말요? 저 지금 필요해요, 술!


**조대한**　와인도 있어요.


**주민현**　우와! (화색)


**조대한**　맥주도 있어요. 맥주부터 마실까요?


**주민현**　어, 좋아요! 나눠 먹을까요?


*— 인터뷰는 잠시 잊고 신나게 음주 중 —*


**조대한**　이제 시에 대해서 이야기해볼까요?


**최가은**　…….


**주민현**　…….

**조대한**　…….

**최가은**　……조연들의 삶, 스크린 바깥의 삶을 요약된 문장들의 '사이'라고 볼 수 있을까요?

**주민현**　(웃음) 그렇기도 하고요. 영화에도 여러 편집점이 있잖아요. 일반적으로 조명하는 편집점 외의 편집점도 가능할 것 같아요. 유명한 사람들의 삶이 있다면, 우연한 사고로 인해 갑자기 사라지는 삶들도 있지요. 저의 편집점은 그런 삶을 조명했으면 좋겠습니다. 아무리 생각해보아도 저의 기본적인 세계관이 그런 것 같아요.

**최가은**　영화를 좋아하시나 봐요.

**주민현**　네. 그런데 요즘 유튜브를…….

**최가은**　아, 유튜브…….

**주민현**　넷플릭스를…….

**조대한**　아, 넷플릭스…….

**주민현**　(웃음) 영화를 좋아해요.

**조대한**　「브루클린, 맨해튼, 천국으로 가는 다리」에 사르트르의 『구토』를 인용하셨더라고요. 그런데 저희가 그에 대해 아직 한마디도 안 했네요. 작품으로부터 문장만 빌려오신 걸까요?

**최가은**　다른 시에서도 자주 본 것 같은데, 문장만 가져온 각주가 좀 있는 편이죠?

**주민현**　네, 맞아요. 직접적으로 연결된 세계관이 있어서가 아니라, 이것도 관조적인 태도로 인용하는 것 같아요. 사유를 이어보겠다는 의도보다는 그 문장을 관통하면서 제게 남았던 흔적을 시에 새겨보려는 의도로 쓴 듯하고요. 어쨌든 사르트르가 실존주의 철학자잖아요. 그런 면에서 맥락은 연결되지 않을까? 라는 느낌 정도였어요. 출근하면서 읽다가 이 문장이 특히나 와닿았어요.

**조대한**　……출근하면서 『구토』를 읽으셨다고요?

**최가은**　출근하면서 읽으시면 구토할 것 같은데…….

**주민현**　(웃음) 솔직히 개인적으로 책이 좋지는 않았어요. 병약한 지식인 남성의 찡찡거림이 낯익게 느껴져서요.

**최가은**   그래서 관조하셨군요.

**주민현**   (웃음) 네, 맞아요.

— 『구토』를 생각하며 음주 중 —

**최가은**   맥락과 상관없이 문장을 떼어서 가져올 수 있는 것이 시 창작의 매력이랄 수도 있는데, 그 방식이 잘 어울릴 때 시가 상당히 멋져지는 것 같아요. 독자에겐 의외로 그 하나의 문장이 시 전체를 조망하는 관점을 제공할 때도 있고요.

**조대한**   맞아요. 저는 특히나 "나의 파이프는 금빛이 나는 칠로 단장되어 있어"라는 사르트르의 문장으로 시작해서 모형 개구리로, 모형 개구리에서 파이프로, 구두로, 찬바람 맹세로. 이렇게 무심히 건너가는 것이 오히려 시의 첫 문장을 다시 생각하게 한다는 느낌도 받았어요. 또 약혼자와 헤어지고서 "누군가 네 가슴을 포크로 찍고 있는 것 같다"라고 말하던 친구가, 거대한 케이크의 이미지로 무심하게 변환되는 문장의 연쇄도 인상적이었고요.

**최가은**   맞아요, 그 부분 말인데요. 눈앞의 친구를 촛불 끄듯 후, 하고 꺼버린다니, 우아하게 잔인하다고 생각했어요.

**주민현**　(웃음)

　　**최가은**　그렇게 친구를 눈앞에서 치워버리고(?) 나서, "나의 하루가 아름다웠다면 누군가의 해변으로는 검은 모래가 밀려온다"라고 담담히 말하는 시적 주체의 태도는 자칫 폭력적으로 느껴질 수도 있을 텐데요. 주민현 시인의 시는 이상하게도 그냥 납득이 가서, 시적 주체의 폭력성을 의심하게 되지 않아요. 참 신기한 일이지요. 이런 인상이 어디서 기인하는 것일까 계속해서 궁금해지기도 하고요.

　　**조대한**　말씀하신 대로 친구 정리(?), 갑작스러운 축약, 도약과도 같은 비유로 발화를 이어가는 것이 어떻게 보면 자칫 폭력적일 수도 있을 텐데, 그렇게 느껴지지 않는다는 것이 실로 신기하네요. 주민현 시인의 작품을 읽을 때 산뜻하다는 느낌을 받을 때가 종종 있는데, 그래서 그럴까요? 슬픔을 대하는 방식도 그렇고요.

― *슬픔을 생각하며 음주 중* ―

　　**최가은**　공휴일의 월스트리트도 마치 가보신 것 같았는데요.

　　**주민현**　제가 한참 영어 공부를 할 때의 일화인데요. 『The Origins of Happiness(행복의 기원)』라는 책을 읽고 있는데, 그 책에 월스트리트의 이야기가 나왔어요. 월스트리트는 어떤 느낌일까? 이런 궁금증이 들어서 도서관에 갔어요, 뉴욕이 아니라. (웃음) 도서관 컴퓨터 검색 창에 뉴욕을 쳐서 나오는 책들을 여러 권 읽었어요. 거기서 받은 느낌을 바탕으로 쓴 문장입니다.

**최가은** 우와……! 정말 신기한데요.

**조대한** 그렇게 나온 문장인 것이요?

**최가은** 아니요. 영어 공부를 그런 식으로 하신다는 사실이요.

**주민현** 경제 대공황, 자본에 대한 환멸…… 그럼에도 어떻게든 이어지는 자본주의 방식의 삶. 그런 것들이 시에 표현된 월스트리트의 '재' 이미지와 닮았다고 생각했어요. 강렬한 느낌이었거든요.

**조대한** 제가 앞서 영화 〈브루클린〉 이야기를 한 것도, 이 작품이 현세대의 뉴욕 이야기라기보다는 20세기 초반의 뉴욕에 가깝다는 느낌이 들어서였어요.

**주민현** 네, 맞아요. 그러나 그것을 파멸의 이미지로 그리고 싶지는 않았고 어쨌든 계속되고 있는 그곳의 삶, 그곳의 체제, 그 속에서 살아가고 있는 사람들의 이미지를 표현하고 싶었어요. '재'를 쓰기 전 앞 문장에 '눈'을 내리게 한 것도, 일반적인 재의 이미지보다는 조금 더 제가 쓰고자 했던 재의 이미지를 나타내고 싶어서였던 것 같아요.

— 재와 눈을 음미하며 음주 중 —

**최가은**　얼마 전 대한 씨가 주민현 시의 멋짐에 대해서 이야기할 때 이 세련됨을 어떻게 묘사할 수 있을까 고민하더니 '빈티지'라는 단어를 꺼냈었거든요. 저희가 카페에 있었는데요, 눈앞에 있는 식기를 손에 들고 흔들면서 막 빈티지, 빈티지 이렇게 중얼거리시더라고요. (웃음) 빈티지, 어떻게 생각하세요?

**조대한**　……죄송합니다. 이 시에 나오는 어휘들이 그때의 빈티지 식기들과 어울리는 것 같다는 생각이 들어서 그만…….

**최가은**　화려함이 아니라 그 자체로 풍기는 멋스러움에 대해 말씀하려고 하신 것 같아요.

**주민현**　빈티지 좋아해요. 현아 노래에도 그런 구절이 나오는데 혹시 아시나요? 레트로와 퓨처가 은근히 연결되는 지점이 있는 것 같아요. 레트로 자체가 빈티지는 아니잖아요. 빈티지에 대한 향수를 다시 불러일으키는 것이 레트로인데 그것이 퓨처의 것으로 느껴지게 하는 아이러니함이 재미있어요. 말씀을 듣고 보니 제 시어에도 그런 느낌이 있네요. 새로운 시어는 아니지만, 그것을 재조합하고 배치하는 단계에서 늘 새롭게 느껴지도록 노력하고 있어요.

**최가은**   재미있는 이야기네요. 대한 씨가 받았던 인상이 말씀하신 '퓨처'로서의 아이러니에서 비롯된 것이라는 생각이 들어요.

**주민현**   그렇다면 감사합니다.

— 음주 인터뷰를 마치고 2차를 가기로 함 —

**최가은**   첫 인터뷰이다 보니 저희가 번외 편으로 질문을 하나 준비했는데요. 이 기획에 대해 시인의 입장에서 이야기를 들어보고 싶기 때문입니다. 단편소설은 한 편을 가지고도 리뷰가 쓰이기도 하고, 이야기를 많이들 나누시잖아요. 상이 주어지기도 하고요. 그런데 시는 발표하실 때도 한 지면에 대표작 외 몇 편 이런 식으로 연속적으로 나가는 일이 많죠. 그러다 보면 그 '외 몇 편'은 사실 크게 주목을 받지 못할 때도 많아요. 그렇지만 시를 쓰는 분들 입장에서는 당연히 그 한 편 한 편이 모두 다를 것 같아요. 그런데 한편으로는 정확히 같은 이유로 시 한 편에 대해서만 주목한다는 것이 부담스러운 일일 수도 있겠다는 생각이 듭니다. 시를 쓰는 입장에서 어떻게 생각하시는지요?

**주민현**　일반적으로 문예지에서는 시인에게 두세 편씩 청탁을 하지요. 제 경우에는 그 각각의 시편 사이에서 연속성을 생각하기도 하고, 한 편에 집중력을 달리하기도 해요. 이번에 시집을 묶으면서 새삼 느낀 것이 있어요. 문예지에 발표되는 볼륨이 아닌, 한 권의 시집에 들어갈 시로서 각각의 기능을 하게끔 작품을 기획해야 한다는 생각이 들었어요. 낱낱의 작품도 중요하지만 시집으로서의 연속성도 생각해야 하는 것이지요.

시를 쓰지 않는 친구들이 저의 시를 보면, "네 한 편의 시는 마치 단편소설처럼 길어"라고 말하곤 하거든요. 그게 단점일 수도 있지만, 확실히 저는 그렇게 써요. 이 한 편의 작품 안에서 소설 같은 이야기를 쓴다거나, 혹은 한 편으로 완결된 세계를 보여주려고 하는 것이지요. 저는 늘 그렇게 써왔습니다. 아마 다음 시집부터는 이런 부분도 바꿔보아야겠지요? (웃음)

**조대한**　주민현 시인처럼 한 편을 완성도 있게 완결하는 데 집중하시는 분들도 있지만, 징검다리나 호흡 조절처럼 연속된 전체 발화의 일부분으로서 한 편의 시를 쓰시는 시인들도 있잖아요. 그럴 때는 저희처럼 한 편에 집중하는 기획이 오히려 좋지 않은 접근일까요?

**주민현**　네. 그럴 수도 있을 것 같아요. 방금 설명드렸듯이 저 같은 타입의 시를 쓰는 사람은 딱 한 편에 집중할 수 있지만, 저와는 다른 방식으로 쓰시는 시인분들도 많으니까요. 특히 한 편이 아니라 여러 편의 작품을 연속적으로 보았을 때 시 세계가 제대로 드러나는 시인의 경우가 거기에 해당되겠죠.

**최가은**　말씀해주신 부분이 맞는 것 같아요. 꼭 연작시의 형태가 아니더라도 연속체로서 자신의 시 세계를 보여주는 시인도 많이 계시고, 지금도 머릿속에 몇몇 분들이 막 떠오르네요. 마지막으로 혹시 새로이 출발하는 '시로'에 대해 해주실 말씀이 있다면 부탁드리겠습니다.

**주민현**　참 좋은 기획이라고 생각합니다. 다양한 성격의 시들을 다양한 방식으로 다뤄주셨으면 좋겠다는 바람이에요. 말씀해주신 대로 아쉽게 지나가버리는 좋은 작품들이 너무 많잖아요. 이 책을 계기로 더 많은 독자가 한국 시의 다양한 면모를 접할 수 있었으면 좋겠습니다.

**조대한**　말씀 잘 기억하겠습니다. 오늘 먼 걸음 해주시고 인터뷰에 응해주셔서 정말 감사합니다.

2

# 받침

시 김복희

글 조대한

「몫」의 받침은 어떻게 쓰는 거냐고
왜 한쪽 받침이 그렇게 생겼냐
원래 그렇게 태어난 거냐

「내 몫이지」 서울말 같았다,
내가 이모라고 불렀던 여자
이모도 뭣도
아니고 나한테는 관심조차 없던

봄에 오는 새와 둥지에서 떨어진 새
이상하게 닳은 신발을 벗고

울지 않는다 어느 날 공책 속에 발자국을 마구 남기고
나가지 않고

그건 무슨 뜻이냐고 물어도 쓰는 법과 읽는 법은 말해
주지만
계속 절룩거리며 돌아오기만 할 뿐

풀이 밟힌 채로 자라고 다리를 끌고 돌아가는 장면을
그대로 남겨두던 진흙길

「날개가 있으니까 다리 정도는 필요 없어」
텔레비전에서 나온 말을 이모는 자주 가르쳐주었다

그 말을 다 믿을 수 없었지만
마루 끝에 한쪽 다리를 들고 서 있다가
소리 내어 서울말을 따라한다


§


최은영의 『몫』(미메시스, 2018)이라는 소설이 있다. 90년대의 대학 시절을 함께 보냈던 정윤, 희영, 해진의 이야기다. 몇 년 전 문예지에 발표되었을 때부터 오래도록 마음에 남았던 소설인데, 새삼 이 소설의 제목이 지어진 이유가 다시금 궁금해졌다. 왜 '몫'이었을까.

교지 편집부원이었던 정윤, 희영, 해진이 잡지 출간을 앞두고 다른 부원들과 의견을 나누는 장면이 나온다. 희영은 모 대학교에서 일어난 교수 성희롱 사건을 다뤄보겠다는 이야기를 꺼낸다. 하지만 한정된 지면과 시국의 위급함을 근거로, 개인의 윤리 문제보다는 시급한 정치·사회의 안건을 다룬 글이 할당되어야 한다는 반대 의견이 팽팽히 맞선다. 그때 정윤은 희영이 제시한 토픽이 '일개 여성 문제'가 아니라 '대학원 사회의 기형적인 권력 구조'와 '더 큰 억압의 문제'라고 말하며 지지한다.

다행히도 정윤의 지지 덕분에 그 의제는 편집회의를 통과하여 지면에 실릴 수 있게 되었다. 그러나 돌이켜 생각해보건대 그것이 정말 다행스러운 일이었을까. 희영이 목소리를 내려 했던 사건은 상대적으로 소박했던 교내 지면에서조차도 더 큰 억압과 권력 관계의 문제로 확장되어야만, 다시 말해 당시의 언어가 허락한 공론장의 방식으로만 자신의 몫을 분배받을 수 있었던 것은 아니었을까.

「받침」에는 '나'와 '이모'가 등장한다. '나'는 이모에게 '몫'이라는 단어에 대해 묻는다. 처음 언어를 배우는 아이처럼, 그 단어가 "왜 한쪽 받침이 그렇게 생겼"는지, "원래 그렇게 태어난" 것인지 재차 질문을 던진다. 이모는 '나'에게 "쓰는 법과 읽는 법은 말해주지만" 그리 친절한 교사는 아닌 듯하다. 아니 사실 내가 이모라고 불렀던 그 여자는 "이모도 뭣도 / 아니고 나에게 관심조차 없던" 사람이었던 것 같다. 하지만 날갯짓 시범을 보이듯 무심히 일러준 그 단어의 사례는 신기하게도 내게 묘한 울림으로 남았다. 개인의 몫을 주장하는 구절의 의미가 깍쟁이처럼 느껴져서인지, 혹은 서울이 아닌 곳에서 살았던 내가 다른 어른들에게 듣지 못했던 문어적 표현이 낯선 어감으로 다가와서인지, "「내 몫이지」"라는 이모의 억양 없는 그 말은 마치 "서울말 같았다."

각자에게 할당된 부분을 뜻하는 몫이라는 단어는 'ㄱ'과 'ㅅ' 두 개의 받침이 아래를 지탱하고 있는 형태의 글자다. 표준 발음법 제14항을 보면, 어떤 단어의 겹받침이 모음으로 시작된 조사나 어미 또는 접미사와 결합되는 경우, 두 개의 받침 중 후자 쪽의 받침만을 이어지는 음절의 첫소리로 옮겨 발음한다고 적고 있다. 즉, '몫'이 발음될 때 겹받침 중 'ㄱ'은 앞에 남아 사라지고 'ㅅ'만이 연이은 모음과 결합되어 활용되어야 한다. 다만 약간의 예외가 있다면 겹받침 중 유일하게 'ㅅ'의 발음은 홀로 된 평음이 아닌 겹의 된소리로 발음된다는 점이다. 이모가 알려준 [내 목씨지]라는 사례 속 'ㅅ'은 혼자 남은 자기만의 장소에서도 무언가 함께 겹쳐져 있었다는 흔적을 희미하게 남기고 있는 것인지도 모르겠다.

『몫』의 세 등장인물들 중에서 졸업반이 될 때까지 편집부에 남은 이는 결국 해진뿐이었다. 정윤과 희영을 남몰래 동경하며 스스로는 글에 대한 재능이 없다고 생각했던 해진은 유일하게 글을 쓰는 직업을 택해 살아간다. 정윤은 여성 관련 의제마다 딴지를 걸었던 한 남자 부원과 결혼해 이민을 간다. 누구보다 사람들의 마음을 울리는 글을 썼던 희영은 어떤 부채감 때문인지 작가가 아닌 기지촌 활동가의 길을 택했고, 이후 서른아홉의 이른 나이로 세상을 떠난다. 이제 글의 형태로 자신만의 목소리를 발화하는 것은 홀로 남은 해진에게만 주어진 삶의 몫이다. 다만 해진의 고뇌와 노력으로 써 내려갔음이 분명한 그 글들 속엔 한 시절을 함께했던 누군가의 흔적이, 미숙했던 그 시절의 자신을 잠시 받쳐놓고 사라진 그녀들의 문장이 남아 희미한 겹의 울림을 만들어내고 있지는 않을까.

'나'에게 관심조차 없던 '이모'의 신발 한쪽은 이상하게 닳아 있었다. "계속 절룩거리며 돌아오"던 이모의 뒤편에는 무언가가 끌렸던 흔적이 그대로 남았다. 이모는 늘 홀로 걸었고, 공책 속엔 한쪽만 선명한 발자국을 마구 남기곤 했다. 내게 별다른 애정을 쏟지도 않았고 부러 당당한 척하려 했던 것도 같은 그녀의 말을 이제 와 모두 다 믿을 수는 없지만, 문득 아무것도 기댈 곳 없이 공허해지는 순간이 오면 나는 괜히 "한쪽 다리를 들고 서"서 기억 속에 남아 있는 이모의 억양과 발음을 소리 내어 따라 해본다. 그건 내 몫이지.

※ 김복희 시인의 시는 『현대시』 2020년 5월호에서 가져왔다.

# 이슈쟌

시 배시은

글 최가은

백 년 전 비디오에는 이슈쟌이 등장한다

이슈쟌은 건물을 빠져나오는 동안 셀프 캠을 찍었다:
층계가 나를 칭칭 감고 있었어요

녹화하는 동안 건물은 잠자코 있는다

색을 바꾸지도 않고

문턱을 세워 이슈쟌을 넘어뜨리는 일도 없이

비디오는 신비하다

비디오를 재생하는 동안만큼은 비디오의 신비에 다가
갈 수 있다는 점에서

비디오는 시간이 지날수록 팽팽한 긴장감을 갖게 되므
로 이슈잔은 시간에 능숙한 사람이 되어 백 년 뒤까지 살아
남는다

녹화를 마치자 건물은 빠르게 낡아가기 시작했다고 이
슈잔은 회고했다

§

"릴라는 흔적이라는 단어의 개념을 무한대로 확장시켰다. 그
저 사라지는 것에 만족하지 않고 자신이 살아온 66년이라는 세월
을 통째로 지워버리려 하고 있었다."*
'릴라'가 사라졌다. 그녀는 흔적이라는 단어의 개념을 무한대
로 확장시키며 세포 하나까지, 머리카락 한 올까지 남기지 않고

* 엘레나 페란테, 『나의 눈부신 친구』, 김지우 옮김, 한길사, 2016

사라지는 일을 바라왔고 당장은 이에 성공한 것처럼 보인다. 그러나 그녀의 친구이자 작가인 '엘레나'는 그 꼴을 견딜 수 없다. '좋아, 이번에 누가 이기는지 보자.' 그녀는 릴라의 지난 삶을 세세하게 되돌려놓기로 한다. '나의 눈부신 친구'라는 이름으로 회고될 릴라의 60년 인생은 이제 엘레나의 펜 끝에서, 엘레나가 만든 액자의 틀 속에서 낱낱이 재현될 것이다. 엘레나는 릴라를 '이기기' 위해 이 이야기의 주인 자리를 선점한다.

우리는 종종 특별한 인물을 다큐멘터리처럼 회고하는 이야기를 마주하곤 한다. 서술자의 회상으로 이루어지는 이러한 이야기에는 대상에 대한 애정과 그리움이 전제되어 있기 마련이고, 이때의 묘사가 발생시키는 아름다움은 대상의 모습을 기억 속 사실로 전달하는 힘이 있다. 우리가 극화된 대상에 몰입할 때, 이야기 속 인물의 역사가 실은 프레임을 구축한 주인의 것이라는 사실을 자주 잊어버리게 되는 이유다.

하지만 그것이 아무리 다큐에 가깝다 하더라도, 액자 속에서 발생하는 재현이란 기본적으로 액자의 주인이 대상과 그리고 세계와 맺는 특수한 관계와 맥락에서, 그를 특정한 표상으로 만들어내는 작업이다. 이러한 사실을 전제하지 않고서 재현은 발생할 수 없다. 근래 우리 문학이 소수자를 향한 그간의 재현 방식을 의문시하며 보다 강력하게 인식하게 된 것 역시 이와 같은 재현의 근본적인 조건이다.

프레임 속으로 진입할 때 우리가 여전히 이 사실을 잊어버리는 것처럼 보인다면, 그것은 '액자'를 인식한 이후에 발생한 자발적인 행위일 가능성이 크다. 우리는 이제 최소한의 성찰 없는 재현의 결과에 대해서라면 속아주는 일을 거부하거나, 그간 배제되어왔던 표상에 대해서라면 묘사의 평면성에도 불구하고 속아 넘어가기를 선택하기도 한다. 그러나 수용자의 기꺼운 이 선택마저도 새삼 환기된 위와 같은 재현의 근본 조건을 변화시키지는 않는다. 타인에 의해 묘사되는 삶의 모습이란 굴절의 과정을 통과할 수밖에 없고, 릴라 역시 이를 인지하고 있다. 작가의 분노가 자신의 삶을 왜곡할 가능성 따위는 사소한 문제에 불과한 것이다. 그렇다면 그녀가 남은 자들의 손에 제 머리카락 한 올마저 남기지 않으려 했던 까닭은 무엇이었을까. 그녀는 대체 무엇을 두려워하는 것일까.

엘레나의 글쓰기 작업은 서두에서 선언한 바와 같이 친구의 상실 이후 수행하는 애도의 과정과는 거리가 멀다. 사라진 릴라를 향해 느끼는 감정이 슬픔이 아니라 분노에 가깝다고 말할 때, 릴라의 이야기를 제 손으로 직접 쓰는 이유가 그녀로부터 승리를 구하기 위해서라고 고백할 때, 우리에게 분명하게 각인되는 것은 릴라를 가두는 액자의 존재, 그리고 그 액자를 장악한 엘레나의 존재다. 릴라가 두려워하는 무언가는 어쩌면 제 삶을 둘러싼 액자와 액자 주인의 이 노골적인 존재감에서부터 시작되는 것인지도 모른다.

비디오는 신비하다
비디오를 재생하는 동안만큼은 비디오의 신비에 다가
갈 수 있다는 점에서


마치 누군가의 '셀프 캠'을 들여다볼 때처럼, 우리는 '비디오'라는 프레임을 강력하게 인지하는 만큼 비디오 속 인물의 모습과 이야기를 더욱 교묘한 방식으로 신뢰하게 된다. 이 이상한 역설을 "비디오의 신비"라고 할 수 있다면, 비디오가 재생되는 동안'만큼'을 한정하고, 비디오가 생산하는 신비에 바짝 다가서기로 할 때 비디오와 우리 사이에 발생하는 그것, 릴라가 두려워하는 것이자 엘레나가 반드시 제 것으로 성취하고자 하는 그것을 무엇이라고 말할 수 있을까.


\*


민경환 평론가는 최근의 시적 경향에 대한 독해의 방식을 제안하는 자리에서, "액자를 믿지 않기로" 한 화자와 시인들에 관해 이야기한 적이 있다.\* 액자라는 형식이 결코 완벽한 재현의 가능성을 갖지 못한다는 사실을 인정한 이후에, 형식에 대해 취하는 '과소몰입'을 하나의 시적 증상으로 보았던 그의 해석 틀은 「이슈

---

\*    민경환, 「세모나 네모로 얼룩을 번역하시오」, 『문장 웹진』 2019년 3월호

잔」 세계로의 진입에 친절한 안내서가 되어준다. 배시은의 시를 읽는 자리에서 재현의 이야기를 이토록 길게 늘어놓은 이유도 이와 관련된다. 「이슈잔」을 우리 앞에 내세운 시인의 작업이 엘레나의 글쓰기를, '액자'에 대한 특정한 태도를 겸비했던 최근의 시적 흐름을 나란히 연상케 하기 때문이다. 나아가 이러한 연상 위에서 '이슈잔'이라는 이름과 그 호명된 이름이 세계에 대해 취하는 입장의 중요성은 지금, 우리의 고민들과 연결되면서 한층 더 복잡하게 전달되는 면이 있다.

백 년 전 비디오에는 이슈잔이 등장한다

이슈잔은 건물을 빠져나오는 동안 셀프 캠을 찍었다: 층계가 나를 칭칭 감고 있었어요

녹화하는 동안 건물은 잠자코 있는다

색을 바꾸지도 않고

문턱을 세워 이슈잔을 넘어뜨리는 일도 없이

과거의 여성으로 추정되는 누군가의 이름이 전면에 배치된다. 시인은 '이슈잔'에 대한 이야기를 들려주겠다며 문을 열어준

이후 이곳이 철저한 재현의 장이라는 사실만을 여러 방식으로 강조한다. 그 첫 번째 장치는 바로 '슈쟌'과 '슈잔' 사이의 간극이다. 시인은 흥미롭게도 '이슈쟌'이라는 액자 앞에 선 우리에게 백 년 전 비디오를 상영하며, 그 속에 '이슈쟌'이 아닌 '이슈잔'을 등장시킨다. 세밀하게 들여다보지 않으면 결코 알아챌 수 없는 이 근소한 차이를 통해 시인은 슈쟌과, 재현된 슈잔을 성급하게 동일시하려는 우리의 관습적인 독해 방식에 제동을 건다.

이슈잔은 건물을 빠져나오는 동안 셀프 캠을 찍는다. 카메라를 바라보던 그는 이렇게 말한다. "층계가 나를 칭칭 감고 있었어요." 그런 그녀의 말이 무색하게 우리 눈에 비친 건물은 고요하기만 하다. 그것은 본래의 제 색깔을 바꾸지 않고, 문턱을 세워 이슈잔을 넘어뜨리는 일도 없으니 슈잔의 말처럼 층계가 일어나 그녀를 칭칭 감았을 가능성 역시 희박해 보인다. 그러나 우리는 이미 비디오의 신비에 대해 합의한 바 있고, '슈쟌'과 '슈잔' 사이의 간극은 이것이 재생되는 비디오라는 사실을 끊임없이 상기하고 있으므로, 재생의 시간만큼 우리는 그 신비에 동화될 수 있다. 건물이 돌연 슈잔을 칭칭 감고 난 이후 아무 일 없었던 척 고요함을 연기하는 것으로 보이는 이유는 이 때문이다.

그런데 비디오의 신비란 과연 이것으로 충분한 것일까. 액자의 근본적인 한계를 인지하면서 그 속에서 도달한 최대치의 진실에 설득되는 것으로 우리는 '이슈쟌'의 세계를 적당히 체험한 것이라고 말할 수 있을까. 지금 우리 화자들이 서 있는 시적 토대가 얼마간 변화하고 있는 것이 분명하다면, 다름 아닌 '이슈쟌'이라는 한 여성의 이름을 향해 이 변화된 방식이 활용될 때 액자가 발생시키는 신비와 그 신비를 대면하는 우리 사이의 긴장은 그 이상의 설명을 필요로 하는지도 모른다. 그녀의 이름을 호출하고 호출의 대상을 굴절된 방식으로 프레임 속에 전시하는 작업, 그리고 이것이 "비디오의 신비"라는 사실을 반복적으로 제시하는 작업은 배시은이 구축한 세계를 대면하는 '우리'의 '몰입' 방식에 대해 더 많은 것을 고민하게 한다.

수족관에 갔다 심해가 되려고

저거 봐
모르는 사람이 가리키는 곳을 본다

수심 이백 미터 아래가 안전하게 송출되고 있다

(……)

사람들은 빛을 만져본다
환도 상어가 정말 살아 있음을 느낀다

상어들은 살아 헤엄치고 있다

이곳에 없으므로

_「디지털 수족관」*

배시은의 화자가 '디지털 수족관'을 방문한다면, 이는 심해를 관찰하기 위해서가 아니라 그 자신이 "심해가 되"기 위해서다. 그곳에서 상어는 '진짜' 살아 헤엄치고, 사람들은 빛을 '직접' 만질 수 있는데 그것은 모두 이곳이 상어가 없는 '디지털 수족관'이기 때문에 가능한 일이다. "수심 이백 미터 아래가 안전하게 송출되고 있"는 이곳의 풍경은 오직 이 장소에서만 가능한 신비와 실체감을 강조하기 위해 묘사되고 있는 것만은 아닌 것이다. '디지털' 수족관임이 재차 강조되는 방식은 심해가 되어버린 '나'가 느끼는 '진짜의 감각'이 '진짜'가 되는 것 역시 집요하게 방해한다. '되기'로서의 존재론적 전환은 수족관 내부에서 감행될 수 있는 최대치의 도약이지만, 수족관 바깥의 삶에 어떤 식으로든 영향을 주지 않는다면 그 '되기'는 여전히 허상 속의 진실 그 이상도 이하도 아니다.

비디오는 시간이 지날수록 팽팽한 긴장감을 갖게 되므로 이슈잔은 시간에 능숙한 사람이 되어 백 년 뒤까지 살아남는다

* 배시은, 『소공포』, 민음사, 2022.

그뿐만이 아니다. 비디오는 흥미롭게도 시간이 지날수록 팽팽한 긴장감을 갖게 되는데, 이 긴장감 때문에 '진짜의 감각'에 불과했던 그것은 또 하나의 진실로, 나아가 또 하나의 신화로 고착될 위험이 있다. 이슈쟌이 시간에 능숙한 사람이 되어 백 년 뒤까지 살아남고 말 것이라는 시인의 경고가 어딘가 불안하게 들리는 이유 역시 그 때문이다. 우리가 그/그녀들을 복원하려는 것은 결코 그들의 불멸을 위해서가 아니다.

　앞서 "흔적이라는 단어의 개념을 무한대로 확장"하면서 온전히 사라지고자 했던 릴라는 그처럼 어설픈 백 년 후의 신화로 남는 일을 거부한 것일지도 모른다. 따라서, 엘레나가 시작한 노골적인 싸움은 그런 릴라가 액자 속 구성된 존재임을, 언제나, 딱 그만큼의 진실로서만 우리 앞에 나타날 수 있음을 알리는 일이기에, 신화-되기를 거부한 릴라의 요청에 대한 친절한 응답이기도 하다. 그리고 배시은은 여기서 멈추지 않는다. '이슈쟌(쟌)'을 향한 그의 메타적 몰입은 우리에게 다음을 요청하는 것으로 나아간다.

　　　녹화를 마치자 건물은 빠르게 낡아가기 시작했다고 이
　슈쟌은 회고했다.

　녹화를 마쳐야만 건물은 빠르게 낡아갈 수 있다. 이슈쟌이 마지막으로 남긴 회고의 말은 이것이다. 또 한 겹의 프레임 밖에서, 녹화는 언젠가 끝나야만 한다는 사실을 강하게 상기하는 그녀의 발언은 다시 한번 이곳이 액자 속임을 알리면서도 액자 밖에 대한 상상을 이어가게 한다. 백 년 후, 프레임 밖에서 빠르게 낡아가는 건물의 맨 얼굴을 마주하면서도 이슈쟌을 연속적으로 상상하는 방법. 이에 대한 고민은 눈앞에 상영 중인 이슈쟌의 비디오를 바라보기로 한 우리가 감당해야 할 몫일 것이다.

배시은이 구축하는 세계를, 재현의 문제를 대하는 증상을 넘어 어떤 선택으로 읽는 것, 나아가 그가 선택한 메타성이 한 여성의 이름을 호명할 때 일으키는 긴장을 오독하는 것은 시인의 시적 세계가 지닌 가능성을 편협하게 축소하는 방식일 수 있다. 그럼에도 요 며칠 우리가 목격한 너무나 낯익은 풍경들, '여성'과 '아동'이라는 특정한 범주로 인식된다는 사실만으로 이름이 부정당하고 존재가 지워지는 일들이 끊임없이 이어질 때, 내게 「이슈쟌」이 갖는 의미는 그런 오독을 통해서만 다가온다. '이슈쟌'과 '이슈잔' 사이의 굴절, 그녀(들)가 손에 쥔 셀프 캠의 무게, 재생의 순간에도 밖에서 늙어가고 있는 세계의 풍경은 자꾸만 사라지는 어떤 이름들에 대한 호명과 몰입이 얼마나 섬세하고도 복잡한 방식으로 진행되어야 하는지, 나아가 그것이 액자 밖의 삶과 어떻게 연결되어야 하는지를 고민하게 한다. '과잉된 몰입'을 지양하며 '수쟌(잔)'의 구성됨을 우리는 지속적으로 의문에 붙여야 하지만, 그 의문은 녹화를 마친 이후의 이름들과 반드시 이어져야 할 것이다. 질문해야 할 것들은 너무도 많은데 세계는 빠르게 늙어간다.

※ 배시은 시인의 시는 '던전'에서 연재된 시집 『평균자유행정』에서 가져왔다.

## 정재율
## : 부서지는 집, 깨진 백자, 그리고 알 수 없는 사탕 봉지에 관하여

**일시** 2020년 5월 8일 금요일
**장소** 홍대 비밀기지
**참여자** 정재율, 조대한, 최가은

## 투명한 집

정재율

얼음 속에는 단단한 벽이 있어
나는 그 너머로 집 한 채를 볼 수 있었다

집에 들어가고 싶다
자꾸 무너지는데도

비를 맞으며
서 있는 아이처럼

인기척이 느껴지면
사라지는 벌레처럼

주머니엔 사탕 봉지가 가득하다

끝이 닳아버린 운동화와
홈이 맞지 않는 문턱들

그 아이의 사정은 모두가 알았다

커튼을 쳐도
들어오는 빛처럼

아이가 아픈 이유는
집에 큰 어른이 없기 때문이라고

얼음을 탈탈 털어먹으며
이야기하는 이웃들

아이는 나뭇잎을 주워
주머니 속에 구겨 넣는다

외투 밖으로 삐져나온 소매를
안으로 넣으면서
슬픔이 뭔지도 모르고
그새 자라 있다

창문이 깨지는 순간은
거미가 줄을 치는 모습과 비슷하고

아이가 바깥으로 밀려난다

영혼이
그곳에 있는데

귓속에서는
깨지는 소리가 들렸다

작은 유리알 파편처럼

집이라는 건 다 부서지는데도
자꾸만 모으고 싶어진다

※ 정재율 시인의 시는 『문장 웹진』 2020년 3월호에서 가져왔다.

§

**조대한**　안녕하세요, 정재율 시인님. 반갑습니다.

**정재율**　반갑습니다.

**최가은**　와주셔서 고맙습니다.

**정재율**　불러주셔서 감사합니다. 평소 '시로'를 관심 있게 보고 있었는데, 첫 인터뷰로 연락이 와서 너무 반가웠습니다. 「투명한 집」은 개인적으로 애착이 가는 시인데요. 시 한 편을 집중적으로 다뤄주시는 인터뷰에 이 시로 참여하게 되어 기쁜 마음입니다.

**최가은**　첫 인터뷰라고 하시니 괜히 죄송하네요.

**조대한**　저희가 처음으로 경험하기에는 조금 특이한 성격의 인터뷰잖아요. (웃음)

**정재율**　제 주변 사람들하고도 함께 이야기했어요. '시로'에서 하는 종류의 인터뷰는 아마 죽을 때까지 더 해볼 일은 없을 거라고요. (웃음) 기대를 많이 하고 왔습니다.

**조대한**　「투명한 집」이 특히 아끼는 시라고 하시니까 더욱 기쁜 마음이네요. 실은 가은 씨가 굉장히 좋아하셨습니다. 『문장 웹진』에 시가 올라온 당일에 바로 전화가 왔더라고요. 정재율 시인의 시를 빨리 보라고 하도 독촉해서 정말 일찍 보게 되었어요.

**최가은**　갑자기 부끄러워지는데요. 제가 특히나 좋아하는 시라 저도 오늘의 인터뷰가 매우 기대됩니다.

**정재율**　정말 감사합니다.

**최가은**　시를 보면 화자가 아이를 대상으로 바라보고 있잖아요. 아이를 과거의 기억이나 유년의 상징이라고 한다면 시인 혹은 시적 화자가 그것을 돌아보는 방식 자체가 유난히 인상 깊었어요. 그것이 꼭 제가 저의 유년을 돌아보는 방식 같았거든요. 그래서 유독 와닿았습니다.

**조대한**　그런 의미에서 가은 씨의 최애 구절부터 이야기를 시작해볼까요?

**최가은**

　　　외투 밖으로 삐져나온 소매를

안으로 넣으면서

슬픔이 뭔지도 모르고

그새 자라 있다


    이 구절에는 슬픔이 뭔지도 모르고 아이가 그새 자라 있다는
표현이 있어요. 제가 일전에 트위터에서 본 이야기가 하나 떠올랐
는데요. 어떤 아이가 엄마에게 "엄마, 나 슬픔이 있어"라고 말을
했대요. 놀란 아이의 엄마가 "슬픔이? 어디에 있어?"라고 물었더
니 아이가 제 양 무릎을 짚으면서, "여기에 슬픔이 있어"라고 말했
다고 해요.


    **정재율**    오······. 굉장히 인상 깊은 이야기네요.


    **최가은**    유년의 아이에게도 강하게 느껴지는 어떤 정서가 있
을 텐데요. 그것을 지금 어른이 된 내가 돌아본다면 그 감정에 대
해서 서사나 인과를 부여하는 방식으로 의미화할 것 같아요. 그때
내가 노을을 보고 있었던가? 친구랑 싸웠던가? 등의 '사건'을 떠
올리면서요. 그러나 그런 식으로 언어화하지 못할 종류의 감정이
아이에게 있을 것이고, "그게 어디에 있니?"라고 직접적으로 물어
보았을 때 당장에 무릎을 가리킬 수밖에 없는 거죠.
    이 시 속의 아이 역시 "슬픔이 뭔지도 모르고 / 그새 자라 있
다"라는 문장에도 불구하고, 혹은 그 문장 때문에 "외투 밖으로 삐

져나온 소매를 / 안으로 넣"는 행위가 외려 슬픔을 이해하고 자신만의 방식으로 그것을 대하는 아이의 모습으로 보였어요. 조금 더 흥미로운 건, 아이의 그런 방식을 바라보는 시적 화자의 태도도 아이와 굉장히 닮아 있다는 생각이 들었다는 건데요. 적당한 거리감이랄까, 언어로 직접 매개하지 않는 데서 나오는 거리감이 있는데, 그것으로부터 전달되는 감정의 울림이 컸던 것 같습니다.

**조대한** '언어화할 수 없는' 유년의 기억이나 슬픔 같은 것이 '그렇게밖에 말할 수 없는' 발화자의 태도로 드러난다는 말씀이 인상적이네요.

**최가은** 또 언어화할 수 '없는' 슬픔 같은 것도 있지만 사실 유년과 관련해 언어화하기 '싫은' 슬픔도 있잖아요.

**정재율** 네, 그렇죠. 건드리면…….

**최가은** 건드리면 무너질 것 같은 슬픔들이요. 대단한 정도의 사건이 아닐지라도 그것을 지금의 내가 대면해야만 한다면, 혹은 표현해야 한다면 이런 식으로 할 수밖에 없지 않았을까요.

**조대한** 아까 가은 씨가 말씀하신 거리감 말인데요. 저에게는 이 아이가 언뜻 처연하게 다가오면서도 마냥 불쌍하게만 느껴지지는 않았는데, 어쩌면 그 느낌은 거리감 때문에 발생했을지도 모르겠다는 생각이 듭니다.

**정재율**　저는 아이의 감정을 향한 시적 화자의 시선이 너무 가깝거나 강하게 느껴지면 아이를 포함한 다른 누군가에게는 불편함을 유발할 수도 있다는 생각을 했습니다. 평소에도 그 부분에 관해 고민을 많이 하는 편인데요. 시의 과잉된 감정이 해칠 수도 있는 것들에 관한 생각이요.

이 시에서는 특히 그러한 폭력성을 경계하면서 쓰려고 했어요. '아이'를 전면에 내세우는 시이기 때문에 더욱 그랬습니다. 제 시선은 어른의 것이기 때문에 아이를 바라보는 방식에 이미 어느 정도의 폭력성이 개입할 수밖에 없을 것 같아요. 그래서인지 아이를 한없이 처량하고 불쌍하게 느껴지도록 내버려두어서는 안 된다고 생각했습니다.

아까 가은 씨가 말씀해주신 '무릎' 이야기처럼 슬픔이라는 것이 정확히 무엇인지는 몰라도 눈치껏 알아버리고 말았던 감정, 내 몸 어딘가에 있었던 감정을 저도 그 시절에 분명 느꼈던 것 같아요. 그 감정이 이 아이가 삐져나온 소매를 넣는 모습을 통해 살짝 드러났는지도 모르겠습니다.

**조대한**　거리감과 불편함에 대한 고민이 참 인상적입니다. 말씀하신 내용들을 들어보니 확실히 발화자가 시적 대상을 대하는 태도나 세계를 바라보는 방식에서 어떤 윤리성이 드러날 때가 있는 듯해요. 여기서는 대상에 너무 가까이 다가가지 않음으로써 그것을 보호하려는 마음이 느껴지고요. 읽는 사람의 경우에는 아이가 세계를 바라보는 모습뿐만 아니라, 아이를 바라보는 화자의 시선을 통해 다시 이중의 겹으로 아이의 태도를 지켜보게 되는 것이잖아요. 그 늘어난 거리감 때문에 투명하게 여과되어 배어 나오는 슬픔이 왠지 더 아릿하게 느껴지기도 합니다.

**최가은**  대한 씨는 이중의 거리감이라고 하셨는데, 사실 저는 몇 겹의 거리감이 더 느껴졌고 그것 때문에 이 시가 특히 슬프게 느껴졌거든요.

**조대한**  진짜 많이 슬프셨나 봐요…….

**정재율**  (웃음) 가은 씨, 요즘 무슨 일 있으세요?

**최가은**  사는 게…… 고통…….

**조대한**  저기 오늘 상담 특집인가요?

**최가은**  음……. 두 분의 말씀을 종합해볼까요. 시에서 두드러지는 거리감이 정재율 시인의 윤리적 기준이라고 할 수 있다면, 너무 가깝거나 노골적인 감정 묘사는 독자에게 미치는 감응력을 약화시킬 뿐만 아니라 어떤 폭력성을 드러낼 수도 있다는 거잖아요. 대한 씨의 말씀처럼, 그 거리감 때문에 오히려 독자의 감정이 증폭된다는 점이 중요한 것 같아요. 그것이 윤리적 태도로 인해 발생하는 미적 효과라고도 말할 수 있겠죠. 지나친 동화와 몰입된 감정이 일으킬 수 있는 폭력성과 거리를 둔 발화가 독자에게 미치는 조심스러운 슬픔이라는 게, 저에게는 굉장히 개인적인 슬픔이면서도 제 슬픔을 함부로 할퀴지 않는다는 느낌 때문에 덜 아플 수도 있었거든요. 그렇지만 이 시에는 '슬픔'이라는 단어가 매우 직접적으로 드러나 있기도 합니다. (웃음)

**정재율** 맞아요. (웃음)

**최가은** 시에서 '슬픔'이라는 단어가 상투적으로 느껴지지 않고 어떤 울림이 있을 수 있는 건, 그러한 거리감과 조심스러운 시인의 태도 때문이 아니었을까 싶어요.

**조대한** 시인님이 시를 쓰는 기본적인 거리감과 태도에 대해 말씀해주셨으니, 잠깐 이야기를 돌아가서 정재율 시인의 등단작 「축일」을 언급해보아도 좋을 것 같아요. 개인적으로 굉장히 좋아하는 시입니다만, 특히 인상 깊었던 부분은 심사평이었어요.
완성도가 높은 응모작 중에 빛, 흰색, 폐허, 꿈, 비현실감 등의 이미지나 정서를 지닌 시들이 유독 많았다고 해요. 여러 시인의 시를 묶어 하나의 경향성으로 이야기한다는 것 자체가 범주화의 위험을 늘 가지고 있고, 이 주제는 다른 글에서 쓴 적도 있으니 경향성의 문제는 여기서 잠시 차치해두겠습니다. 그럼에도 제가 이 이야기를 꺼낸 이유는 언급된 '백색'의 이미지가 정재율 시인의 시 세계에 매우 중요한 키워드일 것 같기 때문입니다. 흰 '여백'의 이미지가 내용과 인상을 넘어서 시의 형식에까지 관여하고 있지 않은가 하는 생각인데요.「투명한 집」도 같은 맥락에서 읽었습니다.

**정재율**　말씀해주신 심사평에 관해서라면 저도 너무나 잘 기억하고 있어요. 신용목 시인님께서 '백자'에 관해 그런 이야기를 하셨어요. 이미 활동하고 계시니 성함을 거론해도 괜찮겠지요? 저랑 친하니까……. (웃음) 개인적으로 너무 좋아하기도 하고요! 당시 함께 언급되었던 김리윤 시인님의 시가 아주 잘 빚어진 백자 같다면, 제 시는 깨져 있는데 누군가 이어 붙인 백자 같다고요. 그전에는 인식하지 못했지만 심사위원님의 말씀 이후로는 그것이 제 시에 관한 가장 알맞은 표현 같다는 생각이 들었어요.

대한 씨가 방금 시의 형식을 말씀해주셨는데요. 사실「투명한 집」도 처음에는 길고 유연한 백자 느낌이 있었어요. 한데 다 쓰고 나서 많은 부분을 또 덜어내게 되더라고요. 그렇게 털어버리고 나니까 생각보다 여백이 더욱 많아졌다는 느낌이 있었어요. 털어낸 자리, 여백이 된 자리를 깨졌다 이어 붙인 자리로 생각하고 싶어요. 형식마다 각각 장단점이 있겠지만, 깨진 백자에 관해서라면 실금 사이로 빛을 투과시킬 수 있다는 점이 가장 큰 매력인 것 같아요. 혹 제 시가 백자이면서도 결코 그 흔적을 지울 수 없는 어떤 실금이 남아 있다면, 독자분들이 실금 사이로 투과된 빛을 볼 수 있으면 좋겠다는 생각을 했어요. 그 흔적에 오래 시선을 두어주셨으면 좋겠다는 생각도 했고요.

**최가은**  빛에 관한 구절이 있잖아요.

커튼을 쳐도
들어오는 빛처럼

전 이때의 빛이 흥미로웠어요. "커튼을 쳐도/ 들어오는 빛"은 사정을 숨기려 해도 새어 나가거나 들어오는 빛이잖아요. 일반적으로 생각하는 것처럼 긍정적인 이미지의 빛과는 다르지요. 독자들이 정재율 시의 빛에 시선을 오래 둔다면, 그런 중의적 의미의 빛을 보게 될 것 같아요.

**조대한**  실금이 없다면 빛도 투과되지 않겠지만, 그 백자가 깨어졌다가 이어 붙인 것이라는 사실 또한 아무도 모르게 되잖아요.

**정재율**  네, 그리고 다 이어 붙지 않아도 괜찮을 것 같아요. (웃음) 앞면만 붙거나 뒷면만 붙어 있는 그런 백자라도 괜찮다는 생각이에요. 요즘 깨어진 화분에 식물을 심는 사진이 자주 올라오던데, 혹시 보신 적 있으신가요? 장인이 빚어낸 깔끔한 도자기라기보다는, 그런 화분처럼 여기저기 깨졌다 붙은 백자가 제 시의 좋은 비유인 것 같아요.

**조대한**  어쩌면 그렇게 깨져 있는 틈이 독자로 하여금 시 안으로 개입하거나 들어갈 수 있는 여유를 주기도 하는 것 같습니다. 형식적 완성도의 문제를 떠나서 독자에게 틈입할 공간과 여백을 주는 듯 보이네요.

**최가은**  공간이라……. 아까 저희끼리 사담을 나눌 때, 정재율 시인이 석사 논문 주제로 '시와 공간'의 문제에 관심을 두고 있다고 하셨는데요. 말씀을 듣다 보니 한 편의 시를 하나의 공간으로 생각하신다는 느낌도 있네요. 줄곧 공간에 대해서 이야기하지만 전혀 공간으로 느껴지지 않는 시가 있는 반면에, 그런 이야기를 하지 않아도 대한 씨 말씀처럼 독자가 들어갈 수 있는 공간이 느껴지는 시도 있잖아요. 정재율 시인의 시는 후자 쪽이에요.

**조대한**  이 시가 웹진에 실렸다는 점도 공간과 연결해서 생각해볼 수 있을 것 같아요. 모니터로 보아서 그런지 유독 여백이 두

드러지는 지면이잖아요. 저는 매번 궁금한 것이 시를 창작하실 때 웹진이나 문예지에 따라 그 형태를 염두에 두고 만드시는가 하는 점이에요. 지면의 형태나 디자인 같은 각 매체만의 특성을 고려하시는 편인가요?

**정재율** 따로 형태를 염두에 두지는 않지만, 저는 시를 한글 파일로 쓰고 퇴고는 항상 핸드폰으로 해요. 큰 화면으로만 시를 보면 시가 한없이 늘어진다는 느낌이 들거든요. 그런데 시가 길어지면 특정 구절에 집중하게 되더라고요. 전체적으로 와닿는 감정이 분명 있을 텐데, 개인적으로는 제 시가 독자들에게 각 구절보다는 전체로 다가갔으면 하는 마음이 큰 편이에요. 그래서인지 다 쓰고 나면 늘 핸드폰을 보면서 손안에 잡히는 방식으로, 한눈에 보이도록 그 규격에 맞추어 정리하게 돼요. 공간처럼 느껴지신다면 아무래도 그런 창작 방식에서 비롯된 것이 아닐까 합니다.

**조대한** 와, 매번 핸드폰으로 퇴고하신다는 사실이 너무 흥미롭네요. 좌우로 큰 여백을 두고 세로로 길게 이어진 이 시의 형식과 연결되는 지점도 재밌고요. 그럼 다음으로 넘어가서 이번엔 제가 좋았던 구절을 이야기해볼게요.

주머니엔 사탕 봉지가 가득하다

사실 이 구절을 두고 저희 둘 사이에서 약간의 의견 충돌이 있었습니다.

**정재율**　네?!

**조대한, 최가은**　이 '사탕 봉지'가!

**정재율**　???

**조대한**　사탕이 들어 있는 봉지인가요, 아니면 다 벗겨진, 사탕을 먹고 난 후에 남은 쓰레기인가요?

**정재율**　왜……, 왜 그러시는 거죠? (웃음) 다 벗겨진 봉지입니다만…….

**조대한**　(신남) 거 보세요, 이 사람아. 아, 저는 이게 아이가 주머니에 넣는 낙엽과도 이어진다고 생각했거든요. 다 스러진 것들, 벗겨진 것들과…….

**최가은**　저기, 잠시만요. 시인님은 낙엽이랑 이어진다는 말씀은 안 하셨거든요? 그리고 지금, 안에 사탕이 없는 봉지라는 말씀이세요? 사탕 봉지 속에! 사탕이 없다니요?

**정재율**　(웃음) 네, 아이는 기다리다가 사탕을 다 먹었습니다.

**조대한**　(뿌듯)

**최가은**　대한 씨, 이런 해석은 아니었잖아요. '기다리다가' 먹었다고는 말씀하지 않으셨으니까.

**조대한**　(여유) 뭐, 기다리면서 먹었겠지요. 먹었으니까 봉지만 남은 것이 아니겠습니까.

**최가은**　저는 사탕이 들어 있는 봉지를 주머니에 가득 담고 있는 모습이 너무도 천진한 아이 같았어요. 그게 이 전체적인 분위기와 대조되면서 슬픔이 더욱 고조되었거든요. 애어른 같은 느낌의 아이인데, 사탕을 가득!

**정재율**　(웃음) 저는 이런 것들이 너무 재미있는 것 같아요.

**최가은**　(좌절) 저는 음식 봉지 안에 음식이 없다는 것을 상상할 수가 없어요.

**조대한**　사탕이 있으면 그냥 사탕이지 왜 사탕 봉지이겠느냐, 아니 다 먹었는데 왜 주머니에 사탕 봉지를 넣어두느냐 하는 그런 주제로 굉장히 불필요하고 소모적인 논쟁을 했습니다.

**최가은**   사탕은 봉지째로 사니까 사탕 봉지 아닙니까?

**정재율**   듣고 보니 묘하게 설득되는데요?

**조대한**   저는 이 사탕 봉지가 왜 좋았냐면 먹고 남은 쓰레기를 버리지 않고 주머니에 담아둔 모습이, 무너지고 사라져가는 것들에 대해 미련을 못 버리고 계속해서 일으켜 세우는 아이의 모습과 겹쳐져서였어요. 나아가 그것이 곧 이 시의 정서라는 느낌이 들기도 했는데요. 단맛이 다 끝났음에도 그 향기와 끈적임의 흔적을 수집하는 모습이랄까요. 저는 그런 데서 슬픔이 배가 되었던 까닭에 이 사탕 봉지의 구절이 좋았습니다.

**최가은**   사탕 봉지에 대한 해석이 저희 셋 다 다르네요.

**조대한**   가은 씨는 집에 가서 드시려고 기다리는 거잖아요. 근데 왜 안 먹고 기다려요?

**최가은**   길에서 먹고 있으면 누가 와서 달라고 할 수도 있잖아요. 집에 가서 혼자 먹어야 해요.

**정재율**   사탕 봉지에 집중해주시는 것 너무 재미있으면서도 감사해요. (웃음) 왜냐하면 다른 사람들은 신경 쓰지 않는 저만의 디테일이 있잖아요. 사탕 봉지도 그중 하나인데요. 실은 제 주변에서 저에게 이 사탕 봉지에 대해 질문 해주신 분이 계셨거든요.

**조대한, 최가은**   정말요?

**정재율**   네. 그분 역시 자신은 이 구절이 좋고, 동시에 궁금하다고 하시는 거예요. 다른 것이 들어가도 되는데 왜 하필이면 사탕 봉지냐고. 저는 오히려 의문이 생기더라고요. 왜 사탕이냐고? 어떻게 사탕이 아닐 수가 있지? 친구는 사탕이 아니라, 껌 종이라든가 젤리 봉지여도 되지 않냐고 말하더라고요.

하지만 저는 그럴 수는 없다고 생각했어요. 사탕 봉지의 소리와, 그 사탕이 없어진 것을 바로 느낄 수 있는 감촉 등 여러 세부적인 부분 때문에 그 자리는 사탕 봉지 이외의 다른 것이 대체할 수 없다고 생각했습니다. 그리고 투명한 사탕 봉지를 떠올렸기 때문에 투명한 집과도 연결될 수 있다고 생각했어요. 그게 집에 가서 먹으려고 쟁여둔 사탕처럼 보일지는 몰랐네요. (웃음)

**최가은**   말씀해주신 '투명함'에 대해 좀 더 이야기해볼까요? 시를 보자마자, 이번에 정재율 시인이 "투명한"이라는 시어를 썼다고 이야기했어요. 평소에도 정재율 시인의 작품을 떠올리면 나란히 연상되는 단어라고 저희가 이야기를 나눈 적이 있었거든요. 그런데 다른 게 아니라 집을 수식하면서 더 문제적인 시어가 되었다고 생각했어요. 다 보이잖아요, 집이. 집 안의 사정이 다 드러나고 집 안에서 바깥이 그대로 보이는 이 집은 동화 속에 나오는 맑고 투명한 집은 아닐 것 같아요. 유년의 기억은 집이라는 상징과 분리될 수 없잖아요. 집 안팎에서 일어났던 모든 일들에 대한 기억일 수도 있겠고요. 보고 싶지 않아도 자꾸 보이는 유년의 기억들, 대면해야만 하는 시절의 고통과 연민이 "투명한 집"이라는 시어에 다 담겨 있는 것 같아서 매우 인상적이었어요.

**정재율**   말씀해주신 것들에 굉장히 공감이 가요. 유년에 관해서는 좋았던 기억도 많지만 사실 외면하고 싶은 기억들이 더 많은 것 같아요. 지금의 제가 다른 사람들에게 어떤 행동을 할 때, 그 유년의 아이가 떠오르거나 개입할 때가 있잖아요. 투명함은 그런 의미에서도 연결될 수 있을 것 같아요. 안 보이지만 보인다는 말처럼 그 아이는 계속해서 저를 따라다녀요. 아이를 가만히 보고 있으면 마음이 아파지고요. 외면하고 싶어도 꼬리표처럼 자꾸만 따라오는 이 친구에 대해서 무언가 쓴다는 것이 늘 조심스럽지만, 그럼에도 제가 해줄 수 있는 것이 있다면 좋겠어요. 그리고 그게 다정한 태도였으면 하고요. 시 안에서라도 그렇게 도닥여주고 싶었어요.

**조대한**  그 아이에 대한 시인님의 말씀이 마음을 울리네요. '아이'가 정재율 시인의 작품에 유독 많이 등장하잖아요. 「축일」에서도 그렇고, 「축복받은 집」이라는 시에서도 아이들이 여럿 나옵니다. 시적 화자가 아이들을 바라보는 시선에서 말씀하신 다정한 마음과 조심스러운 마음이 동시에 느껴졌어요. 신중한 거리감도 이러한 마음에서 발생하는 것 같고요.

**최가은**  다정함과 거리감을 연결한다면, 저는 이 시적 화자 역시 스스로 상처받지 않으려 한다고도 생각했어요. 지금의 시적 화자는 이 아이에게 상처를 주고 싶지 않을 뿐만 아니라, 그 아이의 어떤 면 때문에, 혹은 보고 싶지 않은 면 때문에 자신 역시 상처받지 않을까 두려워하는 것 같아요. 그것이 제 마음을 특히나 건드렸던 것인데요. 이 화자는 그 아이를 또는 어떤 기억을 온전히 보듬어줄 수 있는 여유가 아직 없는 것이죠. 어른이라 할지라도 이 사람 역시 완성된 인간은 아닐 테니까요. 언어화하기 '싫은' 아이의 어떤 지점은 지금의 '나'를 무너뜨릴 것 같아요. 이 시를 풍부하게 만들어주는 것도 그런 점이 아닐까요? 마냥 아이를 보듬기만 한다면 그건 아이를 바라보는 어른의 뻔한 시선에 불과할 텐데, 이 어른은 자신의 상처에도 조심스러운 태도를 보이니까요.

**정재율**  맞아요. 지금의 제가 그런 것 같아요. 어떤 일에서건 상처에 무감하고 싶은데, 여전히 상처를 쉽게 받고요. '어른은 울

지 않는다' 같은 표현을 많이들 하십니다만, 정말 울고 싶을 때가 많잖아요? (웃음)

**최가은**   많죠.

**정재율**   누가 툭 건들기만 해도 울고 싶을 때가 많아요. 저는 오히려 어렸을 때 더 안 울었습니다. 차라리 그때 많이 울었으면 좋았을걸, 언제나 따라오는 그 아이를 돌아보면 그런 생각이 들어요. 잘 안 우는 편이어서 그랬을까요. 그땐 오히려 항상 초과해서 무엇을 느끼곤 했던 것도 같아요. 이젠 다 커서 감정을 표현할 줄 아는 사람이 되었지만, 그 아이가 자라서 제가 되어서인지 감정을 온전히 다 드러내는 것이 여전히 힘들 때가 있어요. 은연중에 그 친구가 지금의 제 감정과 상처에 끼어들고, 그것을 건드리는 것이 두렵기도 하고요. 혹시 다들 그러시나요?

**최가은**   아, 그럼요. 그래서 이 시가 와닿는 것 같아요.

**조대한**   그 당시엔 분명히 느끼고 있었음에도 무엇인지 정체를 몰랐던 감정이 있잖아요. 이제는 그 감정을 어느 정도 언어화할 수 있게 되었지만, 지금 와서도 그것에 차마 더 가까이 다가갈 순 없다는 말씀이 정말 공감되네요.

**정재율**   그래서 이 아이에 대한 양가적인 감정이 공존하는 것 같아요. 너무 가까이 다가가면 아이에게도, 저에게도, 다른 누군가에게도 상처를 줄 수 있기 때문에 거리를 유지하려 하고, 그렇다고 해서 또 아이를 마냥 혼자 그 자리에 내버려둘 수도 없는 마음이에요. 이 아이에게 해줄 수 있는 것이 그래서 많지는 않은 것 같아요.

**조대한**   이야기를 나누다 보니 아이뿐만 아니라, 시에 등장하는 화자에게 안쓰러운 마음이 자꾸 생기네요. 아이를 내버려둘 수도 없고 바싹 다가가 위로하지도 못하는 그 마음 때문에요.

**최가은**   내버려둘 수 없죠. 그 아이는 나이기 때문에. 그러나 나 역시 성숙한 어른은 되지 못한 까닭에 아이의 어떤 면은 끝까지 모른 척하는 이 화자가 너무……, 슬퍼요.

**정재율**   (웃음) 가은 씨 혹시 우세요? 최근에 대체 무슨 일이…….

**조대한**   진짜로 우시기 전에 다음 키워드로 넘어가볼까요?

**최가은**   네, 다음 키워드는 '0'이지요.

**조대한**  「투명한 집」을 최근에 인상 깊게 보았던 시인님의 시 「0」과도 연결하여 이야기해볼 지점이 있을 것 같아요. 「투명한 집」에서 이 아이는 무언가를 지으려 하고 쌓으려 하는데 그 대상은 자꾸만 무너지잖아요. 「0」에서는 친구의 사체로 집을 짓는 펭귄이 한 마리 등장하는데요. 그 모습이 기이하면서도 어딘지 처연해 보였어요. 이런 시적 이미지와 '0'이라는 단어에서 어쩔 수 없이 '영도의 글쓰기'라는 관용어가 떠올랐습니다. 제가 생각하기에 그 글쓰기는 굴곡을 지워나가는 작업이라고 말할 수도 있을 것 같아요. 이를테면 울퉁불퉁하게 구축되어 있는 역사성이나 관념, 사회적 가치 등을 제로에 가까운 평면을 향해 지워나가고 해체해나가는 작업이 아닐까 생각하는데요. 정재율 시인의 작업은 어쩌면 그 반대인 것 같기도 합니다.

이미 제로 베이스에서 시작된 글쓰기라고 해야 할까요. 애초에 내가 바라보는 세계는 이미 모든 것이 상실되고 무너진 세계 같아요. 그럼에도 무언가를 쌓아보려고 하고, 또 영도로 설정된 기본 값에 의해 다시 무너지는 모습이 반복되는 그런 세계인 것처럼 느껴졌어요. 이 부분에 관해 이야기를 나눠보고 싶었습니다.

**정재율**  무너져도 계속 쌓는다는 표현에 관해서라면, 제가 그런 유형의 인간인 것 같아요. 아무것도 없지만 당장에 있는 것으로, 그게 친구의 사체라 하더라도 계속해서 쌓아보려고 노력하는 것이 제 개인적 성향과 맞닿아 있는 것 같습니다. 저는 '언젠가 되

겠지'보다 '하면 되겠지'라는 유형의 인간에 가까워요. 「0」이라는
시에서 언급해주신 펭귄의 이야기는 사실 처음 들었을 때 너무 충
격적이고 좀 슬펐어요. 죽은 친구의 뼈로 집을 짓는다니 어떻게
그럴 수가 있나 하고요. 그런데 저는 이것이 슬픔에 무감각한 행
동이 아니라, 오히려 너무 슬프기 때문에 없어진 것으로부터 무언
가를 짓는 일에 몰두하는 행동이라고 생각했어요. 그런 식으로 '0'
에서부터 집을 지어가는 것이 저의 세계관과 닿아 있는 것 같습니
다. 그래서인지 저에게 집이라는 것은 안정적이면서도 불안하고
외로운 존재 같아요.

　대부분 그러할 수도 있지만……. 그런 마음이 은연중에 이 시
의 마지막 구절처럼, 다 부서지는데도 모으고 싶어진다는 표현으
로 나온 게 아닐까 싶어요.


　**조대한**　말씀을 듣다 보니 아까 사라진 단맛을 버리지 못하고
남겨두었던 아이의 사탕 봉지가 생각납니다. 펭귄 친구의 뼈와 연
결되면서, 이미 다 끝난 것들인데 끝내 버리지 못하는 미련이 느
껴지네요. 가은 씨가 유년의 기억에 대해 개인적인 울림을 많이
느끼셨다면, 저는 아이의 이런 행동들에서 마음이 많이 흔들렸어
요. 저 역시 무언가를 잘 버리지 못하는 사람이거든요. 쓰레기 수
집가처럼요…….


　**정재율**　오, 맞아요. 저도 그래요.

**최가은**　음…… . 전 절대 그러지 않습니다.

**조대한**　그래서 사탕 봉지가 비어 있을 리가 없었겠군요.

**최가은**　네, 다 먹으면 버립니다. 저는 취미가 쓰레기봉투 사는 거예요. 다 버려야 기분이 좋아져서요.

**정재율**　지금 뭔가 오해하시는 것 같은데, 제가 더럽다는 의미는 아닙니다. (웃음) 저 잘 치워요.

**최가은**　어? 마찬가지로 오해하시는 것 같은데, 전 지저분한 편입니다.

**정재율**　전 정말 미련이 많아요. 뭘 잘 못 버려요. 심지어 초등학교 때 썼던 가위를 아직도 가지고 있습니다. 그 가위에 삐뚤빼뚤한 글씨로 저의 이름을 써놓은 견출지가 붙어 있는데요. 견출지를 못 버리는 것인지, 가위를 못 버리는 것인지는 모르겠지만 어쨌든 그걸 버릴 수가 없어요. 마찬가지로 고등학교 때부터 쓰던 고데기를 얼마 전까지 썼었는데요. 그것도 버리고 싶어서 버린 것이 아니라 어느 날 갑자기 연결된 전선이 펑, 하고 터져버린 거예요. 그 바람에 버려야 했지만, 오랫동안 우울하더라고요.

**최가은**　물건이라는 것도 과거의 기억을 담아두는 것으로 생각하시는 것 같아요.

**정재율**　그래서 저는 차라리 누가 강제적으로 그것들을 다 버려줬으면 좋겠다고 생각할 때도 있어요. 과거에 대한 마음이 이렇게 양가적이에요.

**최가은**　버리지 못하는 마음과 대한 씨가 말씀하신 '0'이라는 키워드를 연결해보면 꽤나 흥미로운데요. 버리지 못하는 것들을 쌓아가기 위해 정재율 시인의 시 세계는 '0'으로 시작되어야 하는 것일까요?

**정재율**　세계에 대해 '0'보다 많은 것을 미리 알아버리면 주저하게 될 것 같아요. 미련이 많은 저는 그것이 두렵고요. 맹목적인 무지라고 할까요. 그래서 시를 만들 땐 개입되는 많은 것을 강박적으로 씻어내고 시작하려는 것 같아요. 친구가 죽은 슬픔마저도 생각할 수 없을 정도로 물러서려면 '0'에서부터 시작해서 쌓는 일에 몰두해야 하는 것이죠. 그것은 문장을 쓸 때도 적용되는 태도인데요. 문장을 쓰기 전에 많은 것이 끼어들면 저는 일일이 미련을 갖고 주저할 것 같아요. 제가 세계를 대하는 태도이자 문장을 쓰는 방식이 그런 것 같습니다.

**조대한**　시 한 편에서 시작된 이야기였는데 정재율 시인이 시를 대하는 전반적인 이야기까지 들을 수 있어 너무 기쁘네요. 저희 기획은 한 편의 시에 집중하는 것이긴 합니다만, 한 권의 시집으로 묶인 시인님의 작품들도 벌써부터 기대됩니다.

**최가은**　맞습니다. 그런데 저희가 이야기를 나누다 보니 어느새 시간이 많이 지나갔어요.

**정재율**　그러네요. 첫 인터뷰라서 잘하고 있는 건지 어떤 건지 모르겠어요. 어쨌든 오늘 너무 즐겁습니다.

**조대한**　시간이 정말 빠르게 갔네요. 걱정이 무색할 만큼 즐겁고 알찬 인터뷰인 것 같습니다. 잠시 쉬었다가 이어가볼까요?

— 잠시 휴식 —

**최가은**　두 분은 이미 몇 번 뵌 적이 있으시죠? 처음 만난 곳이 굉장히 특이한 장소였다는 이야기를 들었어요.

**정재율**　사실 그때 처음 뵌 것은 아니었지만, 특이한 곳에서 대한 씨를 만난 것은 맞아요. 뭐랄까, 굉장히 힙한 곳이었습니다. 문제는 저희가 그 힙을 따라잡지 못했다는 것이…….

**최가은**　혹시 어떤 곳이었는지 말씀해주실 수 있나요?

**정재율**　(웃음) '공전 문학 나이트'라고…….

**조대한**　문학 레이블 '공전'에서 개최하는 연말 행사였어요. 어떤 카바레에서 열렸는데…….

**최가은**　카바레라…….　대한 씨가 그 모임에 다녀온 날 당황스러운 목소리로 제게 전화를 주셨거든요. 이 세상 힙이 아닌 어떤 문학 모임에 다녀왔다고요. 그런데 본인이 나이를 너무 많이 먹은 탓인지 제대로 즐기지 못한 것 같다고. 너무 황망한 목소리로 말씀하셔서가지고 그때. (웃음) 저도 듣고 같이 놀랐던 기억이 나는데요. 특히 어떤 시인분은 낭독을 하시는데 아이돌 음악이 배경으로 깔렸다고 하더라고요. 전 그 이야기가 가장 인상 깊었어요.

**조대한**　……그분이 이분입니다.

**정재율**　네, 제가…….

**최가은**　어머나, 그분이 정재율 시인이었어요? 아까 힙을 따라잡지 못했다고 하셨잖아요. 혹시 어떤 아이돌의 음악이었는지 알 수 있을까요?

**정재율**　(주저) 제가 방탄소년단의 〈봄날〉을 배경음악으로 깔았는데요.

**최가은**　우왁! 〈봄날〉이요! ♬보고 싶다, 보고 싶다아. ♬

**정재율**　(경악) 지금…… 춤추시는 거 맞나요? 그때 제 친구가 이 노래를 선곡한 저를 보고 귓속말로 너 혹시 해외로 진출할 야망을 가지고 있냐고 물어봤었어요. (웃음) 돌아보면, 굉장히 충격적인 하루였습니다.

**조대한**　저는 정재율 시인이 시를 낭독하시는 풍경에서 문화적 충격을 받았습니다.

**정재율**　(웃음) 전 정말 어쩔 줄을 몰랐던 것 같아요. 왜냐면 노래를 준비해 가지 않았거든요……. 다들 정해 온 배경음악이 있는데 나는 뭐 하지, 뭐 하지 생각하다 〈봄날〉이 갑자기 떠올랐어요. 매우 자유로운 분위기에서 행사가 진행되었는데, 자연스럽게 보이려고 많이 노력했던 것 같아요. 다들 막 노래도 부르셨거든요. 혹시 나만…… 이 파티를 즐기지 못하고 있는 것은 아닌가, 참회의 시간을 가졌던 것 같습니다. (웃음)

**최가은**　상상이 가지 않는 풍경이네요. 저는 시인들이 시를 낭독하는데 그곳에 계신 많은 분들께서 낭독에 별로 귀를 기울이지 않고 서로 이야기를 나누는 일에 집중했다거나, 시인의 낭독 뒤로 아이돌 노래가 깔렸다거나 하는 말을 대한 씨로부터 전해 듣고는 '뭘까, 그곳은 유럽인가……' 이런 생각이 들었어요.

**정재율**　그곳은 남가좌동이었거든요…….

**조대한**　남가좌동에 위치한 카바레였지요. 저는 그날 앞선 일정이 있어서 조금 늦게 도착했거든요. 유수연 시인이 알려준 주소에서 내렸는데 도저히 행사가 열릴 만한 건물이 없는 거예요. 밤이어서 그런지 오래된 시장 한복판에 떨어진 느낌이었어요. 제가 두리번거리고 있자 한 어르신께서 여기 온 거냐며 아주 자연스럽게 저를 안내해주셨는데, 나중에 보니 그 무도회장 사장님이시더라고요. (웃음) 심지어 당일에도 손님들이 춤을 추고 가셨대요. 그래서 바닥도 굉장히 미끌미끌했어요. 어떤 느낌인지 아세요? 자연스럽게 스텝을 밟을 수 있도록 기름칠을 했다고 해야 하나.

**정재율**　미끄러지면서 낭독을 시작하시는 분도 계셨죠. 거기 앉아 있으면서 머릿속에 계속해서 같은 질문이 맴돌았던 것 같아요. 힘이란…….

**조대한**　무엇인가……. (숙연) 그러고는 정재율 시인님이 저를 다음 낭독자로 지목하셨지요.

**정재율**　(웃음) 아, 다음 낭독자를 지목해야 하는데, 다들 제 눈을 피하시더라고요. 근데 대한 씨는 제 기억으로 제 눈을 피하지는 않으셨던 것 같아요. 그래서 바로 지목했습니다.

**조대한**　도착한 지 얼마 되지 않아서 분위기에 적응을 못 하고 있었거든요. 결국 끝까지 못 했지만…….

**정재율**　그날 읽어주신 시도 좋았어요.

**조대한**　아, 김종삼의 「북치는 소년」이요? 연말이기도 했고, 시가 짧기도 하고, 무엇보다 그날 하루 종일 김종삼학회에 다녀왔거든요. (웃음) 그래서 더 인상적이었던 것 같아요, 그 학술 대회장과 무도회장에서 느껴지는 시차랄지 온도의 차이가. 분명 양쪽 모두 시를 사랑하는 사람들의 행사였으니까요. 여하튼 굉장히 인상적이고 즐거운 자리였습니다.

**정재율**　맞아요. 그렇게 만날 수 있는 자리가 흔하지 않으니까, 저도 여러모로 아주 인상 깊은 하루였습니다. 근데 아마도 행사를 주최한 공전 팀원분들이 제일 많이 힘드셨을 거예요. 문학을 사랑하시는 분들이라면 그리고 기회가 되신다면 가보시는 것도

좋을 것 같아요. 추천해드립니다. (웃음)

**최가은**　이제 다시 본론으로 돌아와 시 이야기를 좀 더 해볼까요.

**조대한**　네. 앞에서도 이야기를 나눴지만 구절에 대해서 이야기해보자면, 저는 이런 부분도 인상적이었어요.

> 창문이 깨지는 순간은
> 거미가 줄을 치는 모습과 비슷하고

창문의 실금과 거미줄의 이미지가 형상으로서는 바로 겹쳐지면서도, 의미론적으로는 또 쉽게 맞아떨어지지는 않는다고 느껴졌어요. 무언가를 생성해내는 거미의 작업과 창문이 부수어지는 순간을 포개어놓으신 거잖아요. 이런 모순되는 의미와 형상이 겹치면서 발생하는 감각이 매력적이고, 그런 구절이 작품 곳곳에서 발견되는 것 같아요. 그 부분에 대해서도 함께 이야기를 나눠볼 수 있을까요?

**최가은**　이질적인 것이 겹치면서 발생시키는 매력은 '-처럼'이라는 격조사가 수식하는 대상이 모호하기 때문에 발생하는 것 같기도 해요.

**조대한**

비를 맞으며

서 있는 아이처럼


인기척이 느껴지면

사라지는 벌레처럼


이 부분 말씀이시죠? 맞아요. 저도 이 모호함 때문에 시의 풍경을 상상할 여지가 많다는 생각이 들었습니다. "인기척이 느껴지면 / 사라지는 벌레처럼"이라는 구절이 수식하는 대상이 뒤에 이어지는 사탕 봉지가 가득한 아이의 모습일 수도 있지만, "비를 맞으며 / 서 있는 아이처럼"과 함께 읽으면 앞쪽에 서술된 집에 들어가고 싶어 하는 아이의 모습을 수식하는 것으로도 읽히거든요. 이미지 사이의 소속과 연쇄가 명확하지 않아서 자꾸 다시 읽게 되는 것이 오히려 이 시의 매력으로 다가왔어요.

**최가은**　　말씀하신 부분과 연결해서 이런 구절도 있는데요.

그 아이의 사정은 모두가 알았다


커튼을 쳐도

들어오는 빛처럼

아이가 아픈 이유는
집에 큰 어른이 없기 때문이라고

"커튼을 처도/ 들어오는 빛처럼"이라는 구절 역시 앞뒤로 다 걸릴 수 있어요. 그것은 "그 아이의 사정은 모두가 알았다"를 수식할 수도 있지만, "아이가 아픈 이유"를 수식하는 것일 수도 있지요. 대한 씨가 말씀하신 대로 상상의 여지가 많이 생기는 부분이 흥미롭고, 이 흥미로움이 앞서 저희가 이야기를 나누었던 정재율 시인만의 슬픔에 대한 '거리감'과도 연결되는 지점일 수 있을 것 같아요. 계속해서 어떤 공백을 남겨둠으로써 독자가 스스로 받아들일 수 있게 하는 여유를 주는 것이요.

**조대한**  '부서지고, 깨지고, 무너지는 집'과 '그곳에 계속 들어가고 싶어 하는 아이' 이미지 사이의 간극도 그렇게 의미화할 수 있을까요?

**최가은**  집을 어떤 기억이라고 본다면, 부서지는 것을 알면서도 들어가고 싶어 하는 마음은 우리가 자신의 과거에 대해서 갖는 어쩔 수 없는 마음이기도 할 것 같아요.

**조대한**  너무 저희끼리만 신난 것 같은데요. (웃음) 혹시 시인님의 킬링 파트가 따로 있을까요?

**정재율**  세세하게 읽어주셔서 감사합니다. 두 분의 감상을 듣고 있으니 정말 재미있네요. 말씀하신 구절 중에는 실제로 시의 후반부에 놓여 있다가 앞으로 옮겨 온 문구도 있어서, 당연히 수식이 모호하게 느껴질 수밖에 없으셨을 것 같아요. 킬링 파트라 하면, 쓰고 나서 "오, 좀……"하고 감탄한 파트를 말씀하시는 건가요? (웃음)

**최가은**  쓰고 나서 "오, 좀 난리 나겠는데?" 이런 파트요?

**조대한**  아니 저기요, 뭘 또 난리가 납니까. (웃음) 시인님이 특히 아끼는 시라고 하셨으니, 왠지 나름의 최애 구절이 있으실 것 같아서요.

**정재율**  제 안에서만 난리 난…… 구절이라고 할까요. (웃음)

작은 유리알 파편처럼

집이라는 건 다 부서지는데도
자꾸만 모으고 싶어진다

저는 이 부분을 고르겠습니다.

**조대한**　오, 역시 마지막 구절이네요. 이 구절이 시 전체를 하나의 그림으로 조망해주는 느낌이 있었어요.

**정재율**　네, 제가 이야기하고픈 지점과 살짝 닿아 있는 구절이기도 하고요. 말씀드렸던 것처럼 저에게 집은 단단하면서도 동시에 부서지는 위태로운 대상이거든요. 그런 모순되고 흔들리는 마음들이 저도 모르게 이 구절에 담겨서 내심 좋았습니다.

**최가은**　그럼 다음 이야기를 이어가볼까요. '아이'가 비단 이 시뿐만 아니라 다른 시에서도 자주 등장한다면 시인 개인에게 매우 중요한 기호일 것 같다는 생각이 듭니다. 저에게 이와 관련해서 흥미로웠던 점은 정재율 시인의 시 세계에서 아이는 있지만 어른은 없다는 사실인데요. 보통은 아이의 대척점으로서 어른을 상상하기 마련이잖아요. 물론 이 시에는 어른들이 있습니다. 얼음을 털어 먹으면서 아이의 집안 사정에 대해 아무렇게나 말하는 이웃 어른들이요. 그런데 정작 이 아이의 집에는 어른이 없어요. 우리 집의 어른으로 상징되는 어떤 기억에 대해서는 얼음을 털어 먹는 이웃 어른들에 관해 말할 때처럼 쉽게 말할 수 없는 부분이 있어서일까요?

**정재율**  네, 맞아요. 어른들은 엑스트라처럼 배치하려고 했어요. 그쪽으로 시선이 쏠리지 않게 하려고 신경 쓴 것이라고 할 수 있어요. 아이의 집에 어른이 없도록 의도한 것이 맞습니다. 어른들은 이 세계 어디에나 있지만, 그리고 그들은 계속해서 어떤 말이나 행동을 하지만 그것에 초점을 두고 싶지는 않았어요. 그보다는 거기에 대한 대응이나 반응으로서의 아이 모습에만 초점을 맞추고 싶었거든요.

**최가은**  어른에게 시선이 가버리면 슬픔과 폭력성의 원인이, 그 의미가 고정될 위험이 있을 것 같다는 말씀이신가요?

**조대한**  유년의 슬픔에 어른이 놓여 있으면 그 원인과 의미가 환원되곤 하니까요. 통속적인 독법에서는요.

**최가은**  맞아요. 아이가 있고 집이 나오고 그 정서가 슬프면 어른을 무의식적으로 찾게 돼요. "어떤 집이기에 그래?" 그런데 이게 사실 굉장히 폭력적인 접근이잖아요.

**정재율**  네, 맞아요. 그렇게 슬픔의 원인을 직접적으로 고정시키고 싶지는 않았습니다. 또 그런 독법에 이어서 읽는 분들이 그런 어른이 나일 수도 있겠다는 의심, 혹은 이 집안의 어른은 나인가? 라는 질문을 해볼 수도 있을 것 같아요. 포커스가 그런 식으로 옮겨지면 좋겠다는 생각을 했습니다.

**조대한**    말씀을 듣고 보니 이 한 편의 시가 굉장히 많은 노력으로 직조된 것 같습니다. 이렇게 섬세하게 구축된 시편 하나하나가 한 권의 시집으로 묶이면 어떤 느낌일지 정말 궁금하네요. 아쉽지만 이제 정말로 마쳐야 할 시간이 다 되었는데요. 오늘이 첫 인터뷰셨으니 짧게 소감을 여쭤보아도 될까요?

**정재율**    시집 말씀을 해주셨으니 이야기해보자면, 보통은 시집에 관한 인터뷰가 많이 진행되잖아요. 시집 전반을 다루는 이야기들이요. 그런데 시 한 편을 다루는 인터뷰는 앞으로 또 있을까, 있다고 해도 처음으로 하는 인터뷰를 이런 식으로 경험하게 되는 일은 매우 드물겠지, 그런 생각을 했습니다. 실은 오늘 인터뷰를 많이 기대하게 된 계기가 '시로'가 진행한 주민현 시인의 인터뷰 때문이었는데요. 정말 인상적이었어요.
시집 한 권에 관한 인터뷰나 한 시인의 시적 세계관 전반을 다루는 인터뷰는 또 나름의 재미가 있지만, 한 편의 시를 집중적으로 다루는 이야기를 따라 읽다 보면 해당 시에 대한 애정도가 다르게 느껴지기도 하더라고요. 시집 전체에 대해서 이야기를 하다 보면 이 시 얘기도 하고 싶고 저 시 얘기도 하고 싶고, 그러다 보면 키워드가 우연히 정해지기도 하는데, 그 키워드가 시집의 핵심처럼 읽힐 때도 있어요. 시집에 관한 인터뷰는 좋은 점과 부담스러운 점이 동시에 있는 것 같아요. 물론 시 한 편에 관한 인터뷰도 마찬가지인데요. 오늘 이렇게 저의 시 「투명한 집」에 대해 세밀하고 집요하게 (웃음) 이야기를 나누다 보니까 저도 몰랐던 지점들을 알게 되기도 했고, 무엇보다 두 분의 디테일한 감상이 같고 또 다른 지점들을 발견할 수 있어서 매우 흥미롭고 즐거운 시간이었습니다.

**조대한**  물론 저도 시집 단위로 읽는 독서를 사랑합니다만 말씀대로 그건 또 다른 감상의 세계인 것 같아요. 저희도 이러한 형식으로 진행하는 인터뷰는 이번이 두 번째인데요. 시 한 편을 집중적으로 다루다 보니 생각보다 이야기할 거리들이 많이 생겨 신기하고 즐겁습니다. 오늘의 사탕 봉지처럼요. (웃음) 쉽사리 지나치곤 하는 디테일들을 함께 다룰 수 있어 감사하고 기쁜 시간이었습니다.

**최가은**  개인적으로 정재율 시인이 시를 꾸준히 많이 써주셨으면 하는 바람입니다. 오늘 와주셔서 정말 감사합니다.

**정재율**  저도 정말 감사합니다.

3

## 공범자들

시 김행숙
글 조대한

그날 밤 나는 무엇을 보았을까요?

그들은 내게 질문을 하지 말고 대답을 하라고 합니다. 깨진 진실의 한 조각을 그날 밤 내가 보았다고 합니다. 그걸 쥐면 칼을 쥐는 거라고, 칼을 쥐면 찌를 수 있다고, 드디어 우리는 세계의 거대한 고름주머니를 폭죽처럼 터뜨리는 거라고, 너는 위대한 목격자라고 유혹합니다. 내가 마지막 한 조각을 맞추면 아름다운 항아리가 완성되는 거라고, 우리는 거기에 한 아름 불타오르는 장미를 꽂을 거라고, 준비한 꽃이 시들면 안 된다고, 실망시키지 말라고 했을 때, 나는 사랑에 빠진 자의 무서운 얼굴을 보았습니다.

그들은 내가 무엇을 보았는지 알고 있는 것 같아요. 내가 무엇을 보았습니까?

질문을 하지 않고 대답을 하면 내가 과연 정답을 맞힐 수 있을까요? 그날 밤 그, 그것은 나의 입김이었다고 말하면 안, 안 될까요? 추운 겨울밤에 어떤 사람들은 그런 허연 유령들을 쫓아 지그재그로 보도를 걸어가지 않습니까? 나타났다 사라지고 나타났다 스르륵 사라지는 유령은 텅 빈 서랍입니다. 그 안으로 세계의 모든 사람이 걸어 들어갈 수 있습니다. 그것은 그야말로 하나의 세상, 그리고 세상이란 서로의 입술을 깨물며 노는 즐거운 이야기 지옥, 그 속으로 한번 들어가 보지 않을래? 나는 나의 죽음처럼 당신을 데려가 완전히 묻어버리고 싶, 싶습니다. 내 무서운 사랑을 바로 당신이 받아야 합니다.

§

10여 년 전 김홍중과 심보선은 「실재에의 열정에 대한 열정 : 미래파의 시와 시학」(『문화와사회』 4호)이라는 글에서 당시 새롭게 등장했던 시적 경향들을 언급한 적이 있었다. 미래파라는 이름으로 불렸던 작품들을 탈서정, 오타쿠, 동물성 등의 키워드로 분석하는 것은 이제 어느새 조금 익숙한 느낌이 들기도 하지만, 사회학적 시선으로 문학 작품과 그 주변 담론을 바라본 이 글은 지금도 여전히 흥미롭게 읽힌다. 저자들은 당시 한국 시의 미학이 개별 작품뿐만 아니라 그에 덧붙은 비평들의 개입을 통해서 완성된 것이라고 주장했다. 그것이 작품 내에서 발현된 실재의 열정이었다기보다는, 작품 외부의 타인들이 주체가 되어 만든 '실재의 열정에 대한 열정'에 가까웠다는 것이다.

인아영은 『문학동네』 2019년 겨울호에 발표한 「눈물, 진정성, 윤리: 한국문학의 착한 남자들」이라는 글에서 위 논의를 인용하며, 진실 혹은 실재를 꿈꿨던 당대 문학의 '진정성'이 시인보다는 평론가들이 추구했던 가치였는지도 모른다고 말한다. 그 문학적 진실이 주로 여성의 고통을 타자화해왔으며, 그것을 향유하고 형성한 주체 또한 젠더·계급·지역적으로 특권화되어 있었음을 날카롭게 지적하고 있다.

어쩌면 언급된 논자들의 말대로, 어떤 이들은 진실을 발화하는 문학을 사후적으로 생성해냄으로써 (본의와는 무관하게) 문학적 진실을 수호하는 모종의 윤리적 우월성을 획득했는지도 모르겠다. 그렇다면 당시의 미학과 윤리에 감화되어 함께했던 이들, 동시에 그 문학이 구조적 억압과 폭력의 재생산에 직간접적으로 기여해왔다는 것을 뒤늦게 자각한 이들은 이제 그 낡아버린 진실을 어떻게 받아들여야 할까.

「공범자들」의 '나'는 다소 난처한 상황에 처해 있는 듯하다. 내가 무언가를 목격했다고 믿는 이들이 있고, '그들'은 내게 목격과 관련된 답을 요구하고 있다. 내가 본 것이 과연 무엇이었는지, 아니 정말로 "내가 무엇을 보았는지"조차 나는 확신하지 못하지만, 그들은 내가 본 무엇인가가 세계의 풍경을 바꿔놓을 정도로 중요한 것이라고 굳게 믿고 있는 것 같다. 내가 목격한 그 "진실의 한 조각"은 일종의 칼과 같은 것이어서, 우리의 세계가 지닌 오염된 염증과 "거대한 고름주머니를 폭죽처럼 터뜨"릴 수 있다고 그들은 말한다.

이 시적 장면은 여러 의미로 독해가 가능하겠지만 앞서 언급된 '실재의 열정에 대한 열정'을 떠올려본다면, '나'에게 정답을 강요하는 그들의 모습은 진실한 문학의 순간을 요청하는 가상의 인물들처럼 느껴지기도 한다. "내가 마지막 한 조각을 맞추면 아름다운 항아리가 완성되는 거라고", 자신들의 기대를 실망시키지 말라고 독촉하는 그들의 표정은 진실과 "사랑에 빠진 자의 무서운 얼굴"처럼 보인다. 하지만 내가 본 무언가는 명료하고 선명한 실재의 이미지였다기보다는, 하얀 유령이 지나간 것 같은 흐릿한 흔적으로 남아 있을 뿐이다. 정답인지 확신할 수 없는 두려움과 추운 겨울밤의 기억에 사로잡힌 나는 입술을 떨며 조심스레 질문한다. "그날 밤 그, 그것은 나의 입김이었다고 말하면 안, 안 될까요?"

프리모 레비는 자신이 목격하고 경험한 홀로코스트의 비극을

『주기율표』(이현경 옮김, 돌베개, 2007)라는 책을 통해 기록한 바 있다. 본인의 끔찍한 경험을 담담한 문장들로 서술한 이 책은 우리에게 커다란 감동을 주었지만, 그는 왜 하필 주기율표의 원소들에 기대어 여기저기 흩어진 에피소드들로 자신의 목격담을 술회하였을까. 그것은 아마도 그가 화학자였기 때문이겠지만, 원소라는 구심점이 없었다면 그 충격적인 기억들을 그러모을 수 없었기 때문이기도 할 것이다. 때로 어떤 파편적인 이미지들, 혹은 깨져 있는 발화의 형식들은 그 자체로 내용을 드러내기도 한다. 그러니까 확신 없는 두려움에 떨며 말하는 이 시의 발화처럼, 언어 자체의 오염과 간섭 없이는 유령과도 같은 진실을 드러낼 방법이 없다는 것이다.

어쩌면 그것은 언표되는 내용과 언표의 주체 사이의 간극을 지닌 언어라는 매개를 사용하는 까닭에, 다시 말해 늘 메시지를 침범하는 매체인 언어를 도구로 진실한 문학의 발화를 꿈꾸기 때문에 발생하는 근본적인 난관일지도 모르겠다. 한 층위 더 나아간다면 그것은 "서로의 입술을 깨물며 노는 즐거운 이야기 지옥"의 난관이자, 문학적 언어를 발화하는 공간과 시스템 자체의 곤혹이기도 할 것이다. 멀리 갈 것도 없이, 우리는 최근 열심히 글을 쓰고 노력하는 것만으로도 폭력적인 구조의 재생산에 기여하고 악의 없는 무지의 "공범자들"이 될 수도 있다는 사실을 다시 한번 자각한 바 있다. 불이익을 감수한 누군가의 고발과 뼈아픈 절필이 아니었다면 그 진실은 쉽게 드러나지 않았을 터이다.

비참한 것은 그 진실이 문학 작품 속의 고통스러운 슬픔과 실재를 찌르는 괴물 같은 문장들보다는, 현실의 직접적인 행동으로 훨씬 더 강력하게 드러난다는 점이다. 현실에 영향을 미치지 못하는 문학의 무용함을 현실 너머의 문학적 진실 혹은 가치라 여겨 온 낡은 믿음 앞에서, 그럼에도 또 그 진실에 감화되는 "무서운 사랑"의 감각과 마냥 포기할 수 없는 언어의 아름다움 앞에서, 우리는 문학의 발화를 통해 다시 어떤 진실을 이야기할 수 있을까.

※ 김행숙 시인의 시는 『현대시』 2020년 2월호에서 가져왔다. 이 리뷰는 『시인동네』 2020년 3월호에 썼던 글 일부를 수정한 것이다.

공범자들　　　　　　　　　　　　　　　　　　　　　　　　　　　　　　**119**

## 웅크리기 껴안기

시 김연덕

글 최가은

강을 끼고 산책하는 사람들의 주머니

나는 방에 누워 그것을 보고 있다

동전이 초콜릿이
음악이 흔들리고
새벽은 딱 그만큼 움직이기 좋은 시간

시트에 이는 먼지가
시트와 빛으로 나뉘는 시간

블라인드를 내린다

베개를 움켜쥔다

내 것이 아닌 건 이토록 부드러워
다른 꿈 다른 느낌으로 갈 수 있다고 믿은 적 있다

허리가 곧은 산책자들은
따로 걷다 투명한 간격을 만들고

허공을 가로지르는 몸은 죽지도 살지도 않는다지

참 많은 무늬다

귓바퀴를 쪼며
귓속으로 들어가는 어둠

●

고개를 돌려도 많은 발소리가 들리네

수면에 빠진 강이 둥글다

누구의 것인지 모를 동전이 떨어지는 중

주머니는 여전히 위아래로 흔들리고
줍고 싶지 않을 때 그들은
줍지 않는다

걷기만 해도 어지러워 평화로워서

왼손 오른손은
교차하지 아무렇게나

●

산책은 선택하는 사람들의 것

빛을 피해
목을 길게 뺀다

강이 불면

의자에 걸쳐 있던 가디건이 흘러내린다
오래 전 데려온 얼룩이 도드라진다

교차하는 사랑스러운 꽈배기 문양

이어폰을 꽂는다
고르게 숨

듣기 힘든 노래는
듣지 않는다

●

소매를 걷고
팔을 귀에 갖다 대

서로 다른 시간을 듣고 있지만
안에서도 고요히
맥박일 수 있다니 좋아

강은
모두를 위한 혼자

의자가 기운다

가디건 주머니에서 초콜릿이 나온다


●


시트가 된 먼지는
시트를 원망하지 않는다

공기 방울이 떠다닌다
공평하게 가볍게




§




    특별할 것 없는 내 방에 특징이 하나 있다면 창이 매우 크다
는 것이다. 몇 년 전, 한 벽면 전체를 유리로 만든 이 건물을 보고
이사를 꽤나 서둘러 결정했던 기억이 난다. 순전히 큰 창 때문에
이곳을 선택했던 나는 이사 직후 두 개의 블라인드로 창을 가렸
다. 집 안에 머무는 동안 블라인드를 걷고 지내는 일은 거의 없다.
줄을 어중간하게 잘 맞춰 내리면 밖이 보이는 가늘고 긴 틈을 만
들 수 있고, 각각의 블라인드 사이에도 꽤나 큰 간격이 있어서 빛
은 필요한 만큼 들어오기 때문이다. 늘 가려진 상태이지만 블라인

드 너머엔 언제나 넓고 투명한 창이 있다. 그 사실은 나를 편안하게, 그리고 두렵게 한다.

잠이 오지 않는 밤이면 나는 블라인드의 작은 틈 사이로 바깥을 구경한다. 가끔, 아니 자주 만취한 이들의 비틀거리는 뒷모습을 발견하게 되고, 집으로 들어가기 직전 그들이 마지막으로 앉아서 기대는 곳은 어디인지, 담배 연기로 그날의 하루를 정리하는 자세는 또 어떤 모양인지 알게 될 때가 있다.

불면이 작은 불안에 이르는 시각이 되면 간헐적으로나마 이어지던 모든 발걸음이 끊긴다. 한산하던 거리는 이내 적막하고 깊은 강이 되어 흐르기 시작하고, 나는 일렁이는 강물에 맞춰 초점을 흐린다. 이제는 정말 잠에 들 시간이기 때문이다. 침대 깊숙한 곳에 등을 대고 누워, 새벽빛이 되어가는 검푸른 어둠에 시선을 둔다. 깊은 꿈속으로 빨려 들어가는 시간. 대부분은 기억나지 않는 이때의 나는 무엇을 보고 있는 것일까. 내 눈에 담기는 그것은 블라인드의 틈 사이로 비치는 어둠과 빛의 동행일까. 아니면 그 동행의 틈을 비집고 펼쳐지는 머릿속의 풍경일까.

●

여기, 들여다볼수록 기묘한 방이 하나 있다. 밖을 내다볼 수 있다는 이 방에도 커다란 창이 있는 듯하다. 시간은 새벽. 방에 누워 무언가를 바라보고 있다는 이가 주목하는 것은 강을 끼고 산책하는 사람들의 주머니다. 그런데……. 사람들도 아니고 사람들의 주머니라니? 놀란 내게 화자는 별일 아니라는 듯 가볍게 대꾸한다. "새벽은 딱 그만큼 움직이기 좋은 시간"이니까. "동전이 초콜릿이 / 음악이 흔들리고" "시트에 이는 먼지가 / 시트와 빛으로 나뉘는 시간" 그런 잔잔한 놀라움이 이어지는 이 시간에 산책자들의 주머니를 염탐하는 것쯤은 그리 어려운 일이 아니라고.

블라인드를 내린다

베개를 움켜쥔다

내 것이 아닌 건 이토록 부드러워
다른 꿈 다른 느낌으로 갈 수 있다고 믿은 적 있다

생각해보면 새벽은 정말 그렇다. 너무 "평화로워서" 어지러운 시간. 의식이 애매하게 드나드는 이때 나는 "다른 꿈 다른 느낌으로 갈 수 있다"는 막연한 믿음의 상태가 되곤 한다. 온전히 내 것이 아니라서 더욱 부드러운 것일지도 모르는 이 순간에 나를 맡겨야만 가능해지는 풍경이 있다. 블라인드를 내리고 "베개를 움켜"쥐면, 내일을 위해 봉합했던 과거의 파편들이 고개를 돌려도 자꾸만 들려오는 발소리가 되어 방 안을 가득 채우기 시작한다. 이 무수한 소리들에 귀를 내어주고 있으면,

허리가 곧은 산책자들은
따로 걷다 투명한 간격을 만들고

허공을 가로지르는 몸은 죽지도 살지도 않는다지

참 많은 무늬다

귓바퀴를 쪼며
귓속으로 들어가는 어둠

맨눈에는 담기지 않았던 것들이 보인다. "허리가 곧은 산책자들" 사이를 메우고 있던 "투명한 간격"이, 죽지도 살지도 않은 채로 그 "허공을 가로지르는 몸"이, 그와 함께 내 "귓속으로" 기어드는 어둠이 일제히 보이기 시작하는 것이다. 이제야 드러나는 이 존재들의 정체는 무엇일까. 우리의 평범한 일상은 늘 많은 것을 놓친다. 그것들은 일상이 쉽게 눈치채기 어렵거나, 심지어 보지 않으려 하는 것이기 때문이다. 그럼에도 그들 중 일부는 기어이 우리를 통과해내며, 우리 몸의 흔적이 되어 "참 많은 무늬"들을 남기기도 한다. 깊숙한 곳에 묻어둔 과거는 물론, 아직 오지 않은 시간까지 불러일으키는 그 무늬들은 이 새벽, 떨어지는 동전 소리와 기우는 의자가 되어 우리의 눈앞에 펼쳐지고, 방의 주인은 그것을 남김없이 껴안으려 한다. 어쩌다 그녀는 새벽의 공상에 이토록 다정한 사람이 된 것일까.

●

　시인은 "오래된 부엌"에 대해 말하는 일이 "나만의 작은 세계
가 눈에 띄지 않게 불어나는 방식"(「유리빛」)을 말하는 일과 같다
고 이야기한 적이 있다. 화자의 작은 방에 누워 "오래 전 데려온
얼룩이 도드라"지는 광경을 그려보는 것은 시인으로부터 그 방식
을 건네받는 일이라고 말해볼 수 있을 것이다. 그러나 빛바랜 얼
룩에 눈길을 두고, 끝없이 되돌아오는 동전 소리에 귀 기울이는
시인의 방식은 나에겐 점차 불안이 되어간다. 이제는 정말 이 새
벽을 건너가야 하지 않을까. 새벽이 길어지는 만큼 과거가 되어
버린 오늘에 머무는 시간도, 부질없는 미련도 길어지는 것이 아닐
까. 좀처럼 사라지지 않는 초조함에도 어쩐지 이 이상한 방을 쉽
게 떠날 수가 없다. 줍고 싶지 않은 동전은 줍지 않고, 듣고 싶지
않은 음악은 듣지 않으며, 느긋하게 세계를 불리는 시인의 방식이
꼭 눈앞의 새벽빛을 닮은 것처럼 보이기 때문이다. 다음 날을 향
해 넘어가기를 주저하는 새벽의 빛. 방의 주인을 따라 낡은 시트
와 한 몸이 된 먼지들을, 해진 어둠을 계속해서 바라보기로 한다.
한참을 그렇게 있다 보니 지금의 이 빛은 전에 읽은 소설의 한 장
면과도 꽤나 닮아 있다는 생각이 든다.

"양코 씨를 만난 건 그렇게 망각이 일상화되고 내가 서울의 풍경을 비추는 외벽 유리처럼 느껴지던 때였습니다."

정지돈 작가의 단편소설 「빛은 어디에서나 온다」(『창작과비평』 2018년 여름호)는 1960년대 말, 미래를 향한 열기로 뜨거웠던 서울을 배경으로 한다. 소설은 시대적 열광에 온전히 동화된 한 여성의 기억을 통해 당대가 그리던 미래를 이야기한다. 여대생인 태순은 "텔레커뮤니케이션으로 외국인들과 자유롭게 얘기할 수 있는 세기말"을, 그러니 "여자가 웃긴다고 지랄할 사람은 없"을 10년 후, 30년 후의 미래를 일기로 쓰는 일을 좋아한다. 그녀의 오늘은 "서울의 풍경을 비추는 외벽 유리"처럼 무료하고 공허하기 때문이다. 모든 것이 가능한 미래를 상상하는 일은 터무니없는 만큼이나 자유로운 일이라, '미래학 세미나'에 참여해 "이름만으로도 미래에 도착한 것 같은 이야기"를 즐겨 듣던 그녀는 마침내 한국의 미래를 증명하는 '안내양'이 되어 오사카 만국박람회까지 진출한다.

이제는 노인이 된 태순의 회상으로 나열되는 이 일련의 일화들은, 그녀가 그리던 미래에 이미 도달해 있는 우리로 하여금 우스꽝스럽게 찬란했던 근대의 내일을 냉소하게 한다. 그러나 비슷한 눈으로 과거의 자신을 돌아보던 태순이 회상의 끝에 다음과 같이 말할 때, 우리는 그가 꿈꾸었던 미래란 한국 근대의 '미래학'이 그렸던 그것, 혹은 지금의 우리가 영위하고 있는 '미래'와는 전혀 다른 성격의 무엇이었음을 짐작할 수 있게 된다.

"저는 어디에도 피트하게 들어맞지 않는데 이것은 장소보다 시간을 꿈꾸게 합니다."

그녀는 하루하루 원하는 옷을 선택해 입을 수 있는 "사내"들과 달리 몸이 없는 자신은 이 도시의 어디에도 들어맞지 않는다고 말한다. 그러므로 도시를, 세상을 되비추는 "외벽 유리"로서 꿈꾸기에 좋은 것은 장소보다는 시간이라는 것이다. 태순의 이 마지막 말은 양코 씨와의 만남을 묘사했던 바로 그 문장이야말로 그녀가 꿈꾸던 미래의 의미를 담고 있을지도 모른다는 추측을 가능케 한다. "외벽 유리"가 '양코 씨와의 만남'으로 은근히 건너가는 순간은, 현재 시점의 태순이 이미 과거가 된 오래전의 '미래'를 떠올리며 완성된다. 그들의 만남은 외벽 유리가 늘 비추고 있는 낡은 풍경 속 어딘가에 있고, 태순이 말하는 미래란 되돌아본 풍경의 한 구석에서 그 만남을 길어내는 특정한 순간의 다른 이름이다. 참으로 이상한 방식으로 미래를 상상하게 하는 이 문장은 오랜 얼룩을 "웅크리고 껴안"음으로써, 자신만의 작은 세계로 그것을 불려간다는 시인의 방식과 겹치며, 이 순간 내게 내일을 상상하는 가장 다정한 방식이 된다.

●

"서로 다른 시간을 듣고 있"더라도 "소매를 걷고 / 팔을 귀에 갖다 대"면 언제나 들려오는 맥박 소리. 그 고요한 소리에 귀 기울이게 되는 우연한 밤이 있다. 방의 주인은 그 순간을 '만남'이라 말한다. 소매를 걷으면 지나간 내 오늘의 어딘가 깃들어 있을 누군가를 만나게 될지도 모른다는 기대는, 일상화된 망각을 깨워 나의 외벽 유리로 담아낸 낡은 풍경들을 다시금 들여다보게 한다. 내 방에 누워 "강이 불면" 하고 읊조리는 화자의 곁을 상상하는 새벽엔 그런 만남을 이룬 듯한 착각이 든다. 그를 따라 강을 돌면, 버려지고 낡은 나와 보이지 않았던 너를 주머니에 한없이 담아 넣을 수 있다. 그렇게 나는 내일의 한가운데를 향해 걷고 있는 것이다. 맥박처럼 당연하고 고요하게 숨어 있던 만남을 발견하는 이 내일이 나에겐 또 다른 무수한 오늘이기도 하다.

새벽녘의 강은 모두를 위한 혼자로, 어디에서나 새어드는 새벽빛을 붙잡고 있다. 닫힌 블라인드를 걷으면 언제나 그곳에 있는 나의 외벽 유리. 나는 그것이 여전히 편안하고, 여전히 두렵다.

※ 김연덕 시인의 시는 『현대시』 2020년 1월호에서 가져왔다.

# 김연덕
## : 모형 세계와 믿음의 결기

**일시** 2020년 8월 11일 화요일
**장소** 홍대 비밀기지
**참여자** 김연덕, 조대한, 최가은

## 그릭크로스

건강한 자동글쓰기를 방해하는 건 천연 나무 향으로 구
성된 생생한 증오

풍경을 등지고 앉자마자
나가는 문이 사라진다 나는

내 의지로 이 상징 한가운데 들어오지 않았다

멍한 눈 기이

적출된 대들보

시대착오적으로 요약되는 어둠의
눈부신 세부

누군가 우는 사이 누군가 더 작게 우는 세계의 상 안에서
나는 이제 아름다움에게 얼굴을 부여하거나 말을 가르
치고 싶지 않다
반쯤 죽은
늙은 빛을 세공하거나

안절부절 깨어 있고 싶지 않다

420년 전에 지어진 사랑의 수동태 모형 천국을 뜻한다
는 푸른 천장을 올려다봤지 그것은 정말로 고요하게 최선을
다하는 푸른색 그러니까 매번 새로 태어나 매번 새로 기대
하는 삶이자 깊고 충실한 내 성층권의 한 부분이었죠 그러
나 고정된 공간
공통의 시대를 여러 번 살아도

언제나 같은 강도의 응답 같은 점도의
괄시를 받는 것은 아니어서

눈비가 조금 새는 이
차가운 평화
이

상상용 천국이

어설픈 도구로 마모된 나만의 대기가 과연 연속적인 무
늬로 만들어질 수 있는 것인가 아닌가 푸른색은 자문하였고

무한히 흐르는 세기
피 같은 졸음 속에서만 유지되고 회복되어온 천장은 자
기 안의 이상한 지구력 지나친 붕괴구조를 제대로 따져보거
나 견뎌낼 수 없었습니다 생성되자마자
나뭇결 깊숙이

뛰어들어가

더 이상 발견되거나
만져지지 않는

상처 끝없이

벌어지는 내

일요일 입술


빛 속에서 무섭게


식어버린 빛을 그저 경험해볼 만했던 경험 축소된 구슬
형태로 보관되는


에너지

다시 말해 과거로부터 맑게 단절된 이야기쓰기로 환산
할 수는 없었습니다 큰 나무 자재로


활용하거나


얼굴을 가릴 수는 없었습니다


✧


뜨거운


구석책상풍경

닫힌다 눈과
눈물을 지우며

유한한 어둠구조를 세우며

뛰쳐나가고 싶은 대들보로 가득한 실내에서 자기 방식
대로 흐르는 천장 떠오를 때부터 무심히

소진되는 단어

✧

환하게

애원하는 세부 세공된 풀밭에 나 누워 있습니다

미치지 않았어요 제정신으로
이가 부러졌어요
혀가 잘렸어요
비유가 아니라 상징이

아니라 현실의 내 멍한 치아 오늘 흉하게 나갔답니다

기이한 안식처
천국 고집대로 고수한
결기 죽지도 살지도 않는
기대 때문에요 나의

최선 때문에요

세계는 늘 단체관람객으로 나를 방문해 빛은 새로 붕괴
되는
매일의 입구 빗나간
420년을 적시에 준비할 수 없었으며
한곳에 너무 오래 머무는 등을

늙은 침묵을 내보낼 수 없었습니다 세계에 고루

배어버린 나무 향 한순간 지워줄 수는 없었습니다

✧

죽음 아래
푸른 천장 아래 누군가 기다리고 있다 떨리는 윗입술
꾹 다문 채 지워지고 있다 식어버린 자동글쓰기를 붙잡아두

는 건 과부하 된

희망과 증오 나는

내 의지로 이 사랑 모형을 버리지 않았다


※ 김연덕 시인의 시는 『웹진 비유』 2020년 7월호에서 가져왔다.


§


**조대한**   김연덕 시인님, 어서오세요. 반갑습니다.

**최가은**   안녕하세요. 인터뷰에 선뜻 응해주셔서 정말 감사합니다.

**김연덕**   반갑습니다. 두 분께 연락을 받았을 때 정말로 기뻤어요. 1월이었나요? 블로그에 제 시를 다룬 리뷰를 올려주셨을 때부터 '시로'에 깊은 관심을 갖고 있었거든요. 인터뷰 기회가 생겨 행복한 마음입니다.

**조대한**　김연덕 시인의 시를 다뤘던 리뷰가 저희 블로그 글 중에서 유독 조회 수가 높은데요. 덕분에 시인님께서 많은 분의 사랑을 받고 있다는 것을 실감했습니다.

**김연덕**　감사합니다. 발표한 지 얼마 되지 않는 시를 두 분이 금방 따라 읽어주시는 것도 놀라운데, 정성스런 리뷰까지 써주셔서 당시 큰 감동을 받았어요. 조회 수가 조금 높은가요? 저의 오랜 블로그 이웃들 덕분인 것 같아요. 이번 인터뷰도 홍보를 잘 해보겠습니다. (웃음)

**조대한**　아이고, 미리 감사합니다. (웃음) 그럼 오늘도 최애 구절 이야기로 시작해볼까요?

**최가은**　음……, 그보다 앞서 질문할 것이 있어요. 저희가 오늘 다룰 시는 「그릭크로스」입니다. 아무래도 제목이 직접적으로 지칭하는 대상이 있다고 생각하는데요. 또 「라틴크로스」라는 시와 나란히 발표된 작품이라 제목에 관한 질문을 드리고 넘어가야 할 것 같아요. '그릭크로스'와 '라틴크로스'는 특정한 형태의 십자가들을 칭하는 것이 맞을까요?

**김연덕**　네. 두 제목의 시를 짝으로 배치한 것이 맞아요. 각각 특정한 형태의 십자가들을 일컫는 단어입니다. 두 십자가의 차이는 작년에 알게 되었어요. 현재 저는 학교에서 서사 창작을 전공하고 있는데, 호기심에 타 전공 수업을 자주 듣는 편이에요. 작년에 들었던 수업 중 '유럽 건축'이라는 건축학과 수업이 있었는데요. 고대 건축물, 그러니까 피라미드부터 시작해 중세 건축까지 다루는 매우 흥미로운 과목이었습니다.

중세 시대를 다룰 때 십자가의 종류를 다양하게 배울 수 있었고, 그때 그릭크로스와 라틴크로스의 차이를 알게 되었어요. 그릭크로스의 모양을 쉽게 설명하자면 음……, 병원 기호에 가깝다고 해야 할까요? 그릭크로스가 가로 세로 길이가 같은 십자가인 반면, 라틴크로스는 저희가 일반적으로 생각하는 십자가 모양에 가깝습니다. 어떤 내용이 될지는 모르겠지만 처음 그 이미지의 차이를 배울 때부터 두 단어를 '짝시'로 배치한 시를 쓰고 싶다고 생각했어요. 두 제목을 한 쌍으로 발표하는 시를요.

**조대한**　종교적 상징물의 미묘한 차이에 대한 말씀이 흥미롭습니다. 언급해주신 대로 두 십자가의 모양이 확실히 다르잖아요. '그릭크로스'는 정십자 형태라 '라틴크로스'보다 균형이 잘 잡힌 느낌입니다. 이 십자가의 특정한 형태와 시의 내용 사이에는 분명한 연결성이 있을 것이고, 마찬가지 의미에서 '라틴크로스'와 대비되는 지점도 있을 텐데요.

짝시를 나란히 배치하여 이야기를 나눠보아도 무척 즐거운 일이 될 듯하나, 오늘은 시 한 편에 집중해 대화를 나누기로 한 자리인 만큼 조금 아쉽더라도 우선은 「그릭크로스」에 집중해 논의를 진행해야 할 것 같습니다. 다만 작품 외적인 언급이 나온 김에 저도 들어가기에 앞서 질문을 드리고 싶은 사안이 하나 있는데요. 작품을 발표하신 지면에 박현성 사진가를 언급하시면서 그분의 사진 두 장으로부터 「그릭크로스」라는 시가 탄생했다고 말씀해주셨어요. 그래서 저희가 사진을 찾아보려고 엄청 노력했는데, 결국 찾지 못했습니다. (웃음)

**김연덕**　아, 그렇죠? 공개된 이미지는 아니어서 찾기 어려우셨을 거예요. 제가 지금 보여드릴게요.

**최가은**　엇? 십자가 사진이 아닌데요?

**김연덕**　네. (웃음) 하지만 이 두 사진에서 받은 영감으로부터 두 편의 시가 시작된 것은 맞아요. 작업 중인 시집*의 초고에는 「그릭크로스」 앞에 이 사진이 들어갈 예정입니다.

**조대한**　와……, 십자가 사진이 아니라니 조금 충격이네요. 저희가 너무 단순하게 생각했나 봐요. (웃음) 당연히 두 종류의 십자가 사진일 거라고 생각했어요. 검색으로 사진은 찾을 수 없었지만

\*　김연덕, 『재와 사랑의 미래』, 민음사, 2021.

새로이 알게 된 사실은 있는데요. 박현성 사진가가 김연덕 시인과 여러 가지 협업을 많이 하신 분이더라고요.

**김연덕**   네, 맞아요. 다양한 협업을 했었고 제게 여러 가지로 영감을 주는 아티스트입니다. 현성 씨의 사진을 제 시집에 함께 싣게 되어 영광이고 고마운 마음이에요.

**최가은**   시집에 사진과 작품이 함께 실린다면 또 다른 느낌으로 다가올 것 같아요. 십자가와 전혀 무관한 사진에서 그릭크로스와 라틴크로스가 이어졌다고 해야 하나, 진정한 시적 상상력을 마주한 기분이네요.

**조대한**   그러게요. 동시에 저희의 빈약한 상상력을 다시 한번 확인하게 됩니다.

**최가은**   그럼 이제 본격적으로 저의 최애 구절을 이야기해볼까요?

건강한 자동글쓰기를 방해하는 건 천연 나무 향으로 구성된 생생한 증오

저는 시의 첫 구절을 골랐는데요. 이 구절에 대해 이야기하려

면 어쩔 수 없이 연덕 시인의 다른 시들을 언급해야 할 것 같아요. 그간 작업해오셨던 작품들의 연속성을 생각했을 때 이 구절이 더욱 특별하게 다가오는 지점이 분명히 있었기 때문인데요.

김연덕 시인의 시 세계는 전반적으로는 일관된 세계관이겠지만, 저에게는 시의 유형에 따라 크게 두 가지 맥락으로 나뉘어 다가오는 느낌이 있어요.「웅크리기 껴안기」종류의 시가 있는가 하면, 또 한편으로는 연작시인「재와 사랑의 미래」의 범주로 분류될 수 있는 시가 있는 것 같은데요. 오늘 다루는「그릭크로스」는 후자의 맥락에 위치하는 듯 보여요.

**김연덕** 네, 맞는 말씀입니다.

**최가은** 좀 더 구체적으로 이야기해보겠습니다. 김연덕 시인의 세계관은 '사랑'을 구심점으로 하여 시공간을 넘나드는 연결감으로 이해되는 것 같아요. 두 유형의 시들이 지닌 차이는 그 연결감의 정도라고 말할 수 있겠는데요. 전자의 시들은 '나-너'의 거리가 매우 가깝습니다. 꼭 같은 시공간에 있는 것이 아니더라도 서로 간의 이질감이 덜 느껴진다고 할까요. 그곳은 '우리'가 이미 마주 앉아 있거나, 혹은 내가 앉아 있는 곳이 네가 다녀간 곳이라는 사실이 당연하게 전제된 세계입니다.

반면「재와 사랑의 미래」유형의 작품들에서는 타자성이 매우 강하게 실감되곤 해요. 너를 수식하는 것들은 '공포' '차가움'과 같은 어휘이고, 그런 너는 나를 이해하는 일에 무능하거나 내가 만들어놓은 것을 부수는 사람으로 그려집니다. 물론 그런 타인들을 모두 껴안는 것이 또 김연덕 시인의 세계이지만요. 그런데 이번 「그릭크로스」에서는 그 타자성이 매우 극적으로 표현되었다고 생각했어요. 그간 김연덕 시인의 시에서 이 정도의 냉소가 있었던가 하는 생각마저 들었거든요. 첫 구절이 매우 결정적이라고 생각했습니다.

**김연덕**　이번 작품이 어떤 전환점처럼 느껴지셨군요.

**최가은**　맞습니다. 말씀드린 맥락을 이 구절과 연결 지어 말해볼까요. 김연덕의 시적 화자들은 세계를 주조하는 입장에 있을 때가 많은데요. '만듦'은 상상력으로 세계를 불려가는 나의 작은 방에서 일어날 때도 있지만, '공방'이나 '연마실' 등 직접적으로 무언가를 만들어내는 곳에서 이루어질 때도 있어요. 노력해서 만든 무언가를 전달하려 하는데, 몇 번의 실패를 거치더라도 결국 그 전달에 성공할 것이라는 믿음이 '나-너' 사이에 강력하게 매개되어 있었던 것 같아요.

　한데 이 작품의 시적 화자는 '만듦'을 돌연 "건강한 자동글쓰기"와 등치시키고, "생생한 증오"로부터 그조차 방해받는다고 말하고 있어요. 세계의 주조에 대한 부정적 입장이 확연히 드러난 구절이라 매우 인상적이었는데요. 그래서인지 아까 말씀해주신 것처럼 저에게는 이 시가 일종의 전환처럼 다가왔던 것 같아요. 「그릭크로스」의 위치는 시인 개인에게도 조금 특별한 맥락에 놓여 있다고 말할 수 있을까요?

**김연덕**   우선 그렇게 읽어주셔서 정말 감사해요. 제가 생각하기에도 「그릭크로스」는 지금까지 써왔던 시들과 조금 다른 맥락에 있거든요. 말씀하셨듯 「재와 사랑의 미래」는 연작으로 구성되고 또 발표된 작품들이에요. 굉장히 많이 썼고요. (웃음) 『문학과사회』 2020년 가을호에 발표되는 것으로 그 연작 기획은 이제 마무리될 것 같아요.

「재와 사랑의 미래」 연작을 쓰면서 강박적으로 몰두했던 것이 있다면 바로 특정한 시공간을 만드는 것이었어요. 마치 이 세계에 한정된 세트장을 만드는 것처럼요. 그런 식의 작업을 의식하며 여러 번 하다 보니 어느 순간 그것만이 중요한 건 아니라는 생각이 들더라고요. 다섯 번, 여섯 번, 연작을 쓰는 횟수가 늘어나면서 그런 느낌들이 점차 육체적인 실감으로 다가오게 되었어요. 그리고 사람이 극단적인 상황이나 감정에 내몰리다 보면 특정 세계를 구축하는 것이 더는 가능하지 않을 것 같다는 생각도 했어요. 말을 다 잃어버린 느낌이랄까요.

**조대한**   가령 "나는 이제 아름다움에게 얼굴을 부여하거나 말을 가르치고 싶지 않다 반쯤 죽은 / 늙은 빛을 세공하거나 // 안절

부절 깨어있고 싶지 않다"는 「그릭크로스」의 구절들은 두 분이 언급한 세계를 직조하는 일에 대한 의심과, 시적인 태도 전환의 의지를 분명히 드러내고 있는 것 같습니다. 그렇다면 말씀해주신 극단적인 상황과 육체적인 실감이란, 이러한 시적인 전환과 시인의 심적인 변화 모두와 연관된 것일까요?

**김연덕** 네, 그 두 가지가 함께 가는 것 같아요.

**최가은** 저는 개인적으로 그러한 낌새가 그간 계속 이어져왔다고 생각해요. 세계의 구축을 의심하는 발화들이랄까요. 그런데 「그릭크로스」는 이렇게 의심을 드러내면서 시작되니까 비관적인 인간인 저로서는 정말 좋더라고요. (웃음) 김연덕 시인의 세계는 결국 이 모든 것을 껴안고 말 것이라는 독자로서의 믿음 때문인 것 같기도 해요. 이 균열들을 무책임하게 내버려두지 않을 거라는 믿음이요.

**조대한** 역시 가은 씨는 김연덕 시인의 시 세계에 대한 믿음이 강하시군요. (웃음) 실로 모든 것을 껴안는다는 것, 종교적인 시어들과 연관 지어보자면 신의 품 안에 하나로 담긴다는 것, 어떻게든 한 세계의 건축을 이어가려 한다는 것이 김연덕 시인의 작품에 등장하는 '사랑'의 태도가 아닐까 합니다.

**최가은**　물론 군이 종교적으로 풀어야 할 필요는 없고 또 그렇게 하기에는 저희의 역량이 부족하지만, 김연덕 시인의 세계가 지향하는 '사랑'은 구체적인 사랑이라기보다 조금 더 큰 사랑이라는 생각이 들 때가 많았던 것 같긴 해요. 그런데 타자성의 실감이 부각되는 작품들에서는 이 큰 사랑이 점점 구체적인 대상들을 향해 가는 것처럼 느껴졌습니다. 그것들을 찾아가는 여정 자체가 최근 시인이 몰두하는 작업이면서 동시에 고통의 근원이라는 생각도 했고요.

**김연덕**　사랑의 구체적인 대상들을 찾아가는 여정이라는 말씀이 맞는 것 같아요. 글을 쓰거나 사랑을 할 때 우리는 언제나 망가지지만, 또 회복되잖아요. 그렇게 내 안에서 무언가가 다시 작동할 때마다 저는 어떤 신앙적인 형태의 결기를 느낍니다. 이 결기를 그대로 노출하는 글쓰기를 하고 싶다는 생각을 최근 많이 하고 있고, 특히 그것은 「그릭크로스」를 쓰면서 가장 빈번해졌어요. 구체적인 사랑의 형태를 찾아가는 과정은 언제나 무너지고 망가진 상태라 볼품없지만, 이를 있는 그대로 드러내는 것이야말로 제가 할 수 있는 가장 정직한 태도가 아닐까 생각해요.

**조대한**　김연덕 시인의 작품을 읽으면 종교적인 경험의 세례를 받은 분들이 쓸 수 있는 몇몇 표현과 시어가 종종 마음에 남곤 했는데요. 말씀하신 '결기'라는 단어가 시인의 시 세계를 압축하여 표현하고 있는 느낌이 들기도 합니다.

**최가은** 맞아요. 굉장히 인상 깊은 말씀들이네요. 망가지고, 회복되고, 그 이후에 다시 사랑하는 것은 손쉽게 기적이라고 이야기되거나 혹은 반대로 가볍게 다뤄지기도 하는 감정의 틀이잖아요. 그런데 이것을 신앙적 결기로 이해하고 또 표현하는 방식, 김연덕 시인의 전체 세계관과 매우 닮아 있어요.

**조대한** 말씀해주신 흥미로운 이야기들을 그대로 받아서, 제가 꼽았던 최애 구절로 이어갈게요. 의도한 건 아니지만 가은 씨가 맨 첫 번째 구절을 뽑아주신 반면 전 마지막 구절을 뽑았거든요.

내 의지로 이 사랑 모형을 버리지 않았다

이 구절인데요. 이 시가 세계 또는 그곳을 구성하는 사랑에 대한 의심으로 시작되어 어떤 결기와 의지로 나아간다는 지금까지의 독법을 유지한다면, 작품을 끝맺는 이 마지막 표현은 더욱 의미심장하게 다가오는 듯해요.

작품 서두의 "자동글쓰기"라는 표현은 그 자체로 글쓰기를 바라보는 발화자의 메타적 시선을 보여주는 것 같거든요. 자신의 글쓰기는 누군가의 의지를 대행하며 자동적으로 진행되고 있었는데, 그 "건강"했던 행위를 방해하는 것이 "증오"라는 사적인 감정이었잖아요. 그것은 자신으로부터 "맑게 단절된 이야기쓰기"를 더 이상 손쉽게 허락하지 않는 개인적인 욕망의 발아이자 새로운 오염이기도 하고요.

하지만 그 고뇌와 방황의 지난한 과정을 거쳐 '나'는 최종적으로 "내 의지로 이 사랑 모형을" 선택합니다. 주어진 세계의 조건에서 의심 없는 사랑의 글쓰기를 해왔던 이전의 '나'와, 결국 사랑의 글쓰기를 택한 이후의 '나'는 겉으로 보이는 양태는 서로 같을 것이나 어떤 시간의 겹을 거쳐왔다는 점에서 또 분명 다르기도 할 것 같아요. 그 사랑이 텅 빈 모형에 불과하다는 것을 알고 있음에도, 그것을 스스로의 의지와 행위로 채워나가길 선택한 모습에서 말씀하신 결기와 새로운 믿음이 엿보입니다.

**김연덕**   두 분의 말씀을 들으면서 생각해보니 새삼 사랑을 믿는 일이 제게 무엇보다 중요한 일이라는 생각이 듭니다. 최근 출간된 에이드리언 리치의 『우리 죽은 자들이 깨어날 때』(이주혜 옮김, 바다출판사, 2020)에 이런 구절이 나오더라고요. 시를 쓰려면 상상을 통한 현실의 반영이 이루어져야 하는데, 이 과정은 절대로 수동적일 수 없다고요. 이것이 시와 시 쓰기에 관한 저의 믿음인 것 같아요. 쓰기도 그렇고 읽기도 그렇고, 다음 행으로 넘어가기 위한 모든 능동적인 결심과 몸부림이 저에겐 사랑과 동일한 것으로 읽혀요.

**조대한**    말씀해주신 에이드리언 리치의『우리 죽은 자들이 깨어날 때』와 해당 책의 번역자이신 이주혜 소설가의 근작「자두 도둑(『창작과비평』2020년 여름호)」을 겹쳐 읽으며 번역과 쓰기에 대해 생각해본 적이 있었는데, 김연덕 시인의 말씀을 다시 들으니 새롭게 다가오는 지점들이 많네요. 무엇보다 쓰기, 상상, 현실, 의지 등을 사랑의 행위로 바라보시는 시선이 인상적입니다. 이와 연관될지는 모르겠습니다만, 사랑에 관한 글쓰기 강의도 계획 중이신 것으로 알고 있어요.

**김연덕**    네, 맞아요. 그 글쓰기 강의의 계획이 사랑에 관한 저의 생각을 잘 드러내줄 것 같아요. 강의의 주차별 주제들이 있는데요. 제목들을 간략하게 나열해보면 '시공간 사랑하기' '작은 물건과 작은 풍경과 작은 추억들 사랑하기' '대상이 없는 존재 창조해 사랑해주기' '내가 사랑했던 사람들 나를 사랑했던 사람들'입니다. 이들 주제와 연관된 텍스트를 읽으며 수업이 진행될 예정이에요. 그리고 강의 마지막 주엔 '나와 나의 글쓰기'로 모든 주제를 모아 묶어보려고 합니다.

**조대한**    하나하나 나열해주시니 '사랑'에 대해 어떤 생각을 가지고 계신지 구체적으로 다가옵니다. 개인과 개인의 감정적 교감으로만 이루어지는 사랑보다는 범위가 큰 것 같다는 생각도 다시금 들고요.

**최가은** 김연덕 시인이 구체화해주신 사랑의 내용들과 대한 씨의 말씀을 이어가본다면, 연덕 시인의 사랑은 결국 '종교적 사랑'과 같은 다소 관습적 표현을 사용할 수밖에 없도록 만드는 측면이 있는 것 같아요. 이 시인이 수용할 수 있는 세계의 품은 굉장히 넓습니다. 그것은 대한 씨의 말씀처럼 우리들 개인이 생각하는 사랑의 범위를 넘어서는 일이고요.

그런 우리들이 사랑하는, 사랑할 수 있는 방식에 관한 것을 강의의 주제로 다루신 점이 매우 인상 깊어요. 한편, 그처럼 어려운 일을 구심점으로 삼는 삶은 아름다운 것이면서도 고통일 것 같다는 생각이 반복해서 드는 것도 사실입니다. 그것이 시인 개인의 삶의 태도와 밀접하게 관련되어 있다면 더욱 그렇고요. 그 고통의 일면들이 진행해오신 작업물들에서 '의심'과 '냉소'의 형태로 때때로 새어 나오는 것 같아요.

그럼에도 거대한 사랑을 결국 한낱 개체들의 차원으로, 구체적인 형태로 끌어내려야 한다는 마음. 이는 아까 말씀하신 에이드리언 리치의 발언과도 연결되는 듯한데요. 시인은 우리들의 '사랑-하기'에 관한 모든 것을 신과 자연에 준하는 것으로 이해하고 또 전달하고 싶지만, 동시에 신과 자연에 그 모든 것을 수동적으로 내맡겨둘 수만은 없다고 생각하는 것 같습니다. 이러한 생각에서 비롯되는 시적 실천이야말로 말씀하신 신앙적 도약이자 '결기'일 수도 있겠다는 생각이 드네요.

**김연덕**　말씀들을 듣고 이야기를 나누다 보니 제 생각도 한층 명료해지네요. 감사합니다. (웃음) 구체적인 쓰기와 관련된 이야기를 해보자면, 저는 이 시를 기점으로 낯선 단어들의 조합에 관해서도 많은 생각을 하게 되었어요. 원래 없던 단어들을 새로 만들기도 했고요. 가령 "구석책상풍경"과 같은 시어는 일부러 이렇게 붙여서 썼는데요. 단어의 질감에 대해 많은 고민을 하고 난 후에 만든 시어입니다. 단어 조합에 대한 고민이 아까 가은 씨가 말씀하신 시적 위치, 그리고 시인으로서 저의 위치에 대한 고민과 함께 가는 것 같아요. '사랑 – 하기'가 결국 '시 – 쓰기'일 수 있다면, 자연스레 시의 형식에 관한 고민으로 이어지는 거죠.

**조대한**　시어에 대한 고민이, 시라는 것에 대한 고민 전반으로 확장되신 건가요?

**김연덕**　네. 제 친구들도 이 시를 보고 그동안 네가 쓰던 시랑 많이 달라서 신기하다고 이야기해주었는데요. 특히 단어 조합이나 문장이 향하고 있는 길이 예상과 다르게 진행되는 점이 인상적이었다고 하더라고요. 자꾸 샛길로 샌다고 표현해야 할까요? 시어들 사이에서 길이 갈라지는 것을 즐겁게 느껴주더라고요.

**조대한**　실제 이 시편에는 단어와 단어 사이에 의도적인 호흡의 단절들도 많이 들어가 있잖아요. 가령 "눈비가 조금 새는 이 / 차가운 평화 / 이 // 상상용 천국이" 등과 같은 구절이 그러한데요. 시어들 간의 연결 고리에 불협화음이 생기니까 읽을 때 새롭게 다가오는 지점이 있어요. 낯선 술어와의 조합도 신선하게 느껴지고요.

**김연덕**   그런 샛길들이 저에게는 탈출구같이 느껴져요.

**최가은**   다른 작품들에서도 느꼈던 것이지만 김연덕 시의 특징은 그 불협화음을 일으키는 시어들 사이의 밀도가 굉장히 높다는 점이라고 생각해요. 수식어에서 명사로 향하는 것이든 명사의 나열이든, 그렇게 압축된 형태이기 때문에 말씀하신 샛길들이 보다 눈에 잘 띄는 것 같아요.

음, 저는 초반에 김연덕 시인이 언급해주신 부분과 지금의 이야기를 조금 더 이어가보고 싶어요. 세계를 주조하는 것이 더 이상 의미가 있을까 하는 시인 개인의 의문과 더욱 정직해지겠다는 시적 태도의 변화가 시어의 조합에도 영향을 미쳤다는 말씀이잖아요. 이들 사이에 어떤 관계가 있는지 구체적으로 말씀해주실 수 있을까요?

**김연덕**   "식어버린 빛을 그저 경험해볼 만했던 경험 축소된 구슬 형태로 보관되는 // 에너지 / 다시 말해 과거로부터 맑게 단절된 이야기쓰기로 환산할 수는 없었습니다"라는 구절이 있는데요. 제가 경험하는 상처들을 글쓰기로 환원하면서 느꼈던 질문들에서 비롯된 문장인 것 같아요. "축소된 구슬 형태" 또는 "맑게 단절된 이야기쓰기"로 시가 환원될 수 있을까 하는 질문은, 세계를 주조하는 작업에 대한 의심과 연이어 있는 것 같아요.

물론 아직 답을 찾아가는 중이지만 「그릭크로스」를 쓰면서 내린 결론은 그럴 수 없다는 것이었고요. 글쓰기의 형태로 미처 다 환산되지 않는 열기 같은 것들이 곳곳에 남아 있기 마련이라는 것을 인정할 수밖에 없었어요. 그 열기들을 다 붙잡을 수 없음에도 불구하고 무언가를 쓰는 것이 제가 택한 태도이자 사랑이고요.

이것이 시의 형식에 대한 고민으로 이어진 결과의 한 예가 "구석책상풍경"인데요. 이 말도 안 되는 단어들의 조합은, (웃음) 언어와 관념을 세공하는 대신 그것을 있는 그대로 노출시키려는 의도로 만들어졌어요. 조형적으로도, 응집된 형태의 이상한 에너지처럼 보일 수 있다고도 생각했고요. 다양하게 해석될 수 있다면 더 좋을 것 같아요.

가령, "구석"을 먼저 읽고 "책상풍경"을 읽으면 구석에서 내가 바라본 책상 풍경이 될 수 있고, 세 단어를 따로따로 읽으면 무관한 대상들이 같은 무게로 모여 있는 특별한 풍경처럼 보이기도 할 것이니까요. 독자분들이 단어를 대면했을 때 느껴지는 이질감이 제가 다 환산하지 못했던 열기와 맞물려 있다면 좋겠어요.

**최가은**　'나'의 개입을 최소화하는 방식이라고 해도 될까요?

**김연덕**　네, 맞아요. 그렇게 '나'를 축소하고 열기들을 있는 그 대로 드러나게 하는 것이, 세계에 대한 제 태도의 변화가 시의 형식에 관여하는 방식이라고 말할 수 있겠어요.

**조대한**　시와 글쓰기에 대한 태도, 삶에 대한 태도가 이렇게 글쓰기의 형식으로 연결되어 드러난다는 점이 무척 흥미롭습니다. 말씀하신 대로 시어들을 매개로 세계의 구체적인 아름다움을 포착하려는 시도는 대부분 실패하기 마련이지만, 그럼에도 "구석책상풍경"처럼 구체적인 물질감이 있는 단어가 제시되지 않았다면 그 삐져나오는 열기들을 상상하는 것조차도 불가능했을 테니까요.

다음 이야기로 넘어가볼까요. 김연덕 시인의 작품에서는 종종 눈에 띄는 기호들이 쓰이는데요. 이것이 단순히 이미지로 제시된다기보다는 장면 전환이랄지 호흡의 단절을 의미할 때도 있는 것 같아요. 「그릭크로스」에서 쓰인 기호는 세 개이기 때문에, 그것을 분기점으로 삼아 이 시편을 네 마디로 분절해볼 수도 있을 듯해요.

특히나 두 번째와 네 번째 마디의 길이가 매우 짧고, 발화의 차이가 도드라진다고 생각했어요. 또 경어체의 종결어미를 기준으로 해서 발화자를 구분하는 일 역시 가능할 것 같았는데요. 한명의 '나'는 의지적인 단언을 하는 누군가로 읽혔고, 다른 한 명의 '나'는 개인이라기보다는 이 세계 전체를 포괄하여 발화하는 느낌으로 읽혔습니다.

**김연덕**   그렇게 읽어주셔서 감사해요. 어미에 차이를 둔 것은 맞지만 이 두 발화자 사이에 따로 구분을 둔 것은 아니었어요.

**최가은**   여기서 저희 의견이 갈렸던 것이, 저는 발화자가 아니라 청자가 바뀌었다고 생각했어요. 갑자기 신처럼 더 높은 이를 대하는 발화로 전환되었던 까닭에 다른 어미를 사용한 것이라고요. 그래서인지 저는 사제의 이미지가 떠오르기도 했어요. 기본적으로 김연덕 시인의 시적 화자들은 메신저 같다는 느낌이 들거든요. 나의 믿음을 너에게 '주고 싶다'고 표현할 때가 많기도 하고요. 그리고 같은 맥락에서 살핀다면 이 어미 변화를 동반한 시적 화자는 신과 같은 더 높은 무언가를 향해, 모종의 항의이자 도전적인 표현들을 사용하고 있어서 더욱 흥미로웠어요.

**조대한**   '사랑의 사제'라니 굉장히 멋진데요? 해석이 자꾸 종교적인 뉘앙스로 향하는 듯싶기도 하지만, 이미 시의 제목부터 종교적 상징물에 해당하다 보니 어쩔 수가 없네요. (웃음) 이와 관련하여 저는 "420년 전"이라는 시어가 눈에 들어와서 인터넷을 뒤져보았어요. 그러다가 지금으로부터 정확히 420년 전에 처형당했던 한 인물을 발견했습니다.

**김연덕**    우와, 정말요? 듣고 싶어요. 그 인물의 이야기요!

**조대한**    1600년에 나무에 묶여 화형을 당한 사람입니다. 당시 교회의 세계관에 반대하는 입장을 밝혔다는 이유 때문인데요. 한데 지금 연덕 시인의 반응을 보니 전혀 염두에 두셨던 내용이 아닌가 보군요? 그렇다면 신기한 것이……, 이 인물이 시에서처럼 혀가 잘려서 사형을 당하거든요.

**김연덕**    헉!

**최가은**    여기에 혀가 잘리고 이가 부러졌다는 표현이 있잖아요. 그래서 저희는 정말 이분의 이야기인 줄 알았어요!

**조대한**    당시 문헌을 보면 혀가 쇠꼬챙이에 꿰뚫렸다고 표현되어 있어요. 아마 발언에 대한 상징적인 징벌이었겠지요? 화형당일 누군가 건네준 십자가를 거부했다는 내용도 전해지고요. 심지어 이 작품에는 푸른색의 "성층권"이나 "고정된 공간"이라는 어휘도 나오니까, 그런 세계와 우주에 대해서 의심을 가진 한 발화자가 고투를 벌이다가 억울하게 사라졌고, 시인께서 이 이미지를 가져다가 작품을 쓰신 건 아닐까. 이렇게 멋대로 생각했어요.

**김연덕**    어머, 저 지금 너무 충격적이에요. 어떻게 이렇게 맞아 떨어질 수가 있죠?

**최가은** 끝난 게 아닙니다. 저희는 여기서 과잉 해석을 이어 갔어요.

**조대한** 계속해볼까요? 심지어 이 사람은 갈릴레오 같은 과학적인 관점이라기보다는 범신론적인 관점에서 우주에 관한 입장을 밝힌 것이기도 해요. 그래서 이 사람의 일대기와 「그릭크로스」가 너무나도 잘 연결된다고 생각했어요. 작품을 보면 "푸른 천장"이라는 시어가 나오는데, 이것이 마치 지구의 덮개처럼 느껴지기도 했거든요.

한데 이 세계는 "늙은 침묵"이나 "피 같은 졸음"으로만, 그러니까 오래된 침묵과 나태한 믿음으로만 유지되어온 곳이고, 그에 대한 금지된 폭로로 혀가 잘린 420년 전의 인물과 그 인물의 생생한 존재감 때문에 더 이상의 안온한 믿음의 "자동글쓰기"와 "과거로부터 맑게 단절된 이야기쓰기"가 불가능해진 "나"……. 이렇게 멀리 가버리고 말았답니다.

**김연덕** 아, 그래서 아까 화자가 바뀌었다고 말씀하셨군요. 정말이지 멋진 해석과 멋진…… 검색인 걸요? (웃음)

**조대한** 시에 꼭 정답이 있는 것은 아니겠습니다만, 기왕 이야기를 꺼냈으니 혹 "420년 전"이라는 시어의 진실을 말씀해주실 수 있을까요?

**김연덕** (웃음) 네, 제가 시에서 말했던 것은 420년 전에 세워진 극장인데요. '글로브(지구)' 극장이라고 불리는 곳이고, 셰익스피어 작품이 다수 초연되기도 했던 곳입니다. 일전에 대산문화재단에서 저를 비롯한 수상자들에게 영국으로 문학 기행을 보내주신 적이 있어요. 그때 글로브 극장에 방문했어요. 천장의 쨍한 코발트블루 빛 아래 천사, 구름, 천체 등의 그림들이 잔뜩 그려져 있었는데 가이드분이 그것은 천상에 대한 비유라고 이야기해주셨어요. 그곳에서 배우들이 내려오면 관객들은 이를 천사가 내려오는 모습으로 받아들인다고요. 그때의 경험에서 비롯된 시적 상상이었습니다.

**조대한** 이래서 제가 어떤 해석을 하더라도 시인님들의 입장에선 턱없는 소리로 받아들여지겠습니다만……, (웃음) 그래도 한 편의 시에 얽힌 이야기들의 교차가 너무나도 재밌네요. 조금 더 말씀을 나눠보고 싶은데, 가은 씨가 지정해주셨던 키워드인 '시간성'에 대해 이야기해보는 것이 어떨까요?

**최가은** 좋습니다. 김연덕 시인의 시 세계의 또 다른 특징 중 하나로 특이한 시간관을 꼽을 수 있을 것 같아요. 우리는 과거와 현재와 미래가 사실 분절되어 있지 않다는 것을 알고는 있지만, 관습적으로 그렇게 나누어 사고하잖아요. 김연덕 시인의 시에서는 그 시간들의 엮임이 매우 잘 드러난다고 생각해요.

그런데 「그릭크로스」에서 제가 특히 흥미로웠던 것은 '우리는 다 같은 시간을 살고 있어'라는 것을 강조하기보다, '공통된 시간을 살지만 그 속에 존재하는 차이와 변주에 더욱 주목해야 한다'라고 말하고 있다는 점이었는데요. 가령 "공통의 시대를 여러 번 살아도 // 언제나 같은 강도의 응답 같은 점도의 / 괄시를 받는 것은 아니어서"라는 구절이 그러합니다. 이와 같은 '시간성'은 시인에게 어떤 의미일까요?

**김연덕** 가은 씨가 잘 말씀해주신 것처럼 연속적인 시간이지만 그 안엔 다양한 변주들이 존재하고 있다는 것이 제가 '시간'에 관해 이야기하고 싶은 부분 중 하나인 듯싶어요. 조금 다른 방식으로 말씀드려본다면, 얼마 전 탈고했던 마지막 「재와 사랑의 미래」에는 "나는 내년에서 받은 상처가 많다"라는 표현이 있어요. 가은 씨의 해석을 저의 이 구절로 변주해서 말씀드릴 수 있을 것 같아요.

**최가은** 오, 그렇군요. 흥미로워요. "내년에서 받은 상처가 많다"는 그저 시적 세계 내에서만 말이 되는 표현이 아니잖아요. 내년은 지금과 결코 단절되어서 존재하는 것이 아니니까요. 무엇보다 그 변주를 자연에 그저 내맡기고 있는 것이 아니라 능동적으로 개입하고 있다는 것! 이를 김연덕 시인의 사랑이라고 말하며 인터뷰 1부를 정리해볼 수 있겠어요.

**조대한** 사랑의 믿음으로 마음이 충만해지는걸요? (웃음) 예상대로 저희는 무척이나 즐겁고 흥미로운 인터뷰입니다만, 지금까지 '시로'와의 인터뷰가 어떠셨는지 시인님께 짤막히 감상을 여쭙고 싶습니다.

**김연덕** 제 작품에 대해 두 분이 열띠게 나누시는 이야기를 듣는 것만으로도 행복한 시간이에요. 아까 말씀드린 것처럼 한 편의 작품을 발표하자마자 이렇게나 빨리 누군가의 반응을 듣게 된다는 것이 드문 경험이잖아요. 그래서 신기하기도 하고 또 감사하기도 한 마음입니다. 오늘 함께 나눈 이야기와 시간은 오래도록 기억에 남을 것 같아요.

**최가은** 저희도 오래 기억에 남을 것 같아요. 오늘 인터뷰에 응해주셔서 정말로 감사해요.

**김연덕** 저야말로 불러주셔서 감사해요. '시로'의 다음 행보들도 기쁜 마음으로 기다릴게요.

**조대한**   감사합니다. 곧 발간될 것이라 말씀해주셨던 김연덕 시인의 첫 시집과 앞으로의 작업들을 저희도 즐거운 마음으로 기다리겠습니다. 그럼 1부 인터뷰는 마치고 잠시 쉬었다가 다시 시작해볼까요?

— 잠시 휴식 —

**김연덕**   어머, 저기 고양이가 있네요?

**조대한**   네. 여기 상주하는 고양이 님이 한 분 계시더라고요.

**최가은**   마치 저희의 이야기를 듣고 계시는 듯한데요? 말조심을 해야⋯⋯. (웃음)

**김연덕**   아니, 정말로 집중해서 듣고 계시는 표정이네요.

**최가은**   조심하며 이야기를 이어가볼까요? 아까 블로그 이웃이 많다고 하셨어요. 저희 '시로'도 블로그 형태로 리뷰를 공개하고 있고, 저희와도 '이웃'이신데요. (웃음) 김연덕 시인의 경우에는 정말로 많은 분을 블로그의 독자로 두고 계시고, 그들과 소통하시는 것 같아요.

**김연덕**　네, 맞아요. 저는 블로그를 아주 오래전부터, 그러니까 십대 때부터 운영해왔는데요. 그때부터 인연을 쌓아온 이웃들이 많은 편입니다. 제가 새로운 작업을 시작하거나 행사를 진행할 때, 그리고 새로운 시를 발표할 때면 언제나 먼저 읽어주시고 또 응원해주시는 고마운 분들이에요.

**조대한**　사실 저희 주변의 모 작가님도 김연덕 시인의 블로그에 대해 이야기해주신 적이 있어요. 그분은 블로그에서 연덕 시인의 소설을 읽은 적이 있다고 하시더라고요.

**김연덕**　네, 맞아요. 일기를 주로 쓰지만 장르에 관계없는 다양한 글을 이웃들과 공유하기도 합니다. 사실 예전에는 소설을 쓰고 싶었어요.

**조대한**　서사 창작학을 전공하고 계시기도 하잖아요.

**김연덕**　네, 그런데 어느 순간부터는 소설 쓰는 일을 매우 즐겁게 하는 이들이 따로 있다는 것을 알게 되었어요. 그 때문인지 저는 소설을 지속적으로 쓸 수 있는 타입은 아니라는 생각을 하게 되었고, 이후로 소설 작업은 거의 하지 않았습니다.

**최가은**　그렇군요. 하지만 김연덕 시인이 쓰시는 소설이라고 하니 궁금해지는 것도 사실이네요. 블로그 이야기가 나와서 말인데, 이 시에도 중요하게 등장하는 시어인 "나무"가 실은 연덕 시인의 블로그 계정이자 인스타그램 계정이기도 하잖아요. '나무'의 의미와 관련해 특별한 이야기가 있을까요?

**김연덕**　아, 특별한 이야기는 없고요. (웃음) 그냥 제가 나무를 좋아해서 어릴 때부터 계정에 '나무'를 쓰게 되었어요. 앞에 보시면 '1_' 이런 모양이 있는데요. 실은 이것도 나무를 형상화한 것입니다.

**최가은**　우와, 그렇군요. 정말 상상도 못 했네요.

**조대한**　가은 씨가 잠깐 말씀하셨다시피 이 시에서도 십자가와 관련해 "나무"가 중요하게 등장하고, 사실 연덕 시인의 다른 시에서도 나무가 종종 등장하잖아요.

**김연덕**　네. 저는 목재를 굉장히 좋아해요. 이미지로서의 나무뿐만 아니라 '대들보'처럼 실제로 나무에서 비롯된 어떤 형태들, 혹은 나무와 관련된 질감이나 단단하고 무거운 느낌과 같은 것을 굉장히 좋아하는 편이예요. 나무로 된 식기에도 관심이 많고요.

**최가은**　식기 하니까 갑자기 배가 고파지는데……, 오늘 사실 끝나고 저희끼리 저녁 먹으면서 이야기를 더 나눌 예정이잖아요? 김연덕 시인과 인터뷰한다고 하니까 이런저런 문인분들이 그 자리에 함께하고 싶어 하셨어요.

**조대한**　맞아요. 굉장히 인기가 많으신가 봐요. 술을 즐기시는 편이라는 이야기도 전해 들었는데, 함께 술 드셨던 분들이 증언하기로는 해가 떠야 귀가하는 스타일이시라고…….

**김연덕**　(웃음) 그 정도는 아닌데! 제가 듣기로는 두 분이야말로 해가 떠야만 귀가하시는 편이라고요…….

**조대한, 최가은**　네……. 애석하게도 저희는 그 정도가 맞습니다.

**김연덕**　(웃음) 정말 기대되네요. 저는 사람들을 만나서 술 마시고, 맛있는 것 먹고, 이런저런 대화를 나누는 것을 굉장히 좋아해요. 저희 집이 가족 구성원이 좀 많은 편이고, 제가 막내이기도 해서인지 여럿이서 북적거리면서 함께 있는 시간들이 특별히 즐겁더라고요.

**최가은**　아, 형제자매가 많으신 편이군요. 오늘 짧은 대화로도 느껴지는 것이지만 연덕 시인은 대화 중에 상대방의 눈을 굉장히 따뜻하게 바라봐주세요. (웃음) 시에서뿐만 아니라, 오늘 이 자리에도 사랑이 가득한 것처럼 느껴지는걸요?

**조대한**   오늘의 주제는 '사랑'임이 확실하네요. 아까 저희가 이야기를 나누었던 '사랑-하기'의 태도 말인데요. 그것을 지속적으로 유지한다는 것에는 어떤 당위나 확신이 있어야 할 것 같아요. 특히나 그 어려운 확신을 시적으로 또 삶의 태도로 동시에 가져가시려고 한다는 점이 인상 깊었어요. 그런 태도가 가은 씨 말씀대로 시인 개인의 분위기로서 느껴지고 전달되기도 하고요.

**김연덕**   시를 쓸 때도 그런 저의 개인적인 삶의 태도와 경험이 중요하게 관여하는 것 같아요. 아까 대한 씨와 가은 씨가 화자나 청자를 추측하시는 데서, 또는 시어의 배열과 그 의미에 대해서 서로 대치되는 해석을 하시기도 하고, 또 그러면서도 동시에 그 해석들을 교묘하게 겹치고, 이어가시기도 했잖아요. 그런 점이 매우 인상 깊어요.

아시겠지만 시를 쓸 때 시인은 이 시어가, 이 구절이, 전체의 시가 구체적으로 어떻게 전달되었으면 좋겠다는 명확한 의도의 한 표현으로써, 혹은 도구로써 쓰지는 않아요. 저는 특히나 더 그런 편인데요. 그보다는 제가 경험한 것들, 지금 제게 닥친 것들, 그러니까 미처 의미화가 완료되지 못한 많은 혼란들 속으로 들어가야 한다는 저의 개인적인 태도가 시를 쓸 때 강하게 작동하는 것 같아요.

가령, 이곳에 산발되어 있는 몇몇 표현 중 '혀가 잘린다' '이가 부러진다' 등을 예로 들어볼까요. 이것들은 2018년의 어느 시기에 저에게 어떤 일들이 일어났고, 그 일들을 제 나름으로 감당하는 과정에서 언어로 새기게 된 표현들입니다.

**조대한**  사적인 이야기라 더 깊이 물을 순 없지만 말씀해주신 것과 같은 다소 격한 표현들이 생성될 수밖에 없었던 시기라면, 개인적으로 많이 힘드셨을 것 같아요.

**김연덕**  네, 맞아요. 일종의 암흑기랄까요. 음, 아까 힘들 때 맥주 찾아도 된다고 하셨죠? 저 지금 마셔도 될까요? (웃음)

**조대한, 최가은**  아이고, 좋습니다.

**김연덕**  여기가 그렇게 술을 한바탕 제대로 먹고 갈 수 있는 곳이라고 들었습니다…….

**조대한**  현재까지 총 세 분의 시인을 모셨고, 그중 두 분이 여기서부터 맥주를 많이 드시고 이동하셨으니……. 맞는 말씀이신 것 같습니다.

**김연덕**  (웃음) 이야기를 이어가자면, 그 힘들었던 시기가

2018년이었는데요. 그때는 대산에서 연락이 오고, 시인으로 활동하게 된 시기이기도 했어요. 지금 와서 돌이켜보면, 불행과 행복이 모순적으로 공존했다는 점에서 그때의 삶은 참 신기하고 이상하다는 생각이 들어요. 자세히 말씀드릴 순 없지만, 가령 '혀'와 '이' 사이에는 그리고 '잘린다'와 '부러진다' 사이에는 저 개인이 겪은 경험에 대한 어떤 정념들, 감각들뿐만 아니라 저를 둘러싼 타인들이 겪은 경험과 그것에 대한 그들의 정념, 감정이 마구 뒤섞여 있어요.

그런데 제 개인의 경험과 시간이 특히나 스스로에게 치명적인 성격의 것이었을 때, 물론 제 시 안에서의 일이지만 그것들이 다른 삶의 '치명적 순간'과 기이한 만남을 이룰 때, 다시 말해 '이'와 '혀'가, '부러진다'와 '잘린다'가 제 시 속에서 어떻게든 교차하고 서로 겹칠 때, 삶에 대해서 굉장히 기묘한 방식으로 위로를 받게 되더라고요. 정말로 이상한 현실을 '함께' 살고 있는 이들이 있다는 안도감에서 비롯되는 위로요. 이것을 있는 그대로 전달하는 것이 중요한 일이 아니라 어떻게든 시에 옮기는 일이 가장 중요하다고 생각했어요.

그리고 그렇게 시로 전환된 것들이 대한 씨와 가은 씨의 해석을 통해 '처형당한 인물'로 옮겨지는 것처럼 (웃음) 제 처음의 예상과 의도, 혹은 저도 모른 채로 내버려뒀던 저의 순간들이 더 이상 제 것이 아닌 상태가 되어 마구 뻗어나가는 과정을 지켜보는 일도 상당히 즐거워요.

**최가은** 연덕 시인이 말씀해주신 그 이상한 연결감이 무슨 말인지 알 것 같아요.

**조대한** 그러게요. 흥미로운 말씀이네요. '처형당한 인물'에 대한 과잉 해석을 그 '연결감' 속에 넣어주신 것이 부끄럽고 감사하네요.

**김연덕** 저는 즐거운걸요. (웃음) 인터뷰를 보시는 분들도 저의 시에 '시로'의 해석을 더해보는 것이 훨씬 즐거운 일일 것이라 생각해요.

**조대한** 그렇게 말씀해주시니 감사합니다. 아까 살짝 언급하기도 했었는데요. 연덕 시인 시의 특징 중 하나로 다양한 기호의 활용을 들 수 있을 것 같아요. 「그릭크로스」에도 '◇' 모양의 기호가 적혀 있는데요. 연덕 시인 시에 쓰이는 기호들은 어떤 부호라기보다는 이미지의 일종으로 출현하는 것 같다는 느낌이에요.

**김연덕** 네, 맞아요. 기호라기보다는 이미지에 가까운 것으로 선택합니다. 일차적으로는 연과 연 사이의 공백보다 더 큰 공백을 만들고 싶을 때 기호를 삽입하지만, 이미지 자체에서 여러 의미가 발생할 수도 있을 것 같아요. 이 의미에 대한 해석은 읽는 이들 각각의 몫으로 남겨두려고 하는 편입니다.

**조대한** 그 의미의 공백과 지칭의 곤란함이 읽는 이들에게 또 다른 즐거움으로 다가올 것 같아요. 혹시 특별히 마음에 드는 최애 구절도 말씀해주실 수 있을까요?

**김연덕**

눈비가 조금 새는 이
차가운 평화
이

저는 이 부분을 선택할래요. 어떤 사랑이나 마음에 투신할 때, 상당히 힘겹지만 또 동시에 멍해지기도 하고, 그런 식으로 충만해지는 기분이 있잖아요. 그것이 저에게 "차가운 평화"처럼 느껴져요. "기이한 안식처" 역시 그러한 맥락에서 이해할 수도 있을 것 같아요.

**조대한** 저 역시 "차가운 평화"가 인상 깊었는데요. 저의 경우에는, "언제나 같은 강도의 응답 같은 점도의 / 괄시를 받는 것은 아니어서"라는 연 이후에 말씀하신 부분이 등장한다는 점에 주목했습니다. 저는 이 시적 화자에게 세계란 유난스러운 것이라기보다 그냥 '그렇게' 주어진 것이고, 그렇게 주어진 것이라면 '나'에게 관심이 없는 세계라는 점이 그다지 문제시되지 않는다고 생각했어요. 그런 의미에서 화자가 세계를 인식하는 것이 "차가운 평화"에 가깝다고 이해했거든요. 한데 연덕 시인의 말씀을 들으니까 또 완전히 다르게 다가오네요.

**김연덕**  대한 씨의 해석도 좋네요.

**최가은**  음, 이 부분을 골라주셨으니 조금 더 이야기해볼까요. 이 구절이 "눈비가 조금 새는 이"에서 행이 갈리고 "차가운 평화"로 넘어가잖아요. 우선 의미상 "이"는 지시어로서의 '이'가 맞는 것 같습니다.

**김연덕**  네. 호흡을 생각해서 나눈 것이긴 한데 어떻게 읽으셨나요?

**최가은**  저희끼리 연덕 시인의 시에 대한 감상을 나눌 때 자주 나오는 이야기이기도 하지만, 「그릭크로스」 역시 '명사형'의 시에 가깝다는 느낌을 강하게 받았습니다. 명사들이 시각적으로 자주 포착되기도 하고, 연덕 시인이 살짝 언급해주신 시어 "차가운 평화" "기이한 안식처"처럼 유독 명사형의 시어 / 시구가 강력하게 자기주장을 내세우는 시라는 느낌 때문이었어요.
가령, 시의 초반부에 '기이하다'라는 형용사에서 파생된 명사형인 "기이"라는 시어도 있는데요. 이것을 "기이"라는 단어 자체로 두셨어요. 사실 이것은 저희가 자주 쓰는 형태의 단어는 아니 잖아요. 이런 식이다 보니 「그릭크로스」에서는 이곳에 우뚝 서 있는 명사들이 유독 강하게 눈에 들어오는 거죠.

그래서인지 저는 처음 이 시를 보았을 때, 즉 시의 어미들이 한꺼번에 제 시야에 포착되었을 때는 "이"를 지시어가 아닌 명사로 받아들였던 것 같아요. 하지만 본격적으로 시 속으로 들어가 의미를 따져보면서 지시어라는 것을 알게 되었는데요. 처음에 인식했던 "이"가 제 속에서 다른 "이"로 전환될 때의 즐거움도 있었어요.

**김연덕**　오, 그렇군요. 가은 씨 말씀대로 처음 시각적으로 포착될 때, 그리고 의미 단위로 나누어 의미를 수용하고 해석할 때, 두 층위에서 시어가 전혀 다른 감각으로 다가가게 된다면 더 좋을 것 같아요.

**조대한**　말씀들과 이어지는지 모르겠지만, 그 외에도 「그릭크로스」에는 순차적, 단계적 포착이 중요한 지점들이 있는데요. 이를테면 화자 '나'의 연속적인 발화처럼 느껴졌던 내용들이, 주어의 자리에 돌연 '푸른색'과 같은 예상치 못한 다른 것들이 놓임으로써 다르게 감각될 수 있는 전환의 지점도 흥미롭습니다.

**최가은**　주어 자리의 전환 이야기를 이어가볼까요. 앞서 언급했던 것처럼 김연덕 시인의 시 세계에서 '주조'는 중요한 테마인데요. 그렇다면 만들기, 혹은 건설의 맥락에서 "대들보"라는 시어는 매우 중요한 소재일 것입니다. 그런데 이 대들보는 적출된 상태로 시에 등장해요, "적출된 대들보"로요.

저는 이것이 나름 신선한 충격이었는데요. '적출되다'라는 표현은 가령 '눈'을 적출한다고 할 때처럼……. (갑자기 호러) 신체가 연상돼요. 그래서인지 주어의 자리가 다른 시어로 대체되어도, 이것이 거대한 하나의 신체에 가깝다는 생각이 들기도 했었어요.

**조대한**   맞아요. 단어의 조합들이 특히나 강렬하게 다가온 시였어요. 그나저나 '적출'을 바로 '눈'과 이어서 생각하시다니 가은 씨 역시 대단하시네요. (웃음) 말씀 한마디로 지금 제 팔에 소름을 돋게 만드셨어요.

**김연덕**   정확한 지적인 것 같아요. (웃음) 사실 이 시가 일부분 극장에 관한 묘사이기도 한데, 저는 이 극장을 저 자신 혹은 시적 화자와 동일시하면서 시를 구축해나갔거든요. 아무래도 그러하다 보니 신체적 표현들 혹은 신체와 관련된 표현들이 많아진 것이죠.

**조대한**   그런데 그 신체가 어딘가 훼손된 상태로 등장한다면, 아까 저희가 이야기를 나눴던 일종의 분기점으로서 「그릭크로스」를 해석하는 방식과 관련될 수 있을까요? 가은 씨가 그 부분을 언급해주셨으니 감상을 더 들어보고 싶네요.

**최가은**   실은 「웅크리기 껴안기」의 경우에는 '나'의 작은 세계를, 쉽게 말해 어떻게든 새는 곳 없이 웅크리고 껴안아서 불려가는 작업에 가까운 것이었던 것 같아요. 하지만 「그릭크로스」의 경우에는 무언가가 이미 새어 나가고 있거나 이미 적출되어 있는, 그러니까 훼손되어 있는 상태라는 것이 가장 가시적인 변화였어요.

그러나 제가 좀 더 주목하고 싶은 지점은, 그럼에도 그것이 마치 명사형의 마무리가 강조되는 방식처럼 일종의 '껴안기'로서 완성된다는 사실인데요. 그러니까 그러한 틈새나 훼손이 굉장히 가시적이고, 그 때문에 전환점처럼 느껴질 정도로 중요하게 느껴졌던 것은 독자인 제가 바로 그 '껴안기'라는 김연덕 시인의 중심 테마를 의식하고 있기 때문인 것 같아요. 일반적으로 보기에는 분절되는 시인의 두 세계가 그럼에도 동일한 것을 지향하고 있다는 사실을 느끼게 될 때가 시를 비로소 읽는 순간이라고 말할 수도 있겠고요.

**조대한**   그렇군요. 흥미로운 말씀이라 더 이어가고 싶습니다만, 약속된 시간이 거의 다 되었으니 '시로' 인터뷰의 공식적인 마지막 질문을 드려야 할 것 같아요. 특히 이번에 함께하신 김연덕 시인의 경우에는 연작시를 자주 쓰시는 편인데요. 그렇다면 저희처럼 한 편의 시에 집중하는 리뷰, 한 편의 시에 집중하는 인터뷰가 마냥 긍정적으로 느껴지시진 않았을 것 같아요. 자유롭게 의견을 전해주시면 저희가 감사한 마음으로 참고하도록 하겠습니다.

**김연덕**  음, 전 정말 좋았는데요? (웃음) 말씀하신 대로 저는 연작시의 형태로 시를 써온 편이고 제 나름의 연속적인 세계관이 있는데, 걱정과 달리 두 분이 「그릭크로스」 한 편을 해석하시는 과정에서도 매우 자연스럽게 그런 부분들을 끌어와주시고, 그 영향 관계를 분석하면서도 또 적절히 분리하거나 연결해주셨기 때문에 제가 시에 대해 말할 수 있는 공간이 매우 넓다고 느꼈어요.

한편으로 그와는 별개로, 시 한 편에 대해서 이야기하는 것은 '시로'만의 독점적인 기획인 것 같고, (웃음) 정말로 평소에 관심을 많이 갖고 있을 만큼 좋은 기획이에요. 시집 한 권 단위로 이야기를 나누는 기회는 정말 많잖아요. 리뷰나 비평도 마찬가지고요. 그리고 두 분께서는 단순히 한 편의 시에 집중하시는 것이 아니라, 발표된 지 얼마 되지 않은 시들을 거의 동시적으로 반응해주시는 거잖아요. 그런 점이 시를 쓰는 이들에게는 더욱 특별하고 좋게 느껴져요. 요즘 조금 소식이 늦는 것 같기는 하지만요. (웃음)

**조대한, 최가은**  아, 동시적으로……. 그게 원래 계획은 그랬는데 분발해야겠네요.

**김연덕**  농담이고요. (웃음) 그런데 이게 공식 질문이긴 하지만 역질문을 받진 않으시죠? 제가 질문을 드리고 싶어서 준비해 왔어요. 두 분은 이 프로젝트를 어떻게 기획하시게 된 거예요?

**최가은**   그게…….

**조대한**   해가 뜰 때까지 술을 먹던 어느 날……. (웃음) 실은 저희가 대학원을 함께 다녔고, 특히 공부(라고 쓰고 술)를 같이하는 멤버였는데요. 둘 다 현대 시 전공자이기도 하고요. 만나면 꼭 그때그때 읽은 시들에 대한 감상을 나누곤 했었는데 이상하게도 그런 건 저희 둘만 하게 되더라고요.

그렇게 지나가버리는 말들이 어느 순간 아까워졌어요. 물론 그 내용이 대단해서가 아니라. (웃음) 그냥 그렇게 시와 함께했던 순간들이 지나가버리는 것이 참 아깝더라고요. 더 늙기 전에 기록해보자는 취지로……. 그날은 둘 다 다른 곳에서 술을 많이 먹고 와서 만났는데, 또 술을 엄청 먹었거든요. 그렇게 해서 탄생했습니다.

**최가은**   그래서 결국은 술이 문제라는 소리인데요. (정색) 말씀하셨듯, 또 오늘의 인터뷰에서 보여지기도 했듯 저희가 좋아하는 시는 유사한 편이지만 세부적으로는 감상이 일치하지 않는 경우도 많아요. 그게 시를 읽는 하나의 방식이라면 그것을 있는 그대로 열어두는 것도 의미 있는 일일 거라 생각했어요.

'일'의 문제와는 관계없이, 그리고 글의 퀄리티랄지, 문제의식이랄지. 평소에 저희가 자주 고민하는 부분에서 좀 벗어나서 그냥 일기처럼, 때로는 에세이처럼 어떤 종류의 말을 하고 싶게 만드는 시들은 언제나 있으니까요. 시를 어렵게 생각하시는 분들, 혹은 시를 너무나도 사랑하시는 분들 각자 나름의 방식으로 저희의 어설픈 해석을 확장해주실 수 있을 거라고 믿어요. 오늘 연덕 시인이 시인으로서의 작법을 설명해주실 때 저희의 해석을 자연스럽게 얹어가며 말씀해주셔서 참 감사하고 즐거웠어요. 연덕 시인의 시를 읽는 이들을 위한 배려이자, 시에 대한 애정이라고도 생각하고요.

**김연덕** 저야말로 정말로 감사합니다. 신기하고 즐거운 경험이었어요. 그런데 저 마지막으로 하나만 질문할래요! 인스타그램 계정은 누가 운영하시는 거예요? 두 분 중에서요.

**조대한** 송구스러우나 저는……, 인스타그램을 어떻게 운영하는지 잘 모릅니다.

**최가은** 사실 저도 홍보에는 젬병인데 진짜 저분이 너무 모르시니까…….

**김연덕** 저번에 가은 씨 인스타그램 스토리였나요? 대한 씨를

놀리는 내용이었는데. 스토리 보는 법을 잘 모르신다고⋯⋯. (웃음)

**조대한**　네⋯⋯. 그런데 진실을 하나 말씀드릴까요? 저분이나 저나 비슷비슷합니다.

**최가은**　무슨 소리를 하시는 거죠? 피곤하신가 봐요. 인터뷰는 이쯤 하고, 자리를 옮겨서 좀 더 깊은 대화를 나눠볼까요? 다들 기다리고 있대요!

**김연덕**　좋아요!

4

# 저수지

시 박지일

글 최가은

라디오가 정지됐으므로 그는 저수지로 갔다 주위는 캄 캄했고 수심은 일정했다 걸음마다 물푸레나무가 솟아났다 건너편에는 공장이 있고 흰 빵 가득 바구니가 든 케이지가 있고 케이지를 둘러싸고 흰 빵의 사용법을 고민하는 사람들 이 있다

건너편으로 가기 위해 살얼음을 밀어낼 때마다 뿌리들 이 발목을 휘감고 물고기들이 뒤집힌 접시처럼 떠다녔다 인 삼과 도라지를 구분하기는 쉽지 않죠, 디제이의 목소리는 건너편에서 들려온다 모든 것은 건너편에 있다 컨베이어 벨 트는 밤새 돌아갈 것이다

몰려드는 먹구름; 4배속 되감기
동시에 32배속 빨리 감기 같은


비행기는 구름을 흩어 놓기 위해 만들어졌다
내가 짜온 이야기는 예상치 못한 방향으로 흐르기 시작
한다


그는 아이들에게 뒤처져버린 오리 튜브였고 어쩌면 소
리 없이 열고 닫히는 캐스터네츠였다 살얼음을 건져 올려
봐 미래의 구름은 점점 희미해질 것이고 비행기의 경로는
다양해질 것이다
그러나
물 밖 뻗어 나온 뿌리와 물속 흔들리는 가지를 구분할
수 없는 마음도 빠빠라빠빠빠 빠삐코 광고 음악이 흘러나오
는 라디오도


모든 것은 건너편에 있다


그는 보름달물해파리였다; 살얼음이 만들어낸 오르골
소리에 맞춰 돌아가는 물의 모빌
심해 오징어의 촉수는 사냥용이 아니라 수영용이래요
그는 라디오에게 배운 문장과 함께 저수지를 맴돌고 있다


저수지

살얼음을 질질 거느리고 그는 저수지의 저수지를 만들고 있
다

　사향노루는 그가 저수지로 떠나오기 전부터 빌딩과 빌
딩 사이를 첨벙첨벙 뛰어다니고 있었다
　저수지를 뚫고 솟아오르는 비행기
　온 도시가 그를 중계하고 있다 나는 그에 관해 들어본
적 있는 것 같다
　살얼음 낀 목소리;
　모든 것은 건너편에 있다


§


　롤랑 바르트는 말년에 진행했던 어느 강의에서 '삶의 중간'을
언급한 적이 있다. 잘 알려진 단테의 신곡神曲 속 한 구절, "우리 삶
의 노정 중간에서 나는 길을 잃고 어느 어두운 숲속을 헤매고 있
었다"를 인용하며 이루어진 표현이다. 그런데 그가 이 말을 꺼낸
순간이 '소설의 준비'라는 주제로 강의를 막 시작하려던 때였다
면 어떨까? 우리는 궁금해진다. '삶의 중간'은 소설의 '준비'와 어
떤 관계가 있는 것인지, 또 글쓰기에 관한 수업이 '삶의 중간'에 관

한 이야기로 시작되어야 하는 이유는 무엇인지에 대해서 말이다. 그보다 앞서 주목해야 할 지점도 있다. 이에 대한 본격적인 설명으로 진입하기에 앞서, 바르트는 "삶의 노정 중간에서"의 '중간'은 시간적 의미의 중간과 먼저 분리한다.

"중간은 분명 산술적인 것이 아니라는 것입니다. 누가 그것을 미리 알 수 있을까요? 중간이라는 것은 하나의 사건, 한순간, 유의미하고 공식적인 것으로 체험된 변화를 참고해서 판단되어야 합니다. 이것은 일종의 총체적인 자각입니다."*

우리는 우리 생의 끝이 언제인지 미리 알 수 없으므로, 삶의 '중간'이라는 지점 역시 가늠할 수 없다. 중간은 "일종의 총체적인 자각"으로 다가오는데, 이 '총체'에는 크게 두 가지의 '자각'과 하나의 '사건'이 개입한다.

첫째는 우리가 우리의 시간을 진정으로 헤아리기 시작하는 순간, 즉 우리의 필멸성을 인지하는 순간이다. 둘째는 나의 작업(삶)이 실로 무수한 반복에 지나지 않는다는 것, 그로부터 비롯되는 극단적인 권태와 지루함을 감각하는 순간이다. 그리고 또 하나, 눈앞에 실재하는 '죽음'이라는 사건이 있다. 죽음을 현실적인 것으로 발견하거나 인지하는 순간, 주체에게는 매우 강렬한 종류의 고통이 작동한다. 이들을 총체적으로 자각하는 어떤 지점에

---

* 롤랑 바르트, 『롤랑 바르트, 마지막 강의』, 변광배 옮김, 민음사, 2015, 28쪽. 이하 인용 시 괄호 안에 쪽수만 표기.

서, 우리에게는 일순간 거대한 '동요'가 일어나고, 우리의 삶은 이 제 이 동요에 어떤 '내용'을 부여할 것을, 어떤 '변화'를 이행할 것을 요구하기 시작한다. 글을 쓰는 사람에게 이러한 '변화'와 변화의 '내용'은 "새로운 글쓰기의 발견", 오직 그뿐이며 바르트의 '소설' 강의가 '중간'을 언급하며 시작되는 이유 역시 이 '내용'과 '변화'가 글쓰기라는 전환, 전환된 글쓰기로의 준비와 이어지기 때문이다.

> 라디오가 정지됐으므로 그는 저수지로 갔다 주위는 캄 캄했고 수심은 일정했다 걸음마다 물푸레나무가 솟아났다 건너편에는 공장이 있고 흰 빵 가득 바구니가 든 케이지가 있고 케이지를 둘러싸고 흰 빵의 사용법을 고민하는 사람들 이 있다

화자는 "모든 것은 건너편에 있다"는 저수지에 와 있다. 그가 저수지로 온 이유는 라디오의 급작스러운 '정지(죽음)' 때문이다. 저수지 주위는 캄캄하고, 수심은 일정하다. 시적 화자가 저수지의 건너편으로 건너가려면 우선 "살얼음"을 밀어내야 하는데, "살얼음을 밀어낼 때"면 "뿌리들이 발목을 휘감고 물고기들이 뒤집힌 접시처럼 떠다"니는 이곳에서 건너편으로의 이동이란 그리 순탄치 않은 일인 듯하다. 이 건너는 일의 불가능은 계속해서 저수지의 건너편을 만들어낸다. 정지된 라디오 속 "디제이의 목소리"와

"공장""흰 빵 가득 바구니가 든 케이지"와, "케이지를 둘러싸고 흰 빵 사용법을 고민하는 사람들"은 모두, 저수지의 건너편에 있는 것이다.

그런데, "모든 것은 건너편에 있다"는 화자의 목소리는 그 어조를 분간해내기 힘들다. 이것은 이동의 갈망과 그 불가능으로부터 비롯되는 체념의 목소리일까. 그러니까 정지된 것들만이 존재하는 이곳을 떠나 모든 것이 (이미) 존재한다는 저수지의 건너편으로 그는 정말 이동하고 싶은 것일까. 발목을 휘감아 오는 뿌리들을, 배를 내밀고 뒤집어지는 물고기들을 원망하며 그는 건너편으로의 도착을 간절하게 소망하고 있다고 말할 수 있을지 우리는 확신할 수 없다.

몰려드는 먹구름; 4배속 되감기
동시에 32배속 빨리 감기 같은

그것은 화자가 계속해서 저수지의 '이편'에서 일어나는 일들에 휘말리기 때문이다. 몰려드는 먹구름처럼 일어나는 일은 "4배속 되감기" 혹은 "32배속 빨리 감기 같은" 것이다. 그는 밤새 돌아가는 "컨베이어 벨트"와 "걸음마다 물푸레나무가 솟아"나는 막다른 저수지 앞에서 비로소 '중간'을, 밤새 돌아가는 반복에 불과했던 '중간'으로까지의 지난 삶을 마주한다. 바르트의 말에 따르면, 필멸성의 인지와 같은 의미일 이러한 '자각' 앞에서 그는 자신에게 작동하고 있는 시간의 의미를 헤아리게 되는 것이다. 이때 가장 먼 건너편에 있는 그것, 감히 건너감을 상상하는 일조차 버겁게 만드는 그것은 건너편에만 놓여 있어 나의 손에 닿지 않을 무엇이 아니다. 오히려 미지에 가까운 그것은 저수지로 오기까지 분명하게 존재했던 지난 시간의 '나'이다. 4배속으로 되감기 혹은 32배속의 빨리 감기 속에서 '타자'에 가까운 무엇이 되는 것은 그 시간을 실제로 살아갔던 과거의 '나'인 것이다.

"나의 문제는 결국 내가 내 과거의 삶에 접근할 수 없다고 생각한다는 점입니다. 나의 과거 삶은 안개 속에 있다는 것, 즉 강도가 약하다는 것입니다. (이조차 없다면 글쓰기도 없습니다.) 강도가 높은 것은 바로 현재의 삶입니다. 글쓰기 욕망과 구조적으로 혼합된 현재의 삶 말입니다. (거기에 비로소 나의 소여가 있습니다.)"(51쪽)

마치 안개 속에 있는 것처럼, 약한 강도로 접근되는 나의 과거 삶은 현재 나의 삶의 높은 강도 때문에 실재했던 것과는 무관한 '기억' 혹은 '환상'으로만 작동한다. 현재의 화자가 두 발을 딛고 서 있는 "저수지"라는 공간의 압도적 존재감. 정지된 라디오의 광고를, 디제이의 목소리를 이어 듣기 위해 이곳을 건너가고 싶다는 욕망. 그러므로 모든 것은 건너편에 있다고 말해야만 한다는 강박. 이 강도 높은 현재의 삶이 과거의 '나'를 타자화한다. 저수지 앞에 서 있던 화자가 스스로를 돌연 "그"로 지칭하는 이유이기도 하다.

만약 "저수지"라는 동요 이후의 변화와 동요에 부여될 어떤 내용이 '글쓰기 – 삶의 발견'이라고 할 수 있다면, 과거와 관계하는 이 약한 강도를 외면할 때 글쓰기, 즉 저수지 이후 역시 있을 수 없다는 이 말은 그에게 진실이기를 넘어 다급한 요청이 된다. 나는 되감기와 빨리 감기 속에서 "그"에 관해 정의 내리기 시작한다.

> 그는 아이들에게 뒤처져버린 오리 튜브였고 어쩌면 소리 없이 열고 닫히는 캐스터네츠였다

> (……)

> 그는 보름달물해파리였다; 살얼음이 만들어낸 오르골 소리에 맞춰 돌아가는 물의 모빌

그가 헤아려보는 지난 "그"는 "아이들에게 뒤처져버린 오리 튜브"였으나, "어쩌면 소리 없이 열고 닫히는 캐스터네츠"였을 수도 있다. 아닌가. 그는 "보름달물해파리였"던가. 혹은 "살얼음이 만들어낸 오르골 소리", 아니 그 "소리에 맞춰 돌아가는 물의 모빌"이었나. 이토록 "온 도시가 그를 중계"하는 중에도 그가 지난 "그"에 관해 내리는 정의는 "그에 관해 들어본 적 있는 것 같다"는 어설픈 느낌으로만 존재한다. 그래서인지 자꾸만 "내가 짜온 이야기는 예상치 못한 방향으로"만 흘러가고, "살얼음을 건져" 다양해진 "비행기의 경로"로 건너편에 도달할 수 있다는 믿음은 갈수

록 희미해진다. 하지만 착각일까. 예상치 못한 방향으로 흘러가던
"내가 짜온 이야기"가 건너편으로 갈 수 있는 비행기의 경로조차
축소하고, 비행기의 경로가 축소될수록, 아이러니하게도 저수지
'이편'의 공간이 확장되는 듯한 기분은.

'변화'를 이행하는 것, 이곳 가로막힌 저수지 앞에서 가로막힌
'삶-동요'에 어떤 '내용'을 부여하는 것은 건너편에서 일어날 수
있는 일이 아니다. 그것은 이곳, 라디오가 정지된 저수지의 '이편'
에서 일어나야 할 일이다.

> 심해 오징어의 촉수는 사냥용이 아니라 수영용이래요
> 그는 라디오에게 배운 문장과 함께 저수지를 맴돌고 있다 살
> 얼음을 질질 거느리고 그는 저수지의 저수지를 만들고 있다

건너편 라디오에서 흘러나올 광고 음악에 귀 기울일 수는 없
어도, 그에게는 라디오로부터 배워둔 문장이 있다. "심해 오징어
의 촉수는 사냥용이 아니라 수영용이래요" 라디오의 마지막 말인
지, 마지막 이전의 말인지 모를 그 문장을 짊어지고 그는 "저수지
의 저수지를" 만들고, 저수지 주변을 맴돈다. 더 이상 그는 살얼음
을 밀어내지 않는다. "살얼음을 질질 거느리"며 저수지를 한없이
만들어내던 그가 "모든 것은 건너편에 있다"고 다시 말할 때, 이
저수지에서 내내 반복되던 그 음성은 저수지의 끝에 있을 "당연히
삶" "삶의 감각, 실존의 감정"(97쪽)을 머금은 것이 된다. 정지된

라디오를 대신해 이제 이 저수지에는 그의 "살얼음 낀 목소리"가 울리는 것이다.

사방이 아득한 저수지 앞에서 '중간'을 마주하는 그를 통해서야 우리는 "저수지로 떠나오기 전부터 빌딩과 빌딩 사이를 첨벙 첨벙 뛰어다니고 있었"던, 우리의 "사향노루"를, 즉 생동하는 우리 삶의 모습을 떠올린다.

롤랑 바르트 개인의 '삶의 중간'에 개입했던 '사건', 즉 필멸할 존재로서의 자신과 권태와 반복으로서의 지난 삶을 자각하게 했던 그 사건은 그가 가장 사랑했던 이의 죽음이었다. 인생에서의 강렬한 고통과 권태는 등가의 법칙처럼 내 삶에 언제나 나란한 모습으로, 나란한 간격으로 출현하는 면이 있다. 그럴 때 우리는 '중간'보다 '끝'을 말하는 일에 더 익숙하다. 현재를 살아내고 있다는 우리의 힘겨운 감각이 막다른 저수지 앞에서 '중간'의 자각이 될 수 있기를, '중간'에의 자각이 여기까지 살아왔다는 감격으로 전환될 수 있기를, 건너편의 라디오 디제이의 목소리보다 이편의 살얼음 낀 목소리를 힘주어 발음할 수 있기를, 내가 사랑하는 사람들이 조금은 낯 뜨거운 이 마음을 자주 품게 되기를 바라는 날들이다. 캄캄하고 고요한 저수지 앞에서 "모든 것은 건너편에 있다"고 말하는 한 사람의 뒷모습을 떠올리면서.


※ 박지일 시인의 시는 『문장 웹진』 2020년 7월호에서 가져왔다.

## Beauty and Terror

시 한여진

글 조대한

우리는 당신에게 닥칠 수 있는 불행의 종류를 떠올리며
살았다

하루는 촛불과도 같아서
책장을 넘기는 일에도
낮은 기침 소리에도 흔들리고
견디다 못한 초가 넘어져
불길이 솟구치고 재가 되고
하룻밤 자고 나면 아무것도
남아 있지 않던 날들이었다

뒷마당의 붓꽃
하얀 떡과 친절한 안부인사는
더 이상 없었다

안방과 거리와 찻집 어디에든
당신의 눈과 귀가 있어서
우리는 우리를 닫았다

그래도 누군가는 매일 쓰러지고 다시 일어나지 못하고
어떻게든 당신을 피해 살자 살아서 만나자 결심하지만 번지
는 불길 앞에서 우리는 곧 재가 될 사람들

올해는 마을의 큰 은행나무에 열매가 열리지 않았다고
했다 집 나간 가축들이 돌아오지 않았고 뒷산에는 늑대 울
음소리 하나 들리지 않았다 바다는 깊음을 들판은 넓음을
잃어버렸고 집들은 버려져 영영 오지 않을 이들을 기다리고
있었다 아주 먼 훗날

자 여기 이런 것이 있었다, 라고 우리 이후의 사람들이
말하겠지만

그런 결말이라도 당신과는 나누지 않겠다는 생각

우리의 몸은
당신에게 있지만

우리의 마음은
당신에게 있지 않아서

그런 우리는 오늘을 가만히, 조용히 견디는 사람들. 누군가가 끌려가고 사라져도 아직 무수히 많은 우리는 당신의 발밑에서 그저 오늘을 살고자 하는 사람들.

그래도 그의 머리를 내리쳐선 안 된다는 생각

터진 그의 머리에서 붉은 피 콸콸 넘치고 검은 생각 스멀스멀 기어나와도 그걸 밟고 일어선 우리가 드디어 허공에 손목 마음껏 흔들며 터져나오는 웃음 어쩌지 못해도 그래선 안 된다는 생각

하지만 결국 그리될 거라는 생각

당신은 당신의 결말을 향해, 우리는 우리의 결말을 향해. 하지만 우리는 무수히 많은 재, 공기 중에 흩어지고 흩어져도 어딘가에 들러붙어 까만 얼룩을 남기는 존재들, 우리

는 끝나지 않고. 우리는 번져서. 우리의 흔적으로 기어코 산
다

　　우리의 불행은
　　우리의 힘

　　당신의 불행은
　　당신의 끝

　　그걸 당신만 모르고 있다는 생각

§

　　단순하고 안정되어 보이는 분할들이 있다. 선과 악, 미와 추,
진실과 거짓 등과 같은 이분법적 알레고리들이다. 그것이 우리에
게 어떤 안도감을 주는 이유는 양쪽이 비슷한 무게의 하중을 견
뎌내는 개념들이기 때문이기도 하고, 두 영역이 공통 지반이 없는
별개의 공간으로 명확히 구분되어 있기 때문이기도 하다. 언뜻 이
시편 역시 그러한 안정적인 구도와 분할에 기대고 있는 것만 같
다. 특히 작품 내 "우리"와 "당신"의 구분선은 너무나도 명료해 보

인다. "안방과 거리와 찻집 어디에든" "눈과 귀가 있"는 당신은 우리를 감시하고 통제하며 모종의 억압을 행사하는 존재인 듯하다. 우리는 "어떻게든 당신을 피해" 다니며 "오늘을 가만히," 그리고 "조용히 견디는 사람들"이다. 우리는 "당신에게 닥칠 수 있는 불행의 종류를 떠올리며" 당신이 완전히 소거될 그날의 결말을 기다리며 살아가는 존재들이다.

　'Beauty and Terror'라는 시의 제목은 이러한 양분 구조를 더욱 공고히 하는 듯하다. 강압과 폭력을 통해 두려움을 만들어내는 당신에게, 우리는 당장 움츠러들겠지만 끝내 순응하진 않는 것 같다. "우리의 몸은 / 당신에게 있지만 // 우리의 마음은 / 당신에게 있지 않"다. 언젠가 "아주 먼 훗날" 이 고된 시간의 결말이 찾아올 때 당신은 비참하게 끝날 것이고, 사라질 당신과 달리 "우리는 끝나지 않고" "우리의 흔적으로 기어코" 살아남아 결국 승리할 것이다. 이러한 관점에서 보면 억압에 굴하지 않는 정신, 작은 존재들의 연대, 미래에 성취할 시간, 숭고한 대의와 윤리적 아름다움은 모두 우리의 몫인 것인 것만 같다. 하지만 이 같은 이중적 구도는 그것이 잘못된 구분이어서가 아니라 너무나도 투명하고 안정적으로 이 시를 떠받치고 있어서 도리어 우리에게 어떤 질문을 남기는 것 같다. 건축 구조물이 자아 이미지를 구성하는 해석적 작업이라는 유하니 팔라스마의 말을 빌려본다면, 이 같은 안정적 구조의 독해는 우리와 저들을 구분하려는 어떤 인식적인 관성에 기대고 있는 것은 아닐까.

실제 인터뷰를 진행하는 동안 우리의 질문은 그렇게 명료하게 양분된 구도를 향해 있었던 것 같다. 첫 번째 커다란 질문은 동질화된 우리에 관한 것이었다. 이 시편에 표현된 것처럼 언젠가 종결을 맞은 당신의 "머리에서 붉은 피 콸콸 넘치고 검은 생각 스멀스멀 기어나"오는 장면을 떠올릴 때, 우리 안에는 "그래선 안 된다는 생각"과 그럼에도 승리의 기쁨으로 어찌할 수 없이 "터져나오는 웃음"이 공존하는 듯하다. 우리 안의 폭력성이 당신이라는 가상의 대의에 휩싸여 손쉬운 아름다움으로 대체되고 있는 것은 아닌가 하는 의심들, 분할된 내부의 고민들을 표백한 채 우리를 실로 '우리'라는 이름으로 간단히 묶어낼 수 있는 것인가 하는 질문들을 계속 붙잡고 있었다. 이 시편뿐만 아니라 다른 지면에 실렸던 「세대」 「미선언니」 「솥」 등의 작품을 경유하며 동질화된 '우리'와 '여성'을 겹쳐 읽어보려 했다.

또 하나의 범박한 질문은 명확히 선악으로 구분된 현재와 과거의 시간에 관한 것이었다. 「Beauty and Terror」를 어느 과거 시점에서 발화된 이야기로 바라본다면, 당신이 끝난 이후 찾아왔어야 하는 유토피아적 형상들, "이후의 사람들"에게 기대했던 "먼 훗날"의 가능성들이 과연 지금 모두 발현되었는가 하는 시차적인 질문을 던져볼 수도 있을 듯싶다. 이 작품과 한 쌍을 이루는 「세대」라는 시편에서 표현된 바와 같이 지금의 우리가 과거의 시간을 잡아먹고 성장한 존재들이라고 말할 수 있다면, 그 시절의 시간은 우리가 발 딛고 선 디딤돌이기도 하지만 끝내 소거해버린 잠재태들이기도 할 것이다. 그 억압과 지탱의 이중적 하중 속에서 과거의 시간과 당신의 세대를 바라봐야 한다는 대화 또한 나눴던 것 같다.

이 짧은 리뷰에 미처 다 언급하지 못한 다채로운 논의들은 최가은 평론가, 한여진 시인과 함께한 인터뷰에 실려 있다. 해당 시편이 지니고 있는 색채와 문장의 구조, 시와 정치, 메시지로서의 페미니즘 시와 그에 관한 시적 돌파구 등에 대해 긴 이야기를 나눴음을 미리 밝힌다. 그 이야기들이 'Beauty and Terror'라는 시의 제목처럼 어느 한쪽으로 손쉽게 기울지 않으며 둘 사이에 오래 머무는 질문이 되기를 소망해본다.

※ 한여진 시인의 시는 『문학동네』 2020년 가을호에서 가져왔다.

# 한여진
## : 우리와 당신 사이에서

**일시**  2020년 11월 27일 금요일
**장소**  서교동 조나단의 하늘
**참여자**  조대한, 최가은, 한여진


**조대한**  안녕하세요, 한여진 시인님. 반갑습니다.

**한여진**  두 분 만나 뵙게 되어 매우 기쁩니다. 불러주셔서 감사합니다.

**최가은**  오늘 직장에서 오시는 길이라고 들었어요. 먼 길 오시느라 고생하셨고, 이렇게 만나 뵙게 되어 저희 역시 무척 반갑습니다.

**한여진**  이쪽은 그리 멀지 않은걸요. (웃음) 저는 야근이 잦은 직장인이라 평일에는 주로 직장과 직장 근처에만 있고, 주말에 가끔 친구들을 만나러 합정 쪽으로 나와요. 오늘 오랜만에 나들이 나오는 느낌도 들고, 무엇보다 두 분과 시 이야기를 나누러 온 것이어서 무척 기대되고 설레는 마음입니다.

**조대한**   그러게요. 저희도 오늘은 사정상 평소와는 다른 장소에서 진행하게 되어 신선한 기분인데요. 시인님이 어여쁜 디저트와 선물들까지 사다 주셔서 더욱 설레는 마음입니다. 사실 인터뷰가 조금 더 일찍 진행되었어야 했는데, 최근 코로나19 확진자 수가 증가하면서 일정 조정과 인터뷰 장소 물색에 다소 어려움이 있었어요. 어쨌든 이런 멋진 곳에서 오붓하게 이야기를 나눌 수 있게 되어 기쁘기 그지없습니다.

**최가은**   저희 둘 다 한여진 시인의 작품에 대해서는 항상 관심이 있지만, 특히 대한 씨가 굉장한 팬이기도 합니다. 첫 발표작들로 리뷰를 벌써 두 번이나 쓰셨죠?

**조대한**   네, 맞습니다. (웃음) 「검은 절 하얀 꿈」과 「흰」이었던 것으로 기억해요. 그래서인지 오늘 인터뷰가 유독 기대됩니다.

**한여진**   정말 감사합니다. 저 역시 평소 '시로'에 관심이 매우 많은데요. 두 분이 꼭 오래도록 활동을 지속해주십사 당부드릴 말씀도 준비해왔답니다. 마지막에 꼭 공식 질문을 던져주시잖아요?

(웃음) 저는 사실 학부에서 건축공학을 전공했고, 현재 직장에서도 건축 관련 일을 하고 있는데요. 그래서인지 주변에 문학을 하는 분들이 그리 많은 편은 아니에요. 물론 창작과 퇴고와 시에 관한 이야기들을 밤새도록 나눌 수 있는 글 쓰는 친구들이 있긴 하지만, 시를 발표하고 나서 그에 대한 반응을 가늠할 기회가 많은 편은 아닌 듯해요. 활동을 시작한 지 얼마 안 되기도 했고요. 두 분께 연락을 받고 나서 정말 기쁜 마음이었습니다. 다시 한번 감사합니다.

**최가은**    인터뷰에 응해주셔서 저희야말로 정말 감사합니다. 건축공학을 전공했다고 하셨는데, 혹시 처음 시를 쓰게 되신 경위에 대해 여쭤볼 수 있을까요?

**한여진**    아, 학부 때 뭔지도 모르고 썼던 글이 너무나 감사하게도 문학상을 타게 되었어요. 하지만 그 이후 본격적으로 시를 쓰게 된 것은 직장인이 되고 난 이후였습니다.

**조대한**    오, 그러셨군요. 그러면 직장을 다니면서 꾸준히 시를 써오셨던 건가요?

**한여진**    사회생활을 하면서 실로 어찌할 수 없는 감정들, 도무지 어떻게 해야 좋을지 모를 마음들이 많이 생겨났고, 그런 순간을 담아두었다가 시의 언어로 풀어낸 것 같아요.

**조대한**  사회생활과 그런 마음을 나란히 두셨다니 뭔가 슬프네요.

**한여진**  (웃음) 많은 직장인분들은 공감하시겠지만, 먹고사는 일에 치이다 보면 '나'에 관해서 이야기할 기회가 거의 없어지는 것 같아요. 늘 얇은 막을 얼굴 위에 얹고 사는 기분이랄까요. 저는 연차가 쌓일수록 스스로가 도토리묵 같다는 느낌이 들 때가 많은데요. 도토리묵을 실온에 내놓으면, 그 안은 여전히 뜨끈뜨끈하고 말랑말랑한데 표면은 급작스럽게 말라버리잖아요. 표면이 일종의 막이 되어 전체를 고정해버리지요. 그 단절된 층을 통해 안과 밖이 급작스럽게 구분되는 것처럼, 직장인으로서의 제 삶에도 그렇게 외부에 노출되어 있는 막이나 층이 존재한다고 생각할 때가 있어요. 그 얇은 막이 바깥의 자극들로부터 저를 무감하게 만들기도 하고요. 그렇지만 여전히 남아 있는 말랑말랑한 마음에 닿기 위해 어떤 돌파구가 필요할 때, 저는 시의 언어를 매만지는 일로 나아갔던 것 같아요.

**조대한**  무감해지기 위한 '막'이라니요……. 너무 아릿하고 쓸쓸한 표현이네요. 가은 씨와 제가 현재 일반적인 직장 생활을 하고 있지 않기도 하지만, 특히나 건축학을 전공하시고 그와 관련된 업무를 보신다고 하니 구체적으로 가늠이 안 되는 느낌입니다.

**한여진**  정확히 말하면 저는 건축공학을 전공했습니다. 건축학이 건축설계, 디자인에 대한 학문이라면 건축공학은 이를 실제로 구현해내는 공학적인 학문입니다. 현장에서 어떤 구조로 건물을 올릴 것인지, 또 어떤 재료들을 써야 안전하고 환경적인지 등에 관한 연구와 관련 업무를 합니다.

**조대한**  그러면 현장에 직접 나가시기도 하는 건가요?

**한여진**  네. 지금 직장에서는 주로 사무실에서 업무를 보지만 이전에는 공사 현장에서 일했어요. 안전모와 각반을 쓰고요. (웃음)

**최가은**  '공사 현장'이라고 하면 사실 남성적인 공간이라는 이미지가 있잖아요.

**한여진**  맞아요, 실제로 여자 화장실이 없는 경우도 있답니다. (웃음) 대체로 중장년의 남성분들이 활동하는 공간이지요. 오늘 준비해주신 질문들과 연결되는 이야기이기도 할 텐데요. 그래서인지 저는 늘 경계에 서 있는 사람이라는 생각을 해왔어요. 제가 여성으로서 화장실조차 편히 갈 수 없는 '현장'의 언어는 지금 우리 입장에서 다소 폭력적으로 느껴지는 말들이 일상화된 공간이기도 해요. 하지만 그에 대해 손쉽게 '악'이라고 단정할 수는 없다는 생각이 들어요. 차라리 그 현장은 '언어'가 완전히 다른 공간에 가까운 것 같아요. 그렇게 전혀 다른 층위의 언어를 사용하는 공간과 집단이 있다는 것을 늘 체감하며 지내는 편이에요. 경계를 감히 가늠할 수도 없을 정도의 다른 언어들이 있고, 또 그 사이에서 실제로 우리가 살아가고 있다는 것을 자주 느끼게 되는 것이죠. '경계'에 대한 저의 이런 개별적인 체험과 의식이 자연스레 사회적인 고민으로 확장되는 것 같기도 하고요.

**조대한**  다른 '언어'에 대한 말씀이 굉장히 인상 깊은데요. 사실 오늘 저희가 다룰 시 「Beauty and Terror」도 이와 관련해 중요하게 나눌 이야기들이 있다고 생각해요.

**한여진**  네, 사실 「Beauty and Terror」의 경우 자칫 이분법적인 세계관으로만 보일 여지가 있어서 쓰면서도 걱정했어요. (웃음) 해석이 확장될 수 있을까, 유치하게 읽히지는 않을까에 대한 고민도 들었고요. 그럼에도 불구하고 이 시를 발표해야겠다고 마음먹은 이유는 저희가 방금 나눈 이야기들을 포함하여, 최근에 일어난 여러 사건과 그에 관한 제 고민이 이 작품에 담겨 있기 때문입니다. 하고 싶은 이야기를 할 수 있고 그것을 누군가는 보아준다는 일이 무척 고마운 기회라는 생각을 동시에 하면서요.

**최가은** '유치하다'라는 말씀은 사실 겸손한 표현인 것 같고요. 시가 지닌 '직접성'에 대해 언급해주신 거라고 생각해요. 시 한 편을 다루는 인터뷰이니 「Beauty and Terror」에 집중할 테지만, 말씀하신 부분들이 최근 발표하신 작품들에서 연속적으로 발화되고 있다는 점을 배제하고서 이야기를 진행할 수는 없을 것 같아요.

**조대한** 가은 씨가 말씀해주신 연속적인 발화 이야기를 조금 더 확장하자면, 이 시가 실린 문예지 기획의 특성과 연결해볼 지점도 있을 것 같아요. 『문학동네』 2020년 가을호 기획이 일종의 '세대론'에 관한 것이었지요. 우연하게도 「Beauty and Terror」와 함께 실린 시의 제목이 「세대」였고, 또 최근 이야기되는 세대론이 젠더의 요소를 중요한 개입 요인으로 상정하는 측면도 있기 때문에, 이 시를 그러한 맥락에서 읽어본다면 더욱 풍성한 이야기를 할 수 있겠다는 생각이 들었어요. 그 특집은 시 비평에 한해 기획되었고, '포스트 뉴웨이브'를 키워드로 하고 있는데요. 여기 실린 다섯 편의 글 모두 저는 흥미롭게 읽었지만, 오늘 다룰 시편과 관련하여 저와 가은 씨가 집중해서 이야기를 나눴던 것은 민경환 평론가의 글이었습니다. 이 글은 '시와 정치'에 관해 한국문학사가 고민했던 어떤 지점에 대한 재고를 촉구하고 있는데요. 단순화하긴 다소 송구스러우나, 어쨌든 해당 글의 핵심적 문제의식은 당시의 문학 담론이 시와 정치를 성급히 통합했다는 것이었어요. 실제로는 양쪽 어느 하나에도 정확히 들어맞지 않을 수밖에 없음에도 불구하고, 그렇기에 더욱 오래 기다려야만 했던 질문들을 서둘러 '시에 의한 정치'를 선언함으로써 은폐시키고 말았다는 것이 논자의 주장인데요. 시적인 세대론을 다시 섬세히 논의하고 있는 이 최근의 작업들에, 「Beauty and Terror」에서 중요하게 사유되는 '우리'와 '당신', 'beauty'와 'terror' 나아가 '언어'에 대한 이야기들을 겹치면 흥미롭게 맞닿을 지점이 많다고 생각했습니다.

**최가은**  맞아요. 시적 담론 내에서 '세대론'이라고 하는 것을 단순한 단절 욕구 혹은 계승의 욕구로 말할 수 없는 지점에 대해서 함께 이야기를 나눠볼 수 있겠다고 생각했어요. 말씀하신 김에, 오늘은 대한 씨의 최애 구절로부터 논의를 시작하는 것은 어떨까요?

**조대한**  좋습니다. 제가 고른 구절은 "당신은 당신의 결말을 향해, 우리는 우리의 결말을 향해"입니다. 이 시를 읽고 제게 가장 먼저 다가온 것은 '앎의 비대칭' '시간의 비대칭' 같은 느낌이었어요. "하지만 결국 그리될 거라는 생각"이라는 구절이랄지 "먼 훗날" "이후의 사람들"과 같은 표현들이 제가 느끼기엔 어떤 이후나 결말을 이미 알고 있는 자의 발화처럼 느껴졌어요. 당시의 관점으로 그 결말이나 최후가 우리가 바랐던 대로 이뤄지리라 예상했던 미래에 대해, 혹은 응당 처벌이 가해질 거라 믿었던 희망적인 관측에 대해 이미 그 이후의 시간을 체험해낸 주체가 과거의 믿음과 욕망을 돌아보고 있다는 상상을 하게 되더라고요. 과거에 바랐던 가능성의 형상들을 지금의 관점에서 다시 겨냥한다는 인상이랄까요.

『현대시』 2020년 11월호에 실린 시 「미선언니」의 경우에도, '미선언니'의 삶은 "언젠간 다 그랬을 것이다"라거나 "키도 작았을 것이다"라는 짐작의 형태로 발화되다가, 문득 언니에게 일어났던 일이 "벌써부터 기억나지 않는다"와 같은 말들로 완료되는데요. '-것이다'라는 추측, 혹은 선언이 빗겨 간 시차적 지점에 서 있는 화자를 생각할 수밖에 없었어요. 또 「Beauty and Terror」와 함께 실린 「세대」라는 작품을 보면, 내가 '죽인' 존재들에 대한 이야기를 하고 있는데요. '세대론'이라고 하는 것이 다소 낡은 논의의 반복처럼 보이기도 하지만, 가은 씨가 앞서 말씀해주셨듯이 그것은 단순히 과거를 계승하거나 단절하는 문제로 끝날 일이 아니라, 그 당시에 짐작했던 미지의 가능성들을, 동시에 미처 실현되지 못하고 좌절된 그 시절의 잠재성들을 현재의 관점에서 다시금 살펴보는 작업일 수도 있겠다는 생각이 들어요.

**한여진**   저의 시를 그렇게 읽어주셔서 정말로 감사해요. 말씀하신 것들을 염두에 두었던 것 같아요. 「Beauty and Terror」의 경우에도, 그리고 「미선언니」의 경우에도 제가 깊게 천착한 것은 우리가 '그들'의 결말을 과연 알 수 있는가, 우리와 그들의 미래에 대해 단언할 수 있는가 하는 의심이었습니다. 「Beauty and Terror」에서 부정적으로 그려진 '당신'의 미래와 「미선언니」에서 약자로 등장한 '미선언니'의 미래가 우리가 응당 그래야만 한다는 결말로, 우리가 예상하는 미래로 나아갈 수 있을까, 아니 그래야 한다고 말할 수 있을까. 저는 그 결말은 모르는 일이라는 말을 하면서도, 무엇보다 그러한 내일을 살아가기 위해 당장 오늘은 잠에 드는 하루의 이야기를 하고 싶었어요.

    '세대'라는 것에 관해서도 두 분의 의견에 깊이 공감합니다. 그것이 과연 분절과 분절, 혹은 연속과 연속으로 이루어진 분명한 무엇일까 하는 의구심이 제겐 늘 있는데요. 사실 「세대」는 저의 첫 발표작 중 「솥」이라는 시와 세계관이 이어지는 면이 있어요. 결국에 '고모' '할머니' 등 이전 세대의 여성들을 내가 죽일 수밖에 없더라도, 그리고 죽여야만 한다고 하더라도 그런 그들을 우리는 다시 살아갈 수밖에 없는 것이죠. 동시에 다시 살아내야 한다는 이유로 그들이 전부 '나'처럼 느껴진다고 하더라도, 그 결말을 희망찬 계승의 장으로 손쉽게 단언할 수는 없을 것 같아요. 이 시에서는 내가 죽인 고모와 할머니가 등장해 "네가 죽다니, 우리는 널 절대 그렇게 두지 않을 거란다"라는 말을 하기도 하는데, 그것이 마냥 긍정적인 응원의 말은 아닐 수 있다는 것이죠. 저라면 무섭기도 할 것 같아요.


**조대한**　「솥」에 대한 이야기는 오늘 다루는 시편들을 읽으며 가은 씨가 여러 번 말씀을 꺼내시기도 했는데요. 「솥」과 「세대」와 이어진 세계관의 작품들이라면 함께 더 이야기해볼 수도 있지 않을까요?

**최가은** 사실 언급해주신 "네가 죽다니, 우리는 널 절대 그렇게 두지 않을 거란다"라는 「세대」의 한 구절을 저 역시 두 가지 층위에서 받아들이게 되었어요. 그것은 「Beauty and Terror」와 「세대」를 나란히 읽으면서 발생한 효과라고 생각해요. 일단 방금 두 분이 나누신 이야기들을 먼저 정리해볼 필요가 있을 것 같아요.

말씀해주신 것처럼, 우리가 보기에 이 세상의 '선'과 '악'은 분명한 것처럼 보이기도 합니다. 특히 무엇이 '올바른' 것인가에 대한 이야기가 매우 자주 언급되고 있는 요즘에는 더욱 그러하다고 생각해요. 「Beauty and Terror」의 화자가 과연 '악'은 악에 해당하는, '선'은 선에 해당하는 결말을 갖게 될 것인가 하는 질문을 할 때, 대한 씨의 지적처럼 그것을 전부 다 지켜본 주체가 내어놓는 발화는 그 현재성의 흥분에 사로잡혀 있지 않고, 약간의 거리를 두고 있어요. 시인님은 「Beauty and Terror」에 대해 '직접성'을 거론해주셨지만, 그러한 거리 때문에 시가 직접적이거나 노골적으로 다가오지만은 않았던 것 같아요. 이 지점들에 대해 오늘 많은 논의를 해보고 싶었고 결국 이어지는 이야기이기도 하니까, 저의 최애 구절을 언급하며 이어가볼까요?

**조대한** 네, 좋습니다.

**최가은**  저는 "그래도 그의 머리를 내리쳐선 안 된다는 생각"이라는 구절이 가장 걸리는 지점이었습니다. 이 구절은 나란히 이어지는 구절 때문에 다른 생각의 변주들처럼 읽히기도 하는데요. 가령 "그래도 그의 머리를 내리쳐선 안 된다는 생각"은 "터진 그의 머리에서 붉은 피 콸콸 넘치고 검은 생각 스멀스멀 기어나와도 그걸 밟고 일어선 우리가 드디어 허공에 손목 마음껏 흔들며 터져 나오는 웃음 어쩌지 못해도 그래선 안 된다는 생각"으로, 나아가 "하지만 결국 그리될 거라는 생각"으로 이어지잖아요.

이 구절을 읽고 저는 제목을 다시 보게 되었어요. 그러면서 'beauty and terror'라는 의미가 다르게 다가왔는데요. 만약 이게, 'beauty and ugliness'(웃음) 정도였다면 등위접속사를 통해 나란히 배치된 이 단어들을 이분법의 틀 바깥에서 사유할 가능성이 일찍부터 있었을 것 같아요. 하지만 'terror'는 무척이나 어감이 강한 표현이고 폭력의 상징이 되는 단어이기도 해서, 말씀하신 것처럼 처음에는 다소 이분법적으로, 즉 '선'과 '악'을, '우리'와 '당신'을 조금 단순하게 놓고 읽었던 면도 있었던 듯해요. 그런데 이 연속된 구절들을 거치면서 이런 질문을 하게 되더라고요. 이 '테러'가 혹시 '당신'이 아닌 '우리'에 속하는 것은 아닐까.

**한여진**  (웃음) 맞습니다.

**최가은**  사실 개인적으로는 독법에 있어 여러 겹의 전환을 거치기도 했는데요. 'terror'라는 단어의 이미지는 대체로 폭력에 가까운 것으로 읽히지만, 이 테러의 주체를 '저항의 주체'로, 다시 이 저항의 주체를 '우리'로 전제할 때, 우리는 그것을 '실천'으로 의미화하기도 합니다. 우리 안의 폭력성을 전혀 의심하지 않은 채로요. 그런데 아무리 극악무도한 '당신'이라고 할지라도 그의 머리를 내리칠 때면 그로부터도 "붉은 피"가 흐를 것이고, 아무리 "붉은 피"가 흐른다 할지라도, 그 머리에서 스멀스멀 기어 나오는 것은 결국 "검은 생각"일 뿐이라고 할 때, "그래선 안 된다는 생각", 그리고 한 번 더 뒤집어 "결국 그리될 거라는 생각"으로 나아가며 이 시적 화자는 그 '우리' 안의 'beauty'와 'terror'에 대해 더 깊이 고민하고 있다는 생각이 들었어요.

저 역시 개인적으로 요즘 가장 의심하고 있는 단어는 '우리'인데요. 여기서 '당신'보다도 '우리'를 의심하게 된 경위는 그러한 최근의 제 고민과 맞닿아 있는 것이고, 그래서 "우리의 불행은 / 우리의 힘 // 당신의 불행은 / 당신의 끝"이라는 맨 마지막 구절에서도 단순한 메시지로서의 울림 이상을 전해 받았던 것 같아요.

**한여진** 무척 공감되면서도 인상 깊은 이야기네요. 더불어 그러한 관점이 「세대」와 이어졌다고 하니 더욱 흥미롭기도 하고요.

**최가은** '치마'와 '레이스'를 죽인 것도 나지만, '엄마'와 '언니' '여자들'을 죽인 것도 '나'인 「세대」에서, 실제로는 '당신'의 폭력성에 가깝지만 '우리'라는 언어로 배치된 '나'를 떠올리게 되었습니다. 아까 말씀하셨던 "네가 죽다니, 우리는 널 절대 그렇게 두지 않을 거란다"라는 구절이 내가 '죽인' 할머니와 고모가 나타나서 내게 하는 말이라는 점은 나를 살리고 싶다는 그들의 소망으로 읽힌다기보다, '선과 악'의 이분법적 착각 속에서 이 굴레를 그대로 되돌려주고 싶다는 섬뜩한 저주처럼 읽히기도 했어요. 그래서 저는 한여진 시인이 이 두 편의 시를 통해, 그리고 『현대시』 2020년 11월호에 발표하신 「미선언니」를 통해 겨냥하고 싶었던 것은 '당신'이 아닌 '우리'가 아닐까 하는 생각까지 했던 것 같아요.

**한여진** 제가 평소에 고민하고 있던 지점을 정확하게 말씀해주셔서 놀랍습니다. 아무래도 최근에 '우리'가 놓인 지점과 그로부터 이어지는 고민들의 양상이 유사하기 때문이 아닐까 하는 생각도 하게 되는데요. '나'에게는 'beauty'와 'terror'가 공존한다는 것을 다들 어느 정도 의식하고 있지만, 그것이 '우리'라는 이름으로 내세워질 땐 쉽게 잊히는 측면이 있는 것 같아요. 또한 내게 엄청난 폭력을 행사하거나 트라우마를 안긴 이들은 손쉽게 반대편 '악'의 자리로 배치됩니다. 그러면 그의 머리를 내리치는 상상을 실제로 하게 되기도 하죠. (웃음) 저도 그렇게 생각한 적이 있고요. 그런 상상의 과정에서 가은 씨가 짚어주신 구절들의 변주가 실제로 제 마음속에서 동시적으로 수백 번 반복되기도 했어요. 그것을 말하는 것이 중요하다고 생각했고요.

**최가은**  아까 시인님이 지적해주셨던 '이미 다른 언어'에 대한 고민을 충분히 하지 않고 이루어지는 실천은 때로는 실천보다 테러에 가까워지기도 한다는 것을 쉽게 잊어버리는 것 같아요.

**한여진**  물론 '나'와 '우리' 안에 'beauty'와 'terror'를 공존하게 한 것은 '당신'이라는 실체일 수도 있겠죠. 하지만 그것에 몰두할 때 필요한 질문들이 소거될 수 있다는 것도 사실인 듯해요. 그래서 저는 이 시에서 머리를 내리치고 싶을 만큼 나에게 엄청난 트라우마를 준 당신이지만, 그 당신이 저지른 폭력의 양상이 구체적으로 무엇인지는 적시하지 않으려고 노력했습니다. 시의 도입부가 구체적 정황을 제시하지 않고 곧바로 "우리는 당신에게 닥칠 수 있는 불행의 종류를 떠올리며 살았다"로 시작되는 것 역시 그러한 의식 때문이고요.

**조대한**  말씀해주신 동시성 때문에 'beauty' 안의 'terror'에 대해 살펴보는 것이 굉장히 중요한 일이라는 데 저도 십분 동의하지만, 쉽지 않은 일인 것도 사실입니다. 두 분이 진지하게 나누시는 말씀을 들으면서 여러 가지 생각이 드는데요. 저희가 요즘 천착하고 있는 고민들이 서로 밀접하게 닿아 있다는 생각이 들고, 오늘 이 시를 중심으로 이야기를 나누길 잘했다는 생각도 듭니다. 사실 시적 구도만 보면 이분법적 세계관에 밀착해 있는 것 같다는 생각을 할 수도 있지만, 전혀 그렇게 읽히지 않는 것은 말씀하신 문장들의 내적인 개입들 때문이기도 하고, 현재 저희가 직면해 있는 동시대적 문제들이 배경으로 떠오르기 때문이기도 한 것 같아요. 오히려 이렇게 명확한 설정, 그러니까 'beauty'와 'terror'라는 설정이 둘 사이의 경계를 위태롭게 하면서 그 분화의 지점들을 더 눈에 들어오게 하는 듯합니다.

특히 이번 「Beauty and Terror」는 한여진 시인이 이전 발표작들에서 보여주셨던 세계와 분명 연속선상에 있으면서도, 어딘가 조금은 전환을 맞이하는 부분이 있는 것처럼 보이기도 하는 시였거든요. 그것은 내부 화자의 변화일 수도 있지만, 우리가 관계하는 세계와의 연결 지점에서 발생한 분절인 것 같다는 생각도 들어요.

**한여진**  맞습니다. 시인으로서의 세계관은 주어진 것이라거나 미리 의도된 종류의 것이라기보다는, 시를 써나가면서 구성하는 쪽에 가깝다는 것이 제 입장입니다. 분명 커다란 판은 주어져 있겠지만, 낱낱의 조각들로 세부를 구성해나가는 일종의 퍼즐 같다고 해야 할까요. 그래서 대한 씨가 말씀해주신 대로 한 편 한 편의 시는, 지금 이곳을 살아가고 있는 제가 세계와 관계 맺는 각각의 형태일 수도 있어요. 그래서 꼭 지금 하고 싶은 말들, 지금 늘어놓고만 싶은 표현들을 외면할 수 없는 것이기도 하고요.

**조대한**  세계관이 일종의 퍼즐이라는 말씀이 인상적입니다. 이미 완성되어 있는 시인의 시 세계를 고고학적으로 발굴해나가는 일도 무척 즐겁지만, 동시대 시인들의 작품을 따라 읽어가며 완성되지 않은 세계를 조금씩이지만 함께 만들어나가고 있다는 즐거움도 무척이나 큰 것 같아요. 그것이 현실과 무관한 작업이 아니라는 생각도 새삼 들고요. 현실과의 연결점에서 생성되는 공통의 고민이 있다면, 그리고 그것이 창작의 과정에 개입할 수밖에 없다면 가은 씨가 최근에 하고 계신 고민들을 연결하여 이야기를 덧붙여주시는 것은 어떨까요? 사전 회의 때 이야기를 나누기도 했던 '여성'과 '우리'의 문제에 대해서요.

**최가은**    음……. 저는 '여성'과 '우리'에 대해서 몇 년 전에 가지고 있던 생각과 많이 달라진 지점이 있어요. 그 당시 동의했던 선언이나 메시지에 대해 어떤 의구심을 갖게 되는 것 같아요. 아까 이야기했던 '우리'의 범위와 경계가 도대체 어디까지인지 우리는 충분히 의심하고 있다고 믿지만, 그 의심과 믿음이 정말 가능한가 하는 생각인 것이죠. 아까 시인님이 우리가 쓰는 '언어'가 다르다는 말씀을 하셨는데요. 자라온 환경과 속해 있는 제도 등 많은 것을 '언어'라고 할 때, 서로 다른 언어를 쓰는 관계에서 선과 악을 생각만큼 명확하게 분리해낼 수 있는가 하는 의구심이 드는 거예요.

**한여진**    저도 같은 고민을 하고 있어요. 제가 하고 있는 말들에 대해 이것이 '우리'의 언어라고 생각하면 끝없는 검열을 거치게 되더라고요. 그렇기 때문에 오히려 내 안에 분명하게 존재하는 'terror'의 지점들을, '우리'로 연장되는 그 지점들을 충분히 돌아보지 못한다는 생각이 들어요.

**최가은**  살짝 언급해주신 「솥」에 관해 이야기해보고 싶어요. 작품 속에서 여성들에게 부정적인 삶을 생성하고 반복하게 만드는 것이 '솥'이라고 할 때, 그것을 깨버리지 않고 그대로 남겨두신 것이 매우 중요한 작업이라고 생각했어요. 화자가 그런 말을 하잖아요. 내가 없어져도 누군가는 이 솥에 누군가를 넣을 것이고, 누군가가 솥으로부터 또 태어날 것이라고요. 결말에 가서는 화자가 "나는 솥의 자랑일 것이다"라고 말하기도 하는데요. '솥'에서 비롯된 여자들의 비극에 대해서도 시적 화자는 '솥'을 경계로 성급히 선과 악을 상정한다거나, 솥 자체를 파괴하기 위해 '우리'의 비극을 한데로 묶기보다는 그 속에서 반복되는 '우리'를 겨냥하고 의심하고 있어요.

이 '의심'의 태도는 「검은 절 하얀 집」이나 「순무는 순무로서만」 같은 첫 발표작에서부터 나타났던 태도라고 생각해요. 주체는 자신의 '앎'을 확신하고 있는 존재지만 그가 '앎'이라고 믿는 것, '선'이라고 믿는 것의 균열을 화자를 둘러싼 주변이 폭로하고 있어요. 또한 그것에 주체가 무방비 상태로 내버려지는 정황들도 보이는데요. 순무에 대해 '박사 논문'까지 쓰려고 할 정도로 자신 있게 '앎'을 주장하던 '나'는 그 순무로 깍둑썰기를 하는 아주머니들에 의해 조롱을 당하는 것을 넘어, 그들에게 아기처럼 칭얼거리며 입을 벌리는 모습을 보이기도 하죠. '앎'의 층위에서 주체를 바닥까지 확 끌어내리는 지점들, 그러한 의심의 태도들이 한여진 시인의 시 세계에 전반적으로 나타나고, 「Beauty and Terror」나 「솥」, 혹은 「세대」나 「미선언니」에서처럼 '여성들'이라는 요인들이 부각될 때 그 앎에의 의심이 '우리'라는 언어에 대한 의심으로 전환되면서 그것을 똑바로 바라볼 수 있게 하는 지점이 있는 것 같아요.

**한여진**　말씀하신 시들은 첫 발표작으로, 제가 딛고 있는 이 세계에 대한 의심이 지배적인 정서로 표현된 작품들이 맞아요. 그 의심이 현재로서 '우리'라는 것을 향해 가는 것으로 읽힌다고 한다면, 그 역시 최근의 제 고민과 연결되어 드러나게 된 부분인 것 같아요.

**조대한**　「솥」의 깍둑썰기를 하는 아주머니와 앎을 주장하다 바닥으로 끌어내려지는 '나'의 이야기를 들으니, 이 의심을 '세대'라는 키워드와 연결해 그런 이야기들을 해볼 수도 있을 것 같아요. 동의하지는 못할지라도 일각에서 이런 비판도 있잖아요. 가령, 요즘 젊은 세대 작가들의 작품에 등장하는 여성 주체들은 자신이 우월한 부분이나 지식적으로 더 잘 아는 지점에 있어서는 이전 세대 여성으로부터의 자유를 주장하는데, 양육이나 가사 노동 등 경험적으로 자신이 없는 부분에 대해서는 여전히 엄마 세대에 기댄다는 비판이요. 장류진 작가의 소설 「연수」(『창작과비평』 2019년 겨울호)나 「도움의 손길」(『일의 기쁨과 슬픔』, 창비, 2019)에서 주인공이 보여준 욕망이나 혼란의 지점들로 이러한 질문을 구체화할 수도 있을 것 같은데요. 저 개인적으로는 그러한 분열을 의도적으로 내재하고 있기 때문에 해당 작품들이 동시대적으로 빼어난 작품이라고 생각합니다만, 어찌 됐든 앞서 언급된 비판이 말씀해주신 페미니즘 내에서 '우리'와 '세대'와 관하여 증상적인 지점들을 반영하고 있다면 이를 조금 더 세심히 들여다보아야 할 것 같아요.

**최가은** 사실 저는 '세대론'이라고 하는 것에 대해 조금 더 솔직한 이야기를 나눠보고 싶은데요. 사실 '할배' '아재' 등과 같이 언급되는 특정 기성세대에 대한 불만에는……, (웃음) 솔직히 저는 그들에 대해서 큰 관심이 없어요. 오히려 '언니' '고모' '할머니' 라인에 대해 느끼고 있는 불만과 애증이 훨씬 더 크고 복잡한 방식으로 제 안에서 작동하고 있는 것 같아요.

**한여진** 정말 완벽하게 공감합니다. (웃음) 사실 고발 층위의 다양한 언어가 쏟아져 나올 때 남성의 폭력을 향한 문제 제기가 지배적이었고, 억압적으로 작동하는 현실을 고려하면 그것은 당연한 결과라고 생각합니다. 하지만 그 문제 제기 속에서 동일한 여성들, 즉 '우리'를 향한 질문은 다소간 소거되거나 억눌린 측면도 있다고 생각해요.

**최가은** 　그런 것들이 '우리'라는 말로 성급히 봉합되기도 했죠. 봉합한다고 해서 사라지는 것이 아닌데도요.

**한여진** 　단지 잊힐 뿐이죠. 외면하게 되고요. 항상 그런 지점에 대해서는 오프 더 레코드로만 이야기하고, 공론화하는 일은 미루죠. 그러나 우리 안의 '테러', 우리 안의 폭력성을 날 것 그대로 드러내고 논의하고 자주 이야기하는 것이 '너머'를 위해서는 반드시 요구되어야 하는 단계라는 생각을 자주 합니다. 우리 모두가 현재 느끼고 있는 '우리'의 한계가 있잖아요. 그 한계를 정의하는 방식은 사람마다 다르겠지만 어쨌거나 이것을 넘어서야 한다는 다급함은 많은 이들이 공유하고 있어요. 그래서 대한 씨가 말씀해주신 것처럼 동시대 고민의 구체적인 양상은 다를지라도 큰 범위는 같을 수 있다는 것이죠. 해당 집단이 너머로 나아갈 수 있는 방식은 집단을 폐기하거나 끝까지 끌고 나가는 것에만 있는 것이 아니라, '우리'를 찢고 파헤쳐보는 것으로 다르게 시작될 수 있다고 믿어요. 최근 '정의연' 문제 역시 우리와 당신으로 나뉜 이분법적 프레임 속에서 이야기된 측면이 있지 않나, 하는 안타까움이 앞서더라고요.

　어떤 집단이 혹은 개인이 지닌 '대의'가 대의 그 자체로서 아름다운 것이라고 해서, 그 집단의 구성원 전부가 혹은 그 개인들의 모든 측면이 아름다울 것이라고 생각하는 것은 너무나도 명료한 허상이라고 생각합니다. 실로 대의를 향해 나아가야 한다면 끝없는 내부 비판이 선행되어야 하지 않을까요.

**최가은**　동일한 측면에서, 문학의 언어가 구성하는 '우리'에 대해서도 같은 작업들이 이루어져야 한다고 생각합니다. 피해와 가해의 이분법. 약자와 강자의 이분법. 우리와 당신의 이분법에서 문학의 언어는 스스로가 믿고 있는 것만큼 벗어나 있다고 할 수 있을까요? '대의'라는 이름하에 봉합하고 있는 측면이 정말 이곳의 우리에겐 없나? '우리'가 놓인 곳이 언제나 '피해'의 자리이고, 우리의 목소리는 언제나 '저항'이자 곧 '실천'인가? 우리는 언제나 억압의 주체가 될 가능성에서 벗어나 있나? 거대한 남성성, 거대한 폭력성과 싸우고 있다는 이유로 우리가 내뱉는 모든 언어가 과연 윤리적인 것인가? 이런 질문들을 던져봐야 한다고 생각합니다.

지식 제도권에서 발생하고 꾸려가는 언어 내부에서 형성된 '우리', 그렇게 규정된 '우리'와 그런 '우리'와는 전혀 다른 언어를 살고 있는 여성들이 분명하게 존재하는데, 그것을 우리의 '우리'로 포용할 수 있다고 말하는 것은 심각한 착각이자 황당하기까지 한 무엇이 아닌가 싶은 거예요. 다소 과격하게 말하자면, 문학이 무엇을 이끌어가야 한다는 이 선민의식이 의심스러워요. (웃음) 우리가 글로 써내는 윤리적인 '우리'가 정말 본질적으로 선한 것일까요? 문학에 한정하여 그것이 결국 '우리'의 언어라고 할 때, 겨우 그 언어로 우리가 공유할 수 있는 지면에 발표하고, 말을 건네고, 또 응답을 듣는 이 모든 과정이 그렇게 넓은 언어라고 생각되지는 않아요. 그것은 말 그대로 문학의 언어를 공유하는 '우리'일 뿐이죠. 성급하게 '우리'라는 공동체를 소환하고 우리 안의 차이와 다양성을 성찰하고 반성하자는 주장 역시 그 주장만으로 곧바로 윤리적인 위치를 담보하게 되는 것은 아니라고 생각해요. 그러한 착각으로부터 발생하는 손상은 정말 없을까요?

**조대한** '우리'라는 동질적인 울타리로 손쉽게 윤리성을 확보하는 방식에 대해 내부에서부터 질문하고 끊임없이 스스로를 의심해야 한다는 말씀에 정말로 많은 공감을 느낍니다. 다만 조심스러운 것은 가은 씨가 평소 고민하시고, 또 한여진 시인이 시적으로 형상화해주신 그 지점들에 대해서, 그 섬세한 고민을 쉽게 오용하거나 악용하는 이른바 '백래시' 측면에서 염려가 있을 것도 같아요. 지금보다 조금 더 진전되기 위해서라면 내부적인 비판이 필수적이라는 말에 무척 공감하면서도요. 슬프게도 이미 소거되어야 할, 자연사했어야 할 목소리들이 그러한 발언을 탈취할 가능성에 대해 우려하지 않을 수 없는 것이죠. 아까 두 분이 말씀하신 구절, "네가 죽다니, 우리는 널 절대 그렇게 두지 않을 거란다"가 일종의 저주처럼 들린다 할지라도, 그것을 어떤 운동성의 응원으로 전환해 읽고자 하는 의지 역시 그런 맥락에서 단순하게 처리될 수는 없다는 생각이고요.

**최가은** 충분히 공감합니다. 그런데 그 죽게 내버려두지 않을 것이라는 대상이 '너'일 수도 있지만, '너'와 '우리'가 반복해왔던 어떤 '고리'라고 할 때 이것을 마냥 환대할 수 있는가 하는 의문이 지속적으로 드는 것도 사실이에요. '할아버지'와 '아저씨'가 아니라 '할머니'와 '고모'가 하는 말이기 때문이지요.

**한여진**　그렇죠. 나와는 완전히 다른 생각을 하거나 내가 생각하기에 납득할 수 없는 발언을 하는 사람들이 '할머니'와 '고모' 혹은 나아가 '우리'일 때, 제가 갖게 되는 그 이질감은 그것을 의문 없이 쉽게 포용해야 한다는 강박에도 있는 것 같아요. 그래서 대한 씨의 말씀에도 공감하게 돼요. 무언가를 비판하려고 할 때 스스로에게도 의문이 드는 거예요. 내가 무슨 권리로 누군가의 발언이 페미니즘적인지 반反페미니즘적인지 판단하는 것인가, 이것이야말로 일종의 백래시이자 소거되어야 할 목소리가 아닌가 하는 생각도 들고요. 한데 그러다 보면 우리의 '우리'를 의심할 기회조차 스스로 박탈하는 것 같기도 합니다.

두 분이 말씀하신 대로, 나와 다른 언어를 사용한다고 해서 그것을 곧바로 폭력으로 규정하거나 나쁜 것으로 규정하는 것이 옳고 그름을 떠나 유의미한 일인가에 대해 요즘 자주 생각해봐요. 그런 고민이 시에도 많이 반영되었고요. 특정한 언어 공동체에서 살아왔고, 그것에 도전받아본 적도 없고, 그럴 기회조차 주어지지 않은 특정한 사람들이 있다면, 그것은 나쁘니까 싹 다 바꿔야 한다고 말하는 것이 비록 맞는 말이라고 할지라도, 그 사람들에게 과연 어떻게 수용될 수 있을까 하는 생각도 들고요. 나아가 그렇게 말할 수 있는 주체가 있다면 그가 내재한 폭력성의 문제는 어떻게 다뤄져야 하는가, 라는 의문도요.

가령 저는 지금 회사에서 '공무직', 즉 무기 계약직에 속해 있습니다. 사회적으로 굉장히 첨예한 이슈인데도 다각도로 논의되지 못하고 있다는 생각이 듭니다. 이 이슈에 관한 논쟁에서 4년제 대학을 나온 사람들에 대한 '역차별'이라는 표현이 쓰이기도 하고요. 그런데 사실 회사마다 무기 계약직의 형태도 다르고 거기 속해 있는 사람들에 대한 처우가 모두 다릅니다. 다만 정규직에 비해 처우가 낮은 것은 분명한 사실이고, 그래서 무기 계약직이든 비정규직이든 이들의 처우를 개선하려고 하면 반발이 생깁니다. 이들의 처우가 개선될 때, 정규직과 그들이 이뤄낸 노력이 마치 전면 부정되는 것처럼 반응하고, 이것은 공정하지 못하다는 주장이 제기되기도 하죠.

그래서 처음에는 화가 나다가, 그다음에는 질문이 뒤따르더라고요. 도대체 왜일까? 평생을 '그런 언어'에서 살아온 사람들에게 '공정'이나 '차별'이라는 단어가 완전히 다르게 의미화될 수 있다는 생각을 하게 된 것이죠. 자신이 살아왔던 강요된 '공정'의 삶 전체를 부정할 수는 없기 때문에, 그 언어와 언어 사이의 전환은 결코 쉽게 일어나지 않을 것이라고 체감했습니다.

**최가은** 맞아요. 그때 주되게 나왔던 단어가 말씀하신 대로

'공정'이라는 점이 저 역시 굉장히 놀라웠어요. 이를테면 성폭력 가해 지목자가 스스로 목숨을 끊었을 때, '예의'라는 단어가 활용되는 방식에 대해서도 저는 비슷한 놀라움을 느꼈는데요. 우리 모두가 합의하는 절대적 언어 사용법이 있다고 생각하는 것 자체가 일종의 환상이라는 생각이 드는 것이죠. 그것은 틀려, 그것은 악이야, 그것은 싹 바뀌어야 해, 라는 말이 실제로 변화시킬 수 있는 '힘'을 갖기 위해선 나와 우리가 사용하는 언어의 오염성부터 들여다보아야 한다고 생각해요.

**조대한**　여진 시인이 언급해주신 그 논의 과정에서 저 개인적으로 굉장히 무서웠던 부분은, 말씀하신 정규직의 분노에 더해 그 자리를 준비하는 지망생의 분노였어요. 다른 이유도 있긴 하겠습니다만, 아직 가지고 있지 않은 체제의 문법에 대해 동조하고 그것의 논리를 내면화한 것처럼 보이는 모습이 무섭고 또 슬프기도 했습니다.

아이고, 코로나19로 오래 지연되었던 만큼 오늘은 특히나 열띤 인터뷰 현장인 것 같은데요. (웃음) 저희가 1부에 할당해둔 시간을 이미 한참이나 초과했기 때문에 부득이하게 여기서 끊어 가야겠어요. 잠시 쉬었다가 이후 2부에 이어질 인터뷰에서는 '우리'와 '당신'의 언어를 둘러싼 정치성, 이 정치성과 시라는 장르 사이에서의 고민, 이를 동시대적으로 들여다볼 수 있는 '세대'라는 논제들을 중심으로 더 깊은 이야기를 나눠보도록 하겠습니다.

**최가은**　계속 이어나가볼까요?

**한여진**　제가 이런 자리가 너무 오랜만이어서 여전히 어색해하는 것 같아 조금 걱정되네요. (웃음)

*— 맥주 캔 따는 소리 —*

**최가은**　굉장히 자연스러우신데요? 그나저나 이전에는 인터뷰를 전혀 안 해보셨군요.

*— 맥주 캔 따는 소리 —*

**한여진**　네. 글을 쓰는 사람으로서는 처음으로 해봅니다.

**조대한**　보통은 시집이 나와야 인터뷰를 많이 하시니까요. 편안한 마음으로 임해주셨으면 좋겠습니다.

*— 맥주 캔 따는 소리 —*

**최가은**　정재율 시인도 인터뷰는 저희가 처음이셨어요. 좀 더 멋진 첫 인터뷰가 되지 못해 여러모로 죄송했는데, 한여진 시인께도 역시나 죄송한 마음입니다.

**한여진**   아니에요, 정말 영광이에요. 알고 보니 가은 씨와 제가 동갑내기더라고요. 그래서인지 뭔가 확실히 더 편한 느낌인데요? (웃음)

**최가은**   좋아요. 좀 더 자유로운 분위기 속에서 더 많은 이야기를 나눠볼까요?

**조대한**   두 분의 편안한 분위기에 묻어가보겠습니다. (웃음) 사실 가은 씨와 저는 이 시에 대해서 나눌 이야기가 너무나도 많아서 걱정했어요. 어디서부터 이야기를 시작하는 것이 좋을지 고민했었거든요.

**한여진**   두 분이 저의 시를 굉장히 깊게, 또 잘 읽어주신 것 같아 정말 감사한 마음입니다. 이야기를 나누다 보니, 「Beauty and Terror」를 쓸 때의 시점이 다시금 떠오르기도 하는데요. 사실 이 시를 쓰게 된 계기는 〈조조 래빗〉(2019)이라는 영화입니다.

**최가은**   엇!?

**한여진**    ???

**조대한**    앗……, 사실 사전 회의 때 저희가 그 영화에 대해 잠시 이야기를 나눴거든요. 해당 영화에 'Beauty and terror'라는 릴케의 시구가 나오다 보니 혹시나 이 영화를 보고 시를 쓰신 것은 아닐까 하고요. 시인의 의도를 짐작하는 일이 시 해석의 전부는 아니겠지만, 지난번 김연덕 시인의 인터뷰 때는 완전히 엉뚱한 짐작을 했었는데 이번엔 맞췄다니 기분 좋네요! (웃음)

**한여진**    그런 일이 있으셨군요. (웃음) 아시다시피 〈조조 래빗〉은 어른들이 만든 폭력적인 세계를 아이의 시선으로 바라보는 영화인데요. 「Beauty and Terror」와 마찬가지로 이 영화도 어느 정도는 평면적인 구석이 있어요. 다소 전형적인 성장 서사의 문법을 따라가는 듯 보이기도 하거든요. 그럼에도 마지막 장면이 제게 남겼던 인상은 매우 강렬했는데요. 전쟁이 끝나고 어린 두 주인공이 마주 보며 춤을 추는 장면이 나옵니다. 데이빗 보위의 〈heroes〉를 배경음악으로 해서요. 그 장면을 보고 이 영화는 주인공인 어린아이들의 성장만을 이야기하고 있지는 않다고 생각했어요.
아이들 내부에도 'beauty'와 'terror'가 나란히 공존한다는 사실이 더욱 중요하게 전달되는데 그런 아이들이 서로 마주 보며 함께 춤을 출 때, 이들의 결말이 어떤 모습일지 상상하고 또 고민하는 일은 관객인 저희의 몫으로 남겨졌다고 생각하게 되더라고요.

물론 라이너 마리아 릴케의 구절, "Let everything happen to you. Beauty and terror. Just keep going. No feeling is final"로부터 직접적인 소재를 취했지만 시를 쓰는 과정에서는 아이들 속에 공존하는 모순과 그 아이들의 미래에 대해 더 오래 생각하게 되었어요. 세계를 '폭력'의 일환으로 만든 '당신'의 불행을 바라고 그러한 '당신'의 머리를 내리치는 것은 결국 '나'이겠지만, '그럼에도' 그 안에서 'beauty'를 말할 수 있다고 생각했어요. 무엇보다 그 모든 과정이 한 사람에게 담겨 있다는 이야기를 함께 하고 싶었어요. 「Beauty and Terror」를 쓰면서, 시를 창작할 때 가장 많이 알게 되는 것이 '나'라는 생각도 새삼 하게 되었는데요. 제 안에서는 '당신'보다는 '당신'에 반응하는 '나'와 '우리'에 대한 오랜 고민이 영화의 마지막, 두 아이가 춤을 추는 장면과 기이한 방식으로 연결되어 있습니다.

**조대한**　역시나 '세계'와 '당신'에 대해 말하는 작업은 결국 '나'에 대한 고민과 분리될 수 없는 작업인 것 같아요. 앞서 말씀해주셨듯이 한 편 한 편의 시를 써나가시는 일이 일종의 퍼즐처럼 한 조각씩의 세계를 구성해가는 일이라고 한다면, 그 세계에 대한 발화는 역설적으로 퍼즐 속에 그려질 나를 만들어가는 일이기도 하다는 생각이 드네요.

**최가은**　그건 글 쓰는 자의 '자의식'과 시적 화자가 세계를 바라보는 관점, 또 제시하는 전망 등이 어느 정도 연결될 수밖에 없다는 이야기이기도 할 것 같아요. 기본적으로 텍스트와 작가를 분리해야 한다는 입장에 동의하지만, 그 둘은 결코 완벽히 분리될 수가 없잖아요. 어떤 장르이건 간에 마찬가지겠죠. 그런데 작가의 성별이 '여성'이고, 그의 텍스트가 페미니즘적 문제의식과 긴밀히 연결된다고 할 때, 그 둘이 '분리될 수 없다'는 입장에 입각해 시적 표현을 그저 메시지적 층위로만 수용하는 것의 문제점도 있을 것 같아요.

말하자면 우리가 일반적으로 생각하듯, '작가와 텍스트는 분리될 수 없다'라는 강력한 주장은 비단 남성 중심적이고 시대착오적인 텍스트를 비판하는 기준으로만 활용되는 것은 아니라고 생각합니다. 오히려 '여성' 작가의 '여성'과 관련한 텍스트를 독해할 때 시의 모든 층위를 작가의 직접적 발화로 받아들이는 독법 역시 매우 강력하게 작동하고 있다는 것이죠. 시를 쓰시는 입장에서는 이러한 지점이 단순한 문제는 아닐 것 같아요.

**한여진** 맞습니다. 저 역시 깊이 고민하고 있는 지점이에요. 발화자의 입장을 언제나 특정한 당사자성의 틀에 가두어 수용하는 것, 나아가 그런 틀 안에서 메시지가 전달되는 것에 대한 우려와 고민이 항상 있습니다. 그러한 당사자성이 '우리'라는 이름으로 손쉽게 변환되고 그 위치가 늘 피해자의 자리에 고정되어 있을 것이라는 생각, 혹은 언제나 '선'을 베푸는 자리에 놓여 있을 것이라는 인식은 위험할 뿐만 아니라 텍스트 독해의 범주를 축소하기도 하니까요.

**최가은** 아까 「솥」에 관해 이야기를 나눌 때 '솥'을 살려두신 것이 인상 깊었다는 말씀을 드렸는데요. 시적 화자는 "나는 알 수 없는 것에 대해선 쓰지 않는다"라고 단언하지만, 그 단언 뒤에 "솥이 없는 하루"나 "솥에서 유래하지 않은 것들"처럼 결국 '솥'과 관련된 이야기들을 계속 나열하잖아요. 그리고 누군가, 혹은 화자의 다른 측면이 나타나서 "계속 쓴다고 되니"라는 체념조의 질문을 던지지요.

이때 시적 화자가 전달하는 '메시지'의 층위에만 집중하면, 사실 독자는 '솥'에 대한 입장 정리가 곤란할 수밖에 없어요. 그런데 그 '곤란함'은 오히려 페미니즘적 문제의식을 전달하는 시를 읽을 때 취하는 독자의 입장 자체가 이미 이분법으로 나뉘어 있다는 사실을 폭로하기도 한다고 생각했어요. 그런 점에서 저는 독해의 과정을 다중적으로 경험한 것 같습니다. '관습'을 벗어나려는 제 안의 페미니즘적 독해가 오히려 '관습'에 갇혀 있다는 것을 발견하게 되었달까요.

**조대한** 두 분의 말씀을 들으니 아까 사담을 나눌 때 모두 흥미롭게 읽었다고 말씀하셨던 이미상 소설가의 「여자가 지하철 할 때」(『문장 웹진』 2020년 9월호)라는 단편소설이 떠올라요. 잘 아시

다시피 이 소설에는 주인공 '수진'이 겪었던 '안평대전', 그러니까 '안파'와 '평파' 사이의 싸움에 관한 이야기가 나오잖아요. '평파'는 평등파의 약자로 모든 이를 환영해야 한다는 신념을 지닌 사람들이고, '안파'는 안전파의 약자로 환대보다는 내부자의 안전을 최우선으로 하는 사람들이지요.

이러한 이분법적 구도는 난민 이슈를 둘러싸고 벌어졌던 '여성의 안전'과 '타자를 향한 환대' 사이의 논쟁, 조금 더 나아가 '정체성 정치'와 '교차성' 사이에서 누적된 치열한 논박을 떠올리게 만들어요. 이 작품은 양쪽의 입장이 단순히 대립 구도를 이루는 것이 아니라 복잡하게 맞물려 분화되어 있다는 사실을 수진의 분열된 얼굴과 지하철이라는 공간으로, 소설의 형식 그 자체로 보여주는 것만 같아요. 양쪽을 명료하게 구분 짓고자 하는 독해는 어쩌면 우리와 저들을 손쉽게 구분하려는 관성적인 인식 때문은 아닌가 하는 질문을 던지게도 하고요.

**한여진**  맞아요. '우리'라는 것을 지속하기 위해 '적'을 계속 소환해야 한다는 아이러니와 딜레마가 있어요. 그 과정에서 오는 피로감이 문제에 대한 고민을 회피하게 만들기도 하고요. 더군다나 '적', 즉 '당신'이 특히나 추상적인 관념으로만 반복해서 소환될 때 우리의 질문은 그다지 첨예한 방향으로 나아가지 않는 듯해요. 그래서 제게 그보다 더욱 심각하게 다가오는 고민은 '같은' 페미니스트들끼리 전혀 납득할 수 없는 이야기들을 중심으로 논쟁할 때입니다.

가은 씨가 말씀해주신 대로 그것은 '페미니즘적'이라고 정리된 독법에 관한 것일 때도 있고, 대한 씨가 언급해주신 이미상 소설가의 소설처럼 여성으로서 한 개인의 내부에서 충돌하는 지점일 수도 있겠죠. 그러한 고민들을 그저 배제해버리기보다 이야기를 오래 나누어야 한다는 생각이 지금의 저에게는 더욱 긴박하고 중요한 문제처럼 느껴집니다. 같은 맥락에서 문학의 언어 내에서 통용되는 '우리'라는 말이 위험하다는 말씀에도 동의하고요.

**최가은**　저희가 지금까지 총 네 분의 시인을 모셨는데요. 모두 여성 시인이었습니다. 그런데 주민현 시인과 이야기를 나눌 때는 '여성'이라는 키워드가 중요하게 이야기되었지만, 정재율, 김연덕 시인과의 대화는 또 그런 방식으로 이루어지지는 않았거든요. 저는 '여성'이라는 키워드를 중심으로 나아가는 대화만이 페미니즘적 문제의식을 지닌 대화라고 생각하지는 않습니다. '여성'이라는 단어를 단 한 번도 쓰지 않고서도 페미니즘적 문제의식에 기반을 둔 이야기를 충분히 할 수 있다고 생각하고, 동시대를 예민하게 감각하는 분들과 함께 나누는 이야기라면 페미니즘적 문제의식이 소외될 것이라고 생각하지도 않아요.

그런데 흔히 말하는 것처럼, 가장 첨예한 페미니즘 담론이 한국문학 전반을 견인하고 있다는 판단은 더 구체적으로 이루어질 필요도 있는 듯해요. 물론 여성 작가들의 활동이 굉장히 활발하게 이루어지고 있죠. 시와 소설, 평론 장르를 막론하고요.

**한여진**   그런데 그것도 사실 분리될 필요가 있잖아요.

**최가은**   맞아요. '여성' 작가들이 말 그대로 '대세'인 것과 페미니즘적 문제의식이 담론 전반을 끌고 가고 있다는 판단은 분리되어야 한다고 생각해요. 그건 다른 이야기죠. '페미니즘적 작품' 혹은 '페미니즘적 문제의식/방법론'이라고 하는 것이 작가의 성별에 따라 다소 단순하게 분류되거나, '선언적'인 부분이나 '재현'의 층위에만 집중될 때 가능한 판단인 것 같아요.

**조대한**   작가의 성별과 문제의식을 해석적 판단의 욕망에 따라 단순하게 분류하거나 일치시키는 일을 경계해야 한다는 말씀이 마음에 와닿네요. 한여진 시인의 문제의식이나 시의 창작적 구심점 역시 굉장히 다양하다는 인상을 받습니다. 한데 「Beauty and Terror」라는 작품에서 볼 수 있듯이 최근 들어서는 또 다른 방향으로 한발 더 나아가고 있으시다는 느낌이 들기도 해요. 물론 첫 발표작 「숄」에서부터 이어지고 있는 세계관이라고 말할 수도 있겠지만, 근래 『현대시』 2020년 11월호에 발표하셨던 시편들만 보더라도 저희가 앞서 이야기 나눴던 문제의식들이 이전보다 직접적으로 전면에 배치되고 있다는 느낌이 듭니다.

**한여진**    앞서 나누었던 이야기와도 계속해서 이어지는 것이지만, 시인으로서 제가 살고 있는 시대의 동시대성과 제 작업은 직접적이든 간접적이든 어떻게든 연결되어 있기 때문에 발생하는 변화인 것 같아요.

**조대한**    말씀을 받아서 이야기를 조금 더 확장해보자면, 'beauty'와 'terror'를 페미니즘과 관련한 시작詩作의 문제와도 연결해볼 수 있을 듯해요. 이 또한 다소 단순화된 이분법적 구분이긴 하지만 논의의 편의를 위해 'beauty'라는 단어를 시적인 언어와 형식이 지닌 '미학'의 일종으로, 'terror'를 행위에 초점을 맞춘 담론적 '운동'으로 범주화해볼 수도 있을 것 같아요. 포기할 수 없는 언어의 아름다움과, 역시나 같은 무게로 포기할 수 없는 담론의 운동성 사이에 관한 이야기를 나누어보고 싶기 때문인데요.

앞서 민경환 평론가의 글에서 지적되었던 부분, 그러니까 한국의 시문학사가 오래도록 고민했지만 '시'와 '정치' 사이에서 조금은 더 머물러야 했던 질문들이 '(미학적으로) 좋은 시는 정치적이다'라는 동어반복적인 선언으로 다소 이르게 종결된 부분이 있었다고 한다면, 그 사이에 머무른 채 길항하려는 어떤 자세는 현재의 우리에게 더욱 중요한 문제가 된 것이 아닌가 싶기도 해요.

**최가은**    저희가 오늘 계속해서 이야기를 나누었던 이분법적 세계관의 문제점이겠지요. 'beauty'와 'terror' 사이에서 바로 하나의 손을 들어주는 태도들, 그러니까 그 사이에서 보이지 않는 위계를 나누고 어느 한편에 은근히 더 무게를 실어주는 입장들이 특히나 '동시대'라고 하는 시대적 감각과 그 속에서의 '우리'를 바탕으로 강조될 때 문제가 생길 수 있다고 봐요. 그때 전제하는 '동시대'라고 하는 것이 사실 동시대의 다양하고 복잡한 분화와 흐름을 단순화한 해석적 차원의 변환일 수 있다고 느껴지기도 하거든요. 필요한 건 끝없이 길항하는 의심과 질문이지 그것을 단언하는 것은 아니라고 생각해요.

— 새 맥주 캔 따는 소리 —

**한여진** 많은 부분에서 공감합니다. 단언하지 않고 끝없이 길항하기 위해서는 지치지 않도록 각자의 마음을 잘 돌봐야 할 것 같기도 하고요. 논쟁과 응원과 격려가 동시적으로 이뤄져야겠지요. 그런데, 정말 이 기세라면 밤새 이야기를 나눌 수도 있겠는데요? 코시국만 아니어도…….

— 새 맥주 캔 따는 소리 —

**조대한** 그러게요. 조만간 집으로 들어가야 한다는 사실이 아쉽네요. 이야기를 계속 이어가볼게요. 문학 장르 전반이 그러하겠지만 유독 '시'라는 장르는 언어의 조탁이랄지, 기표의 세련됨이랄지 이런 요소들과 밀접하게 연결되어 있는 예술이잖아요. 그래서 인지 '선언'이라는 문제와 충돌하는 지점이 많은 것처럼 느껴지기도 하고요. 앞서 언급된 표현을 빌리자면, 그 '시'와 '정치' 사이에서 균형을 잡는 일이 굉장히 어렵고도 중요한 문제인 것 같아요.

**한여진**  맞습니다. 아마 많은 시인이 그렇게 말씀하시겠지만 언어가 대상을 말하는 순간 의미는 파괴된다고 하잖아요. 그런 불가능성을 안고도 우리는 언어를 통해서 사물과 사건을 조금이라도 더 명확하게 인식하고자 하기 때문에 그 자체가, 그런 글 쓰는 행위 자체가 일종의 '선언'이 아닐까, 라는 생각도 해봅니다. 창작자로서 작품 내에서 균형을 잡는다는 것은 정말 너무도 어려운 일인 것 같아요. 균형을 찾아가는 방식 또한 개인마다 다를 것이고요. 저의 경우에는 그러한 균형을 위해 끝없는 훈련이 필요하다고 생각하고 있습니다. 저의 시각을 끝없이 점검하고 수정해나가는 사람이 되고자 하는 노력과 언어를 고르고 또 고르는 노력, 이 두 가지를 열심히 해야겠다고 생각합니다.

**최가은**  언어의 '조탁' 문제를 저희가 준비해 온 다른 질문과 연결해볼 수도 있을 것 같아요. 한여진 시인의 첫 발표작에 관한 심사평 혹은 시인의 시를 언급하는 분들의 표현을 보면 '부드럽다' '우아하다' 등의 표현이 많아요. 황인찬 시인께서도…….

**한여진**  어머!

**최가은**  아니, 마치 처음 들으시는 것처럼……. (웃음) 못 보셨나요? 본인 시의 심사평인데?

**한여진**  아, 저는 민망해서 바로 잊어버린 것 같아요.

**조대한**  '에고 서치'를 많이 안 하시는 편이군요.

**한여진**  저는 '에고 서치'라는 말도 최근에 알게 되었어요. 포털 창에 '한여진'을 검색하면 드라마 〈비밀의 숲〉에서 배두나 배우님이 연기한 '한여진 경위'만 나와요. (웃음) 물론 제가 정말 좋아하는 캐릭터입니다. 어렸을 적 꿈이 경찰이었거든요.

**조대한**  헉……, 저도 경찰이 꿈이었는데.

**최가은**  '한여진 경위' 최고죠. (진지) 다시 문제의 '우아함'으로 돌아가서, 한여진 시인의 시에서는 이미지가 굉장히 차근차근 그려져요. 저는 보통 시를 읽을 때 배경이나 모형, 인물이나 공간 등을 먼저 상상하고 그다음에 배치된 시어에 집중하거든요. 그런데 한여진 시인의 시는 유독 시어 혹은 시구가 겹치거나 포개어진다는 느낌보다도 차근차근 쌓여간다는 느낌이 들어서 그런 배치의 과정이 제 속에서 굉장히 자연스럽게 일어나요.

> 하루는 촛불과도 같아서
> 책장을 넘기는 일에도
> 낮은 기침 소리에도 흔들리고
> 견디다 못한 초가 넘어져
> 불길이 솟구치고 재가 되고
> 하룻밤 자고 나면 아무것도
> 남아 있지 않던 날들이었다

가령 이런 구절에서 방이 한 번에 감각되고 그 속의 촛불이 포착된다기보다, '촛불'로부터 '촛불의 넘어짐' '불길' '재' 그리고 '하룻밤'이라는 시간까지 천천히 나아가면서 시공간이 전체적으로 감각된다는 것이죠. 그런데 제가 그보다 더욱 흥미롭다고 여긴 부분은 그때마다 항상 색채감이 눈에 띈다는 사실인데요. '빨강' '파랑'과 같은 이미지로서의 색채가 눈에 띈다는 의미가 아니라, 말 그대로 '색' 그 자체의 나열로서 공간이 만들어지고 확장된다는 느낌이랄까요. 이번 시에서는 예를 들어, '붓꽃'과 '하얀 떡'의 만남이 그러했는데요.

> 뒷마당의 붓꽃
> 하얀 떡과 친절한 안부인사는

더 이상 없었다

붓꽃 하면 사실 고흐 그림도 떠오르고, 보라색이나 푸른색 계열을 가장 먼저 떠올리게 되잖아요. 굉장히 쨍한 느낌이요. 그런데 바로 뒤에 하얀 떡을 두셨어요. 이렇게 색끼리 급작스러운 대비를 이루면서 색채가 공간을 꾸려간다는 느낌이 있어요. '우아함'이라는 인상평은 아마도 이런 분위기와 연결되지 않을까 하는 생각이 들어요.

**한여진** 우아함이라……. (웃음) 감사합니다. 그 시어의 배치는 사실 거의 한 달을 고민했어요. 제가 원래 오래 고민하는 편이기는 한데 "붓꽃"과 "하얀 떡"에 대해서는 특히나 오래 고민한 편이에요.

**조대한** 오, 궁금해요. 그 고민과 시 창작 과정에 대해 조금 더 말씀해주실 수 있을까요?

**한여진** 지금까지는 시를 쓰는 자로서의 '자의식'에 대한 이야기를 많이 했다면, 앞으로는 독자와 관련한 '전달'의 문제에 대해 이야기해보고 싶어요. 어쨌든 결국 시는 독자에게 가닿아야 하는 것이잖아요. 궁극적으로 저는 시라는 장르에 대해서 그렇게 생각합니다. 따라서 시를 쓰고 난 후 발표를 목표로 하는 퇴고의 과정

에서는 '객관화'의 작업에 집중해요. 결국 완벽한 '객관화'가 불가
능한 일이라고 하더라도요.

　　"붓꽃"과 "떡" 하나를 두고도 '전달'의 지점을 많이 의식했어
요. 이런 측면이 건축 작업과 유사하다고도 말해볼 수 있겠는데
요. 건축 역시 평면도를 볼 때, '계단이 왜 여기에 있어?' '이 계단
은 왜 원형이어야 하지?' 이런 것들을 고민하고 결국엔 그것을 설
득해야 하는 작업이기도 하거든요. 최대한 하나의 '세트'로 완성
되어야 하고 또 타인에게 완성된 형태로서 일종의 '공간감'을 전
달하기 위한 과정이 곧 건축인 것이죠. 시어나 문장의 배치와 나
열에서 제가 가장 신경 쓰는 것 역시 이것이 이 시점에, 이곳에 있
어야 하는 것이 맞는가 하는 고민이고, 저는 이것을 '객관화'의 과
정이라고 부르고 싶어요. '나'의 인식과 취향에 한정되어 있던 것
들로부터 벗어나서 최대한 논리적으로 하얀 종이 위에 설계하려
는 노력인 것입니다. 이를 위해 끝없이 쓰고 지우는 과정을 거치
는 것 같고요.


**조대한**　굉장히 흥미로운 말씀입니다. 시와 건축이라는 장르
는 은유적으로 자주 겹쳐지곤 하는데, 실제로 양쪽에 깊이 몸담고
계신 분의 말씀을 들으니 그 탄생 과정의 유사도가 보다 구체적으
로 다가오네요. 우선 「Beauty and Terror」가 '공간감'이 두드러지
는 시라는 말씀에 매우 공감합니다. 저 개인적으로도 한여진 시인
의 문장들이 시 전체에서 어떤 하중을 구조적으로 견디고 있는 것

처럼 보일 때가 종종 있거든요. 그것을 건축물에 빗대어 이야기해 볼 수도 있는 것 같아요. 색채나 문장, 혹은 시어가 각기 존재한다는 느낌 역시 강렬한데요. 이는 '겹치는 것'이 아니라 '쌓이는 것'이라는 가은 씨의 표현과 이어질 수도 있겠어요.

그런데 '색채'와 관련해서 저는 이 시에선 터져버린 "붉은 피"와 "검은 생각"이 제일 먼저 눈에 들어왔어요. 그 이유는 이 지점까지는 「Beauty and Terror」가 색채감이 별로 없는, 혹은 부러 소거된 시라고 생각했기 때문인데요. "바다는 깊음을 들판은 넓음을 잃어버렸고" "집 나간 가축들이 돌아오지 않"으며, "은행나무에 열매가 열리지 않았다"라는 표현들이 말해주는 것처럼, 이 세계는 제게 생동감이나 생명의 색채가 강제로 사라지거나 표백되어가는 곳이라고 느껴졌어요. 그런데 두 분이 색채 이야기를 하시니까, "붓꽃"과 "하얀 떡"이 다시금 굉장히 새롭게 다가옵니다.

**최가은** 저는 사실 '문제적'이라거나 이야기를 해보고 싶은 구절 외에 그냥 직관적으로 좋았던 구절을 꼽으라고 한다면 바로 이 구절을 골랐을 것 같아요. 뒷마당이라고 하면 사실 문을 열고 뒤로 나가는 장면이 먼저 그려지잖아요. 그런데 거기에 "붓꽃"이 놓여 있다니. 왜 그런지는 잘 모르겠지만 저에게는 붓꽃이 꽤나 화려한 꽃으로 상상되거든요. 어딘가 우울하고 가녀린 외관에도 그 강렬한 색채 때문인지 저에게는 존재감이 확실한 종류의 꽃인 것 같아요. 그런데 이 "붓꽃" 뒤로 바로 "하얀 떡"이 놓이면서, 이 둘의 존재가 시 전체를 압도할 만큼 강렬하게 각인된 것이죠. 게다가 이어지는 구절에서 그것이 '더 이상 없다'고 하셨잖아요. 이 연에서 턱, 턱 하고 여러 번 걸려 넘어졌던 것 같아요.

**한여진**  (웃음) 감사합니다. 사실 이 "붓꽃"과 "하얀 떡", 그 이후에 놓일 "친절한 안부인사" 역시 굉장히 많은 고민의 과정을 거친 후에 나온 결과물인데요. 사실 처음엔 '친절한 개'였어요. 이후에 '친절한 이웃' 등으로 여러 번 변환을 거친 후에 도달한 "안부인사"였습니다.

**조대한**  말씀을 듣고 보니 '친절한 개'였어도 굉장히 좋았을 거라는 생각이 드네요.

**최가은**  그러게요. 아까 시인님이 하신 말씀과 연결한다면 더욱 재미있는 지점이에요. 이 시어가, 이 시구가 하필 왜 이 자리에 있어야 하느냐에 대한 고민은 시를 창작하는 과정에서 시인들이 가장 많이 하시는 고민일 거라고 생각합니다. 그런데 그러한 고민의 이유가 어떤 '공간성'을 지닌 무엇으로 시를 '전달'하기 위해서라는 말씀은 인상 깊어요.

**조대한**  '우아하다'는 표현에 수반될 수 있는 단순화의 우려를 잠시 제쳐두고 말씀드리자면, 그러한 감상의 배면에는 이와 같은 '공간감'의 문제가 중요하게 개입되어 있어요. 저의 경우 한여진 시인의 시 세계라고 하면 '흑백'에 가까운 세계를 많이 떠올렸어요. 첫 발표작들이 유독 흑과 백의 색채로 시적 풍경을 구성하고 있기도 했고, 또 순무와 같은 이미지가 많이 나열되어 있기도 해서요. 그 안에서 느껴지는 '조용한 색채감'이 우아함이라는 인상과 연결되었어요.

**최가은**　'흑백의 배경' '차분한 쌓아감'의 중간중간 고요히 등장하는, 그러니까 뒷마당에 내려섰을 때 언제나 그곳에 있던 "붓꽃"이 급작스레 발산하는 강렬함 같은 것을 대한 씨의 말씀과 연결해볼 수도 있겠네요. 엄밀히 말해서 인과의 논리를 전혀 따르지 않는 어떤 배치가 조용히, 그러나 강력하게 그 세계를 설득한다는 점이 인상적입니다. 시어 하나하나를 선택하는 데도 고민이 유독 많은 편이라고 하셨는데요. 퇴고하시는 데는 보통 얼마만큼의 시간이 걸리시나요?

**한여진**　저는 사실 하나의 시를 얼마만큼 퇴고하느냐에 대한 개념이 없는 것 같아요. 그냥 한번 쓰면 끝까지, 정말 끝까지 계속해서 퇴고하는 편입니다.

**조대한**　끝이라 함은, 최종 발표를 말씀하시는 건가요?

**한여진** 네, 맞아요. 언제나 글을 쓰면서 부족함이 많다고 느끼고 있어요. 그러다 보니 결국 제가 할 수 있는 유일한 일은 오래 앉아서 계속 퇴고하는 일인 것 같습니다. 물론 앉아서 딴짓하는 시간이 더 많긴 한데요. (웃음) 청탁과 관련 없이도 이미 가지고 있는 시편들을 계속해서 퇴고하는 편입니다. 그중에서 오늘 함께 이야기를 나눈 「Beauty and Terror」처럼 꼭 지금 말하고 싶은 시라거나 제가 가닿을 수 있는 최대치라고 생각되는 작품들을 발표하고 있습니다.

**조대한** 저는 매번 시간에 쫓겨 실패하곤 하지만, (웃음) 그래도 저 역시 퇴고의 힘을 믿는 사람 중 하나인데요. 사실 되풀이해서 고치고 다듬을 수 있다는 것은 말과 구별되는 글만의 강력한 이점이잖아요. 한여진 시인의 작품을 읽을 때마다 종종 '정제된' 느낌을 받곤 했는데, 그건 모두 오랜 퇴고의 시간 덕분에 생겨난 것이었군요.

**최가은** 의외로 시를 팍! 이렇게 쓰시는 분들은 별로 없는 것 같아요. 그건 시인에 관한 오래된, 그리고 낡은 통념일까요?

**조대한** 팍……?

**한여진** (웃음) 제가 유독 그렇게 오래 잡고 시를 고쳐 쓰는 편이에요. 그래서 그런지, 시 한 편에 집중해주시는 두 분의 리뷰 작업과 인터뷰 작업이 무척 인상 깊고 또 감사해요.

**조대한**   저희도 시작 전에는 체감하지 못했는데, 막상 시 한 편으로 이야기를 나누고 글을 쓰려다 보면 때론 예상하지 못할 정도로 깊이 들어가거나 옆으로 퍼져 가기도 하는 것 같아요.

**한여진**   학부 때 저는 전공보다도 교양 수업을 굉장히 많이 들었는데요. 제가 문학 전공자가 아니라서 그런지, 문학 강의에 대한 열망이 강했어요. 그래서 문학 관련 전공 수업도 많이 청강했고요. 재미있어 보이는 제목의 수업을 신청하고, 가서 자고 오고 그랬습니다. (웃음) 한번은 러시아 문학을 전공하셨던 한 교수님이 『지하 생활자의 수기』(표도르 도스토옙스키 지음, 이동현 옮김, 문예출판사, 1998)는 꼭 밤을 새워 한 번에 읽어야 하는 책이라고 말씀하셨는데요.

**최가은**   (경악)

**한여진**   그래서 친구와 함께 정말 하루 날을 잡고 밤을 새워 그 책을 읽어봤어요.

**조대한**   (경악)

**한여진**   (웃음) 그땐 그렇게 하면 조금 더 멋있는 사람이 될 줄 알았어요. 친구와 동아리방에서 밤을 새워 책을 읽고 나눴던 대화의 세목은 정확히 기억나진 않지만, 그리고 아마 대부분은 실없는 소리였겠지만, 그런 경험 자체가 저에게 굉장히 의미 있는 기억으로 남아 있어요. 시를 쓰는 주변 친구들과도 오래 대화를 나누는 편인데요. 시 한 편을 가지고도 정말 밤새 이야기할 수 있잖아요. 한 편의 시를 오래 들여다보고자 하는 시도 끝에 작품에 대한 깊은 이해에 도달할 때도 있지만, 무엇보다 이 작품을 바라보는 나에 대한 새로운 자각으로 이어지기도 합니다. 오늘 두 분과의 대화도 그런 기분이 들어 정말 신나고 기뻐요.

**조대한**   친구와 꼬박 밤을 새며 도스토옙스키를 읽었다는 일화가 너무나도 낭만적인 이야기라 장난치듯 반응했지만, (웃음) 사실 저도 말씀해주신 지점이 가장 큰 보람이자 즐거움이에요. 좋아하는 작품에 대해 사람들과 열띠게 이야기를 나누는 것. 별 의미 없는 이야기라고 할지라도, 무언가를 오래도록 깊이 이야기해볼 여유 자체가 저희에겐 별로 없잖아요.

**한여진**   맞아요. 사실 하나의 사안, 하나의 주제, 하나의 이슈를 가지고도 일상생활에서는 집요하고 치밀하게 이야기해보거나 생각해보는 일이 그리 많지는 않지요. 그런 요즘에 시 한 편에 대해 이렇게 이야기를 오래 나눌 수 있는 건 정말 특별한 경험인 것 같아요. 마지막에 받을 공식 질문을 미리 앞당겨 이야기한다면, 저는 '시로'의 리뷰와 인터뷰가 너무 좋아요. 오래 해주셔야 해요! (웃음) 주민현, 정재율, 김연덕 시인은 이제 첫 시집이 나왔거나 시집이 아직 나오지 않은 신인분들이시잖아요. 한 권 혹은 여러 권의 시집으로 완결된 세계 이전의 발화들에 집중해주시는 것을 특히나 감사하게 생각하고 있습니다.

**최가은** 감사합니다. 갑자기 가슴이 웅장해지고, 한편으론 숙연해지는데요……. 인터뷰를 마무리하기 전에 마지막으로 「미선언니」에 관한 이야기를 짧게나마 들어보고 싶어요.

**한여진** 음, 과거에 셰어 하우스에 산 적이 있어요. 조그마한 아파트에 여덟 명의 여성이 함께 살았는데요. 엄청나게 복잡하고 다소 산만한 주거 환경이었어요. 제 방이 소음에 가장 취약했고, 또 제가 그 멤버들 중 가장 연장자였어요. 그래서 다른 친구들이 저를 '언니'라고 부르곤 했어요. 함께 사는 친구들이 퇴근하고 와서 나누는 이런저런 이야기들은 제가 꼭 대화에 참여하지 않고 방에 누워만 있어도 고스란히 전달되곤 했어요.
　동생들의 말에 따르면 이전에 제 방에 살던 언니의 이름이 '미선언니'였대요. 본 적도 없는 '미선언니'와 제가 무척 닮았다는 이야기를 자주 했어요. 그러면 저는 그녀에 대해, 또 그녀의 삶에 대해 상상할 수밖에 없었는데요. 그런 오랜 상상의 과정이 매우 신기하고도 중요한 경험이었습니다. 저는 시를 구상할 때 언제나 사물에서부터 시작해 사람으로 시선이 이동하는 편입니다. 풀어 내고자 하는 이야기 역시 그런 순서로 이어지기도 하고요. 사물을 오래도록 들여다보는 일을 좋아해요. 그런데 사물을 바라보는 일 은 언제나 사람에 대한 이야기로 마무리되더라고요. 하지만 '미선 언니'처럼 사람 그 자체를, 심지어 제가 본 적도 없는 인물에 대해 그토록 오랫동안 고민하는 일에서 시의 구상을 시작한 것은 전에 없던 경험이었어요.

**최가은** 그러셨군요. 타인들이 '나'가 '미선언니'와 '닮았다'고 하는 이유는 그가 나와 같은 또래의 여성, 그리고 그들에게 동일 하게 '언니'라고 불리는 위치에 있는 여성이라는 사실 등에서 발 생하는 겹침 때문일 것 같아요. 그런데 정작 '나'는 본 적도 없고 알지도 못하는 여성이 타인에게 '나'와 겹쳐 보인다는 것은 굉장 히 묘한 방식으로 '나'의 고민을 이끌어낼 것 같아요. 나에게는 완 벽한 타인인데 세계가 보기에는 동질성으로 묶이는 관계라는 지 점에서요.

그런데 그것이 '방의 겹침'과 '언니'라는 시어로 표현되었다고 하니, 지금 당장 떠오르는 영화가 하나 있어요. 데미 무어가 출연 했던 〈더 월〉(1996)이라는 영화인데요. '낙태'라는 공통의 문제를 중심으로 같은 공간을 거쳐 간 여러 세대 여성들의 이야기이지요. 여진 시인의 이야기를 들으니, '미선언니'가 한때 살았다는 그 침대에 누워 다른 시간대에 같은 천장을 바라보는 일이 어떤 기분일까 하는 생각이 당분간 저를 오래도록 붙잡아둘 거라는 예감이 드네요.

**한여진** 가은 씨가 말씀해주신 영화 꼭 한번 찾아볼게요! 가은 씨의 이야기처럼 그 작은 방에 누워 이곳을 거쳐 갔을 사람들, 그리고 제 뒤로 이 방에 들어올 사람들에 대해 계속 생각하지 않을 수 없었어요. 그러다가 소리 내어 '미선언니'라고 불러본 적도 있는데요. '미선언니'가 그저 계약이 끝나서 이 집을 나갔을지, 더 좋은 곳으로 갔을지, 지금은 어디에서 무얼 하고 있을지 저로서는 알 수 없겠죠. 그 셰어 하우스에 살던 다른 사람들에 대해서도요. 그래도 계속해서 그들을 떠올리게 되더라고요.

**조대한** 나와는 다른 시간, 같은 위치에 놓여 있던 이를 오래도록 그리며 쓰셨다는 말씀을 들으니 새삼 시가 또 다르게 다가옵니다. 한 번도 만나본 적 없는 '미선언니'의 이름을 살며시 바깥으로 소리 내어 불러보았을 때의 감정이 생경함이었는지 혹은 알 수 없는 친숙함이었는지도 자세히 여쭤보고 싶지만……, 이제는 정말로 저희가 마무리해야 할 시간이 코앞으로 다가와버렸네요.

**최가은** 그러네요. 이제는 정말로 헤어져야 할 시간이군요. 많이 아쉬워요. 그렇지만 오늘 너무도 알차고 즐거운 시간이었어요.

**조대한**　2020년의 마지막 인터뷰에 어울리는 뜻깊은 시간이었어요. 좋은 시간 선물해주셔서 정말로 감사하다는 말씀드리고 싶어요. '시로'를 응원해주신 것만큼이나, 아니 두 배로 저희도 한여진 시인의 작품 활동을 쭉 응원하고 있겠습니다!

**한여진**　저도 오늘 정말 감사했습니다. 코로나가 조금 가라앉으면 저흰 또 반가이 뵈어요.

5

# 비결정적인 선*

시 김리윤

글 조대한

우리에게 아주 어리고 작은 친구가 생겼다

무언가 사랑스럽다고 느낄 때 왜 미래를 선물하고 싶어
질까
당연한 얼굴로 찾아오는 죽지 않는 미래
자기 자신을 가장 무서워하면 되는 미래 같은 것

우리는 그 애를 볼 수 없을 때도 피부 너머로 만질 수 있
었다 그 애는 자신의 팔다리가 움직이는 것을 무서워한다

*   베르나르 브네, 〈비결정적인 선〉, 1979.

그 애는 명도만 있는 세계를 가졌다 색을 잃어버린 빛만 있
는 세계다 그 세계는 무수한 더 흰 것과 덜 검은 것으로 이루
어져 있어서

우리는 함께 눈을 보러 가기도 했다

밤새 기록적인 폭설이 내렸다 아침에 눈을 떴을 때 커
다란 유리창에는 흰 지평선이 생겨 있었다 눈은 유리의 일
부를 하얀 면으로 채우고 있었다 어릴 때 봤던 개미집 관찰
교구 같아, 우리 중 하나가 말했고 파묻힌 식물의 가지는 지
평선 아래에서 어지럽게 뻗은 채 무늬를 만들고 있었다

이상하지 않니
저 아름다움을 관찰하기 위해 우리는 아름다움으로부
터 격리되어 있어

문을 열면 어둠이 이동한다

눈밭 위에서 우리는 덜 검은 것이라 불리기에 적당했다
입고 온 하얀 스웨터를 부를 다른 말을 찾아야 했다

새하얗다는 말을 나눠 가질 수는 없어

우리는 흰 눈을 더럽히면서 자꾸 더 흰 눈을 향해 나아
간다
한 발 앞에는 언제나 더 흰 것이 있다

새가 날아가면 흔들리는 나뭇가지
위에서 쏟아지는 눈이 내는 소리를 듣는다

보드랍고 따뜻한 그 애의 뺨 위에서 눈은 딱딱한 사물
처럼 보인다
몇 초 뒤에 투명하게 흩어지는

걷기에 괜찮으셨나요 저는 여기서 개 한 마리와 함께
십 년을 살았습니다 이 녀석과 함께 걷는 동안 눈으로 뒤덮
인 커다란 나무 밑에서 하얀 눈을 묻히고 돌아오는 검은 코
를 보면서 삐죽삐죽 낮게 쌓인 눈을 밟으면서 흰빛 아래를
상상하게 되었지요 작은 풀이나 말라붙은 도토리, 짐승들이
남긴 냄새 같은 것들이요

저 차갑고 거대한 것이 다 녹아도 우리가 물에 잠기지
않는다니 참 신기하지요

젖은 성냥에는 불이 붙지 않는다

눈이 녹고 온 세상은 희지 않게 다만 젖어 있다


§


한 문예지에서 이런 이야기를 했다. '2'가 잔뜩 들어간 새해 연도의 숫자 앞에서 가장 먼저 떠오르는 이름은 '아이캔'이라고. 잘 알려져 있듯 그는 〈2020 우주의 원더키디〉라는 만화영화의 주인공이었다. 올해의 숫자가 다른 때보다 유독 생경하게 느껴지는 건 아마도 그러한 텍스트를 통해 앞서 경험했던 가까운 미래의 이미지 때문일지도 모르겠다.

당시 열세 살이었던 그는 이제 나보다 더 많은 나이의 어른이 되었겠지만, 그때의 아이캔은 광선총을 들고 우주 세력과 당차게 싸우던 어린아이였다. 〈날아라 슈퍼보드〉〈달려라 하니〉〈아기공룡 둘리〉〈영심이〉 등 〈전국노래자랑〉이 끝나면 돌림노래처럼 반복 상영되던 여러 애니메이션 중에서, 나는 이 작품이 나올 때마다 유달리 텔레비전 앞에 바투 당겨 앉았던 것 같다.

아마도 그건 이 만화영화가 어린이를 주 소비층으로 한 콘텐츠답지 않게 묘한 분위기를 풍기는 작품이었기 때문일 것이다. 우주 문명의 폐허와 기계들의 잔해를 비추던 영상은 어딘가 쓸쓸하면서도 무서운 느낌을 주곤 했다. 지금 생각해보면 보통의 만화들과 달리 그려지는 그 미래 세계의 회색빛 풍경이 낯선 공포와 설렘으로 다가왔던 듯싶다. 결말이 명확히 기억나지 않아 옛 자료를 뒤져보니, 아이캔은 어린 연인과 헤어지고 목표했던 아버지의 구출을 성공적으로 수행한 후 집으로 돌아갔다고 한다. 현실로 귀환한 그는 자신의 이름과 어울리게 뭔가를 해낸 어른으로 자라났을까. 그는 무엇이 되었을까.

어쩌면 그는 지구로 귀환하지 않았던 것은 아닐까. 남겨두고 갈 어린 연인과 매혹적인 이계의 풍경이 눈에 밟혀 그는 몰래 우주로 도망쳤던 것은 아닐까. 그 연인들은 사랑스러운 펫 코니와 함께 그들만의 유리 행성을 거닐며 행복하게 늙어가고 있을지도 모를 일이다.

우리는 "무언가 사랑스럽다고 느낄 때 왜 미래를 선물하고 싶어질까"? 그것은 끝나버린 동화의 뒷이야기를 그려보고 싶은 소박한 마음일 수도 있고, 혹은 사랑스러운 존재에게 미래의 가능성을 선물하고픈 들뜬 마음일 수도 있다. 하지만 선후 관계를 바꿔 생각해보면, 아직 오지 않은 시간들을 건네받을 수 있기 때문에 그들은 사랑스러운 것일지도 모르겠다. 채 드러나지 않았다는 것, 아직 미지로 덮여 있다는 것이 그 무언가를 사랑스럽고 아름답게 만들어주는 건 아닐까.

어린 연인들과 함께하게 된 "아주 어리고 작은 친구"처럼, 그들의 미래는 "무수한 더 흰 것과 덜 검은 것으로 이루어져 있"는 시간일 것이다. 아직 현실의 색이 입혀지지 않은 그 세계는 "명도만 있는 세계" 혹은 "색을 잃어버린 빛만 있는 세계"이다. 유리창 너머의 설원 같은 그 미답지는 직접 발을 가져다 대는 순간 자신의 풍경을 모두 상실하고 만다. 역설적이게도 그 미래의 "아름다움을 관찰하기 위해 우리는 아름다움으로부터 격리되어 있어"야 한다. "흰 눈"의 "한 발 앞에는 언제나 더 흰 것이 있"듯, 그것은 영원히 유예되어야만 하는 시간인 것 같다.

하지만 우리는 2020년의 미래가 이전과 크게 달라지지 않았다는 것을 이미 목격했다. 2019년 12월 21일, 지구 종말을 호언장담했던 예언가들은 세기말의 누군가가 그랬던 것처럼 모두 어딘가로 사라져버렸다. 진실로 무서운 점은 지구가 멸망할지도 모른다는 사실이 아니라, 실은 우리에게 아무것도 일어나지 않을 거라는 사실, 그 두려움의 가능성조차 모두 녹아 소진되고 말리라는 것을 우리가 깨달았다는 사실이 아닐까. "자기 자신을 가장 무서워하면 되는 미래"처럼, 우리는 너절하게 현실로 드러난 미래 위에서 어제와 똑같은 자신의 모습을 발견해버린 것만 같다. 어떤 이의 말처럼 우리는 자라서 겨우 우리가 되었다.

걷기에 괜찮으셨나요 저는 여기서 개 한 마리와 함께
십 년을 살았습니다 이 녀석과 함께 걷는 동안 눈으로 뒤덮
인 커다란 나무 밑에서 하얀 눈을 묻히고 돌아오는 검은 코
를 보면서 삐죽삐죽 낮게 쌓인 눈을 밟으면서 흰빛 아래를
상상하게 되었지요 작은 풀이나 말라붙은 도토리, 짐승들이

남긴 냄새 같은 것들이요

　　저 차갑고 거대한 것이 다 녹아도 우리가 물에 잠기지
않는다니 참 신기하지요

　"흰 눈을 더럽히면서 자꾸 더 흰 눈을 향해 나아가"던 풍경은
모두 끝이 났다. 어쩌면 그 설원의 끄트머리에서 우리는 부쩍 늙
어버린 아이캔을 만날지도 모른다. 사랑하는 연인을 떠나보내고,
훌쩍 다 커버린 개와 살고 있는 그는 다른 존재가 묻혀 오는 하얀
눈의 흔적에 기대어, 혹은 지나온 시간의 편린들에 기대어 남은
삶을 반추하듯 살아가고 있을지도 모르겠다. 바우만이『레트로토
피아』(정일준 옮김, 아르테, 2018)에서 지적했던 것처럼 오늘날의 우
리들 또한 모든 가능성이 소진된 미래보다는, 안온하고 익숙한 과
거의 시간으로만 고개를 돌리고 있는 것이 아닐까. 모든 "눈이 녹
고 온 세상은 희지 않게 다만 젖어 있"는 이 세계에서 유일하게 위
안이 되는 건, 그 "차갑고 거대한 것이 다 녹아도 우리가 물에 잠
기지 않"았다는 사실 하나뿐인 것 같다. 하지만 모든 결말과 반전
이 다 드러난 이후에도 어떤 이야기는 다시금 시작된다.

※ 김리윤 시인의 시는『자음과모음』2019년 겨울호에서 가져왔다. 이 리뷰는『시인
　동네』2020년 1월호에 실린 글 일부를 수정한 것이다.

# 파이프

시 유계영

글 최가은

나의 내부에는 내가 없고 이 사실은 결정적이지 않다
차 스푼이 없고 작고 아름다운 것이 없다 나의 내부에
는 자신의 출신지를 외계라 믿는 사람들이 있고 나는 때때
로 이들 모두와 함께 식사한다

공원의 어린이들에게는 소풍이 없고 옐로우와 명령이
있다
의식은 다족류, 없는 것만 발설하고 싶어한다
이렇게나 많이 없는 것을

나에게 손상된 장기가 없고 간절함과 위태로움 없고 나

를 사랑하는 내가 없고 프렌치 테이블이 없다 창백하고 찌
푸린 오후 없다 나를 음해하는 나 없고 외계에 관한 것이라
면 호오 없다


    야시장 좌판에서 석가의 머리가 말을 건다
    나를 데려가라 집에 모셔라
    인테리어에 좋을 것이다


    생각이 되고 싶은 실감과 실감이 되려 하는 생각이 위
치를 바꿔도 무리 없다


    외연을 두드리고 텅텅 떠나는 머리들
    나의 내부에는 이름을 부르면 부리나케 달려오는 개들
은 몇 마리 있으나 그들은 도착하지 않고


    스웨터를 벗고 가려운 곳을 살펴보면 금이 가 있다
    밤마다 눈꺼풀 안쪽의 영상이 통통하게 부푼다
    죽은 사람의 말이 나의 내부를 떠돌다 입 밖으로 흘러
내린다

§

    시의 도입부터 들이닥치는 감정은 당혹감이다. 제목이 주는 정보를 통해 화자 '나'의 정체는 일단 "파이프"로 추정될 수 있겠는데, 그가 정말 파이프라면, 파이프로서는 너무도 당연한 부정형의 문장을 무심히 나열하고 있기 때문이다. "나의 내부에는 내가 없고 그 사실은 결정적이지 않다" 새로운 정보랄 것이 전혀 없는, 따라서 없어도 무방한 어떤 문장을 마주할 때 독자는 지금껏 함께하던 일상어와의 은근한 단절을, 그와 함께 특정한 시적 세계로 이끌려 가는 스스로를 발견하게 된다. 저런 말을 굳이 문장으로 드러내는 세계란 과연 어떤 곳일까.

> 꽃은 나무의 무엇입니까
> 봄마다 날아오는 식상한 질문을 피하기 위해
> 창백한 휴가입니다
> 바늘 끝에 꿰어둔 떡밥입니다
> 흰 허벅지를 겨눈 모서리입니다
> 종일 기지개 켜는 몽상가들을 길러낸 것을 보아라
>                   _「눈금자를 0으로 맞추기 위해」*

*   유계영, 『이런 얘기는 좀 어지러운가』, 문학동네, 2019.

유계영의 '없다'와 '않다'는 그만의 고유한 맥락에서 이해될 필요가 있다. 어떤 시는 그곳으로 입장할 수 있는 문을 조금 앞선 장소에 설치해놓기도 하는데, 그럴 경우 우리에게는 시인의 지나온 길을 되밟아 산책할 여유가 요청된다. 이를테면, 유계영은 본래부터 당연치 않은 대답을 내어놓는 데 익숙한 시인이라는 것, 그 사실을 우선적으로 상기하는 것이 그의 '없다'를 음미할 마음의 상태를 마련해준다는 것이다. 「파이프」로 들어서기 위해 유계영의 지난 흔적을 간략하게나마 소환하는 이유는 그 때문이다.

"꽃은 나무의 무엇입니까"라는 다분히 비상한 질문조차 시인은 "봄마다 날아오는 식상한 질문"으로 받아들인다. 말하자면, 유계영의 시 세계란 우리가 마주하는 일상을 하나의 "식상한 질문"들로 바라보는 자리에서 시작되는 것이다. 그에 대해 "창백한 휴가" "바늘 끝에 꿰어둔 떡밥" "흰 허벅지를 겨눈 모서리"와 같이 전혀 식상하지 않은 대답을 내어놓고도 만족스럽지 않다는 듯 그의 무심한 "몽상가"들은 하염없이 기지개를 펴고, 이곳은 그런 이들을 자꾸만 길러낸다. 유계영은 이들의 표정을 기억해낸 이후에야 더욱 또렷이 인지되는 낯선 풍경을 거느리고 있다.

다시 「파이프」를 보자. 이곳에는 많은 것들이 '없다.' 없는 것을 '있지 않음'의 상태로 내버려두지 않고서, 혹은 '말하지 않음'을 선택하지 않고서 시인은 계속해서 없다고 말한다. '나'의 내부에는 내가 없고, 차 스푼도 없고, 작고 아름다운 것들도 없다. 그뿐인가. 나에게는 손상된 장기가 없고, 간절함과 위태로움도, 나를 사랑하는 나도, 프렌치 테이블도, 창백하고 찌푸린 오후도 없다. 뭐가 이렇게나 많은 것일까? 그러니까 없는 것들이 말이다. 그런데 하염없이 나열된 이 '없음'을 바라보던 우리에게 서서히 떠오르는 것들이 있다. 내게도 없는 것들. 당신에게도 없을 것들. 본래부터 없었거나 있었다가 사라진 것들. 시인은 말한다. 똑똑히 "보아라", 그 없는 것들을. 지금 여기에서 그것들은 '없음'으로써 제 존재를 마구 드러낼 것이니.

'없음'의 공간을 활보하는 가장 흔한 방법은 있는 줄 몰랐던 우리의 상상력을 마음껏 발휘해보는 법일 것이다. 그간 유계영의 독자로서 느낀 기쁨 역시 여기에 있었다는 사실을 부정할 수 없다. 가령, "빛의 반대는 어둠이 아니라 빛의 없음입니다 / …… / 나는 반쪽이 사라진 상태로 오랫동안 자장가를 꿰매고 있습니다"(「반드시 한쪽만 유실되는 장갑에 대하여」*)와 같은 '없음'과 '사라짐'의 시구들 사이에서 기지개를 켜듯 마음껏 늘어져보는 희귀하면서도 매혹적인 경험들 말이다. 「파이프」에서 가장 먼저 발견되는 없음이란 문장과 문장 사이를 잇는 인과관계의 없음이고, 이 느닷없는 비약의 자리에서 잠들어 있던 우리의 상상력이 발동된다.

이를테면 시인이

---

\* 　같은 책

나에게 손상된 장기가 없고 간절함과 위태로움 없고 나
를 사랑하는 내가 없고 프렌치 테이블이 없다 창백하고 찌
푸린 오후 없다 나를 음해하는 나 없고 외계에 관한 것이라
면 호오 없다

　　라고 말할 때,

　　나는 나를 사랑하는 나와 프렌치 테이블 사이를, 나아가 프렌
치 테이블과 창백하게 찌푸린 오후 사이의 관계를, 그리고 그 모
두와 없음 간의 간극을 누비며 나만의 공상을 시작한다. 이때, 나
의 상상을 방해함으로써 동시에 가속시키는 것은 '없음'으로 나
의 신경을 긁는 조사의 자리다. 찌푸린 오후와 '없다' 사이에서 사
라진 그것은 대체 무엇이었을까. 「파이프」의 화자에게는 찌푸린
오후'가' 없는 걸까. 찌푸린 오후'도' 없는 걸까. 각각의 경우에 화
자에게 비치는 오후의 찌푸림이란 온전히 다른 표정일 수밖에 없
을 것이므로, 나는 그들의 표정을 상상하는 데 다시 몰두한다. 이
렇게 몽상가들의 기지개처럼 '없음'은 느리지만 결코 쉽게 끝나지
않는 방식으로 제 존재를 드러낸다.

　　그런데 「파이프」는 없음에 대한 유계영의 몰두가 단지 우리
의 상상력만을 위한 자리가 아닐 수도 있다고 말한다. 무수한 '없
음' 사이에서 화자가 눈에 띄지 않는 방식으로 던져놓은 문장들은
무한한 상상력의 자리를 활보하던 내가 걸음을 멈추고, 돌아선 화
자의 표정을 살피게 만들기 때문이다.

생각이 되고 싶은 실감과 실감이 되려 하는 생각이 위
치를 바꿔도 무리 없다

외연을 두드리고 텅텅 떠나는 머리들
나의 내부에는 이름을 부르면 부리나케 달려오는 개들
은 몇 마리 있으나 그들은 도착하지 않고

　"텅텅 떠나는 머리들"에 애써 무감하려 하고, "생각이 되고 싶
은 실감"이 "실감이 되려하는 생각"과 위치를 바꾸는, 말하자면 오
감五感과 관념의 욕망을 등치시켜야만 하는 어떤 고통에 대해 여전
히 "무리 없다"고 표현하고자 하는 사람의 표정을 나는 쉽게 지나
칠 수 없다. '기지개 켜는 몽상가'의 지루함을 유지하려던 그의 시
선이 냉소가 아닌 맹목에 가까운 열정처럼 느껴진다면, 그리고 그
열정이 얼마간 절박해 보이기까지 한다면 그건 '없음'을 메우려던
내 상상력이 지나치게 풍부해진 탓일까.
　실종의 대상이 타인을 넘어 '나'가 된 세계. 상상이 불가능할
만큼 거대하고도 강렬한 '상실감'이 유계영 시 세계의 기반이라고
말하는 해석(조연정)\*은 「파이프」의 기본 정념을 설명하기에도 유
용하다. 그러나 시인은 상실 이후 들이닥치는 우울이나 회피에 머
무는 법이 없다. 유계영의 '없음'은 결핍의 채움을 위해 나아가는

---

\*　조연정, 「'못다 한 이야기'」, 『이런 얘기는 좀 어지러운가』 해설.

것 또한 아니다. 그에게 '없음'이란 오히려 세계를 인식하는 주된 정서이자 기본적인 태도에 가깝다. 「파이프」는 유계영이 '없음'을 응시하는 그 특유의 방식을, 그것으로 자신만의 '상실의 세계'를 만들어가는 순간을 조금 더 내밀한 지점까지 비춘다. 그는 상실에 대해 하품과 기지개가 반복되는 '지루함'을 느끼고, 지루함은 강렬한 피로감을 동반한다. 「파이프」의 시적 화자가 상실의 세계를 포착하는 표정은 한마디로 피로감에 가깝다. 마치 다음의 문장으로 시작되는 한 소설의 주인공처럼 말이다.

"작년 9월 이후로 나는 한 남자를 기다리는 일, 그 사람이 전화를 걸어주거나 내 집에 와주기를 바라는 일 외에는 아무것도 할 수 없었다."*

첫 장면부터 극단적인 기다림 속에 갇혀 있던 한 여자는 마침내 그것이 진짜 끝장난 이후, 그러니까 "그 사람"이 완벽히 사라져버린 이후, '엄청난 피로감'에 짓눌린 스스로를 발견한다. 한동안 그녀는 집 안을 정리하지 않는다. '유리잔, 음식 부스러기가 남아 있는 접시, 담배꽁초가 수북이 쌓인 재떨이, 방바닥과 복도에 흩어져 있는 겉옷과 속옷 들, 카펫에 떨어진 침대 시트 등'을, 그러니까 애인이 '없는' 그 '생생한 무질서'의 자리를 집요하게 응시하며 그것을 보존하는 데 열중하는 것이다. 이 '없음'의 상태는 미술관에 소장된 그 어떤 그림도 주지 못할, 힘과 고통을 간직한 하나의

* 아니 에르노, 『단순한 열정』, 최정수 옮김, 문학동네, 2015.

그림이라고 그녀는 말한다.

　이 장면에서 나는 「파이프」의 화자를, 그간 유계영의 시에서 마주쳤던 숱한 '죽은 나'들을 본다. 잃은 것을 망연히 기다리거나 잃음의 고통을 회피하거나 잃음 이후의 세상을 냉소하는 것이 아니라, 이 모든 것의 '없음'을, 그 없음이 보이는 순간의 몸짓을 엄격하고도 세심한 눈으로 바라보는 사람, 그것이 진짜 힘과 고통을 간직한 '하나의 그림'이자 '나의 세계'라고 믿는 사람이 바로 시인의 세계가 길러내는 몽상가들의 진짜 모습이다.

> 스웨터를 벗고 가려운 곳을 살펴보면 금이 가 있다
> 밤마다 눈꺼풀 안쪽의 영상이 통통하게 부푼다
> 죽은 사람의 말이 나의 내부를 떠돌다 입 밖으로 흘러
> 　내린다

　요즘은 사방이 수런거린다. 봄이 온다, 봄이 거의 다 왔다고. 「파이프」의 화자를 따라 창문을 열어, 봄이 오고 있다는 그 자리에서 이미 사라져버린 것들을 본다. 창 너머엔 더 이상 찬 계절의 위태로움이 없고, 창백한 밤공기도 없다. 없다, 없다고 계속해서 생각하면, 여긴 무엇보다 네가 없고, 그 사실은 앞으로도 오랫동안 결정적이지 않을 것이다. 다만 그 결정적이지 않음으로 인해 다시 올 계절에도 나는 "밤마다 눈꺼풀 안쪽의 영상이 통통하게 부"풀 만큼, 그렇게 죽은 너의 말이 "나의 내부를 떠돌다 입 밖으로 흘러

내"릴 만큼 너의 없음에 몰입할 수 있을 것이며, 우리의 없음은 오랫동안 계속될 것이다.

※ 유계영 시인의 시는 『시사사』 2020년 봄호에서 가져왔다.

## 장미도
## : 핑크와 분홍을 뒤섞으면

**일시** 2021년 4월 30일 금요일
**장소** 이원석 소설가의 집
**참여자** 장미도, 조대한, 최가은 그리고……


## 핑크 아니면


당신은 정물화를 던진다

복숭아 사이에 몸을 숨겼던 절망이 액자 바깥으로 굴러
떨어진다
팔과 다리가 잘린 절망이 바닥에 널브러져 있다
핑크 아니야, 절망이 말했고 분홍이야, 당신은 유릿조
각 앞에 서 있다

불 꺼진 바구니 속에서 복숭아가 검게 익고 있다
핑크야, 절망이 말했고 투명해, 당신은
유릿조각을 밟고 서 있다

전구가 빛난다는 소문을 들으면 전구를 쳐다보지 않을
수 없다고 절망이 말한다 전구로부터 출발한 빛이 유릿조각
을 통과한다 전구는 깨질 듯 시끄러운 빛을 내고 절망은 전
구를 끝까지 바라본다

당신은 복숭아를 줍는다 뭉개지고 뭉개진, 검지에서 피
가 난다 당신은 무너진 복숭아를 씹는다 달라붙는 이빨, 굴
러떨어질 것 같은 눈알, 끈질기게 참아야지 씨앗까지 삼켜
야지

복숭아를 씹을수록 전구는 붉게 빛난다 이명은 빛에서
부터 자라난 것 같고 그것은 복숭아의 비명일지도 모른다고
당신은 생각한다

누군가 냉장고 문을 닫는다 불을 끈다
불 꺼진 냉장고에서 복숭아가 거의 상해간다 그래도 완
전히 상하지는 않았지 상하고 있다니까, 당신은 냉장고를
열지 않아도 냉장고의 내부를 알 수 있다

당신은 복숭아를 봉숭아라고 발음한다

그럴 때마다 냉장고는 바구니가 된다

바구니에 담긴 것은 결국 썩었으니 바구니에는 썩은 것만 담을 수 있다


당신은 썩은 전구에서 핑크색 복숭아 맛이 난다고 생각한다


※ 장미도 시인의 시는 『문학동네』 2021년 봄호에서 가져왔다.


§


**최가은**  장미도 시인님, 어서오세요. 반갑습니다.

**조대한**  흔쾌히 와주셔서 정말 감사합니다. 반갑습니다.

**장미도**  안녕하세요. 두 분 반갑습니다. 인터뷰 요청해주셔서 저야말로 감사합니다. 인터뷰도 처음이지만, 누군가가 발표된 제 시를 읽고 전해주는 이야기를 듣는 것도 처음이에요. 두 분 만나

러 오는 길이 내내 기쁘고 좋았습니다. '시로' 인터뷰를 평소에 재미있게 보고 있기도 했고요.

**조대한**  감사합니다. 저희도 오늘 매우 오랜만에 진행하는 인터뷰라서 더 설레고 기대됩니다.

**최가은**  사실 저희가 각자 좋게 읽었던 시에 대해 이야기를 나눌 때 그 대상 텍스트나 시인이 겹칠 때도 있지만 그렇지 않을 때도 많거든요. 그런데 재미있었던 건 저희 둘 다 동시에 장미도 시인을 언급했는데, 서로 다른 시를 추천했다는 사실이에요.

**조대한**  네. 각자 추천한 시는 달랐지만 둘 다 장미도 시인의 시에 대해 이야기를 나누고 싶은 건 확실했죠. 그래서 매우 수월하게 논의가 진행되었습니다. 뵙게 되어 영광이라는 말을 이렇게 길게 하게 되네요. (웃음)

**장미도**  정말 감사합니다. (웃음) 사실 저는 「핑크 아니면」을 다뤄주신다는 연락을 받고 다행이란 생각을 먼저 했어요. 이 작품을 어떻게 읽어주실지 궁금했거든요. 초고를 썼을 때 혹평을 많이 받기도 했고요.

**최가은**  혹평을요?

**장미도**　네. (웃음) 특히 '무슨 소리인지 잘 모르겠다' '뭘 말하고자 하는 거냐'라는 식의 질문을 굉장히 많이 받았어요.

**조대한**　그러셨군요. 오늘 저희의 대화가 그 질문에 하나의 답변으로 다가갈 수 있다면 좋겠네요.

**최가은**　맞습니다. 말씀해주셨듯 오늘 저희가 다룰 작품은 「핑크 아니면」입니다. 이야기가 나왔으니 말인데요. 사실 「핑크 아니면」을 추천한 것은 대한 씨였고, 저는 『문학과사회』 2021년 봄호에 실린 「상자적 시간」을 추천했습니다. 하지만 「상사적 시간」에 대한 감상도 어쩌면 「핑크 아니면」을 통해 구체화할 수 있겠다는 생각이 들었고, 그 때문에 인터뷰 대상을 합의할 수 있었어요.

**장미도**　그렇군요. 개인적으로는 「상자적 시간」도 무척 아끼는 시입니다. 함께 이야기해주신다면 더 즐거울 것 같아요.

**최가은**　제가 「상자적 시간」에 대해 무언가 쓰고 싶다고 느꼈음에도, 결국 「핑크 아니면」으로 인터뷰 하기로 한 이유는 「상자적 시간」의 경우에는 제가 생각하는 시인의 시적 태도나 세계관이 조금 더 적나라하게 드러나 있는 것 같고, 그런 것들이 조형적인 모습을 갖춘 것이 「핑크 아니면」에 가깝다는 생각이 들었기 때문이에요. 물론 두 작품이 거의 동시적으로 발표됐지만요.

**장미도** 오, 「상자적 시간」을 통해 무언가를 쓰고 싶다고 느끼셨다는 게 흥미롭게 들려요. 혹시 그에 관한 감상을 먼저 들을 수 있을까요?

**최가은** 음, 많은 분이 그러셨겠지만 저는 코로나 이후, 정말 특별한 경우를 제외하고는 거의 집에만 있었어요. 아무래도 직장을 다니는 게 아니니까 더욱 그렇게 되었는데요. 특히 작년 한 해는 온전히 집에서만 보냈어요. 그러다 보니 날짜 감각도 무뎌지고 시간의 변화를 잘 느끼지 못했어요. 그런데 한편으로는, 글을 가장 많이 썼던 시기였어요. 지난 한 해는 제 머릿속에서 그 어느 때보다도 세계가 확장되고 급변하고 복잡하게 구성되는 시기이기도 했는데, 실제로 제 물질적인 몸이 체험하거나 경험한 일은 거의 없었던 거죠. 누군가를 직접 만나고, 접촉하고, 무언가를 공유하고……. 이런 것은 물론이고 그저 보고, 듣고, 만지고…… 이렇게 제 오감을 활용한 경험은 거의 없는 거나 마찬가지였던 거예요.

**장미도** 음, 맞아요. 저도 요즘을 딱 그렇게 느끼고 있어요.

**최가은** 그런데, 정신 차려 보니 갑자기 올해 봄이 된 거예요. 시간이 빠르다는 말은 늘 입에 달고 살지만, 이렇게 충격적인 방식으로 깨닫게 된 적은 없었던 것 같아요. 그러니까 지난봄이 가고 예정된 다음의 봄을 이렇게나 어이없는 속도로 다시 맞게 될 줄은 전혀 몰랐어요. 그렇게 되고 보니, 도대체 내 시간은 어떻게 흘러간 걸까, 그런 생각이 들더라고요.

처음에 느꼈던 것은 공포였어요. 저에게 앞으로 남은 봄이 과연 몇 번일까 헤아리게 되더라고요. 많아야 50번을 넘을 수 있을까? (웃음) 봄을 맞으며 느낀 것은, 그처럼 내가 수많은 것을 경험하고 동시에 아무것도 경험하지 못했던 그 혼재된 시간 감각도 물리적인 시간의 한계, 엄밀히 말하자면 저 개인에게 주어진 시간의 한계를 결코 벗어날 수 없다는 사실이었던 것 같아요. 그때「상자적 시간」을 읽게 되었어요. 그리고 이 시가 당시 저의 그런 마음을 굉장히 잘 대변해주는 작품 같다는 생각이 들었고요.

**조대한**    말이 나온 김에「상자적 시간」도입부를 잠깐 읽어보고 이어갈까요?

> 상자를 생각한다 모감주나무 아래에서
> 공간의 기분은 여섯 개의 면으로 만들어진다
> 암묵적으로
> 상자를 만든 최초의 인간이 존재했으리라 여겨지지만
> 일곱 번째 면을 상상한다고 해서 상상이 상자를 초과
> 하는 것은 아니다

**최가은**　감사합니다. 이곳의 시간은 한정된 공간에서 흐르고 있어요. "모감주나무 아래"에 있는 "상자"를 생각하겠다는 시적 화자의 선언 덕분에 화자는 앞으로 경험할 세계의 범주를 스스로 제한하고 있지요. 이때 이 공간 속에서 생겨난 어떤 "기분"은 단 "여섯 개의 면"으로만 만들어지고, 설령 나의 넘치는 상상력이 일곱 개의 면에 도달하게 된다 하더라도 상상은 상자를 초과할 수 없어요. 이러한 제한은 나를 둘러싸고 있는, 혹은 나를 단단히 결박하고 있는 물리적 시간의 흐름을 제대로 대면하기 위한 장치라는 생각이 들더라고요.

**장미도**　음, 저의 의도가 시 해석의 전부는 결코 아니겠지만 방금 말씀해주신 시간을 물리적인 것으로 감각할 수 있도록 만들어냈다는 부분은 제가 시를 쓰면서 유독 집중하고, 또 신경을 쓰고 있던 부분이에요. 그것이 그대로 읽혔다는 것, 그리고 삶을 향한 가은 씨의 개인적인 의문과 제 시의 그러한 부분들이 어떤 만남을 이루었다는 것, 정말 신기하고 또 감사한 마음이네요. 사실 시간이나 공간뿐만 아니라, 감정과 같은 다소 추상적일 수 있는 것들을 규격화하고 또 물질화하고 싶다는 생각을 하면서 최근의 시들을 썼어요.

**조대한**　저희가 「상자적 시간」과 「핑크 아니면」 두 시를 나란히 두고 이야기를 나누었을 때 주로 초점을 맞춘 것이 가은 씨가 앞서 말씀해주신 부분이었어요. 시적 화자든, 아니면 그보다 더 상위의 무엇이든 어떤 형태의 시공간이나 물질화된 세계를 먼저 축조해놓고 그 위에서 발화를 시작한다는 점이요. 「상자적 시간」에서 그것이 "상자"였다면, 「핑크 아니면」에서 그것은 "정물화"에 해당할 텐데요. 그것이 장미도 시인의 발화의 시작점 중 하나일 수 있겠다는 생각을 하며 대화했던 것 같아요. 이어지는 이야기이니까 가은 씨의 최애 구절을 언급하면서 「핑크 아니면」에 관한 이야기를 본격적으로 시작해보죠.

**최가은**    네, 좋습니다. 사실 이 시를 맨 처음 보았을 때 제 눈에 가장 먼저 들어왔던 구절은 "복숭아 사이에 몸을 숨겼던 절망이 액자 바깥으로 굴러떨어진다"였는데, 시를 읽으면서 그 앞의 문장인 "당신은 정물화를 던진다"를 더 유심히 보게 되었어요. 이 구절이 없었다면, 제게 이후의 구절이 이렇게까지 크게 다가오지 않았거나, 아예 다른 방식으로 감각되었을 것 같다는 생각을 했거든요. 엄밀히 말해서 이 두 문장이 서로 이어지는 과정이 좋았던 것인데요. 아까 대한 씨가 「상자적 시간」에 "상자"가 있다면, 「핑크 아니면」에는 "정물화"가 있다고 하셨지요. 사실 이 시는 제목부터 그러한 조건으로 시작돼요. "정물화"라는 조건뿐만 아니라, 「핑크 아니면」과 같은 조건절의 제목을 지니고 있다는 점 역시 같은 맥락에서 생각해볼 수 있을 것 같아요. 기존의 것과 다른 대답을 요구하는 질문이기도 하고요. 그래서인지 "정물화"를 발견하자마자 가장 먼저 장미도 시인의 시에서 주로 느낄 수 있었던 규격화된 안정감을 받을 수 있었어요. 그런데 이 시에선 '나'도 아닌 '당신'이 그 "정물화"를 던지지 않습니까?

**장미도**　(웃음) 말씀해주신 대로 일종의 물리감을 전달할 수 있는 시공간이 이곳에선 "정물화"에 가까울 텐데요.「상자적 시간」에서는 전체의 공간을 상자라 여겼다면, 여기서는 정물화가 있는 집을 일종의 시적 공간이라 여기며 시를 썼어요. 사실 이 모든 발상은 정물화가 걸린 미술관에서부터 시작된 것인데요. 저는 평소에 미술관에 가는 걸 굉장히 좋아하는 편입니다. 미술관에 가서 그림들을 보고 있자면, 어떤 시간의 축적들이 걸려 있는 것처럼 느껴지기도 하거든요.

몇 초만 훑고 지나갈 때도 있고, 때론 몇 번이나 다시 돌아와 세세히 살필 때도 있지만 어쨌거나 결국 작품 앞을 지나치게 되죠. 저는 짧은 시간 동안 작품을 마주할 뿐이지만, 그것은 언제나 무언가를 응집하고 있는 것이고요. 그렇게 응집된 시간들이 걸렸다가 사라지고, 또 다른 시간들이 걸렸다가 사라지곤 하는 곳이 미술관이라면, 그 공간 자체의 시간은 비선형적이라고 생각해요. 미술관의 시간은 과거 – 현재 – 미래와 같이, 시간이 일직선으로 흐르는 게 아니라 모든 시간의 겹이 축적되어 있다고 여겨져요.

이러한 맥락에서 두 분이 말씀해주신「핑크 아니면」의 시간관 혹은 시간감에 대해서 이야기하자면, 미술관 작품들 중에서는 와이어가 걸려 있는 작품들도 있잖아요. 저는 그렇게 허공에 매달려 있는 작품을 볼 때 많이 위태롭다고 느껴요. 작품과 벽을 연결한 저 끈은 어쩐지 연약해 보이고 저 상태가 오래 지속될 수 있을지 의심이 들어요. 언젠가 저것이 바닥에 떨어진다면 그 충격으로 인해 무엇이 튀어나올까 궁금했어요. 그렇게 파괴된 그림은 내가 누군가로부터 폭력을 당했을 때의 상태와 유사하지 않을까 해요. 물질적이든 심리적이든 어떤 충격 앞에서 바깥으로 굴러떨어지는 것들, 마음 바깥으로 굴러떨어지는 것들에 대한 생각. 그런 생각에서 이 시를 시작하게 된 것 같아요.

**조대한**  방금 해주신 말씀이 굉장히 인상 깊어요. 그걸 제 식대로 정리해보면, 와이어에 위태롭게 걸려 있는 응집된 시간이 모종의 외압에 의해 떨어질 수도 있을 것 같다는 근원적인 불안감에서 이 시는 시작되었다는 말씀으로 들리는데요. 그래서 가은 씨가 '당신'과 '던진다'에 초점을 맞추신 것처럼, 저도 이 정지되어 있는 정물화를 누군가가 던지는 순간, 어떤 세계가 깨어지면서 시작되었다는 점에 집중하게 되었어요. 장미도 시인은 그 상태를 폭력에 빗대어 말씀해주셨지만 저는 처음에는 긍정적인 쪽이든 부정적인 쪽이든 어쨌든 고정된 시간의 세계가 흔들렸기 때문에 시가 시작될 수 있었다는 생각을 하고 읽었거든요.

**최가은**  장미도 시인의 말씀을 듣다 보니 시가 더욱 재미있게 느껴지는데요. 미술관의 작품들 속에서 시간의 응집이나 축적을 본다고 하셨고, 그것이 저희가 그간 장미도 시인의 시를 보면서 떠올렸던 단어들, 즉 규격화, 측량화, 정량화, 물질화 등과 자연스럽게 어울리는 것 같아서요. 그런데 대한 씨께서 말씀해주셨듯이「핑크 아니면」에서 중요한 것은 응집이 깨지며 시작된다는 점이겠지요. 특히 누군가가 이것을 던짐으로써요. 굉장히 폭력적인 상황이죠. 그런데 이걸 던져서, 액자가 깨지고, 거기서 튀어나오는 게 "절망"이잖아요. 절망이라는 것이 단어의 본뜻과는 달리 너무 귀엽게 느껴지더라고요. 심지어 애는 또 숨어 있었잖아요. 복숭아 사이에 숨어 있던 절망이 액자 밖으로, 그것도 막 굴러떨어져서 나오는 것이 참으로 귀여워서 이걸 어찌 받아들여야 할지. (웃음)

시인께서는 '정물화가 있는 집'을 생각하시며 시를 시작했다고도 말씀하셨어요. '던지다'라는 특정 행위가 강하게 부각되면서 시작되기 때문에 사실 서사적 구축이 머릿속에서 먼저 이루어지기도 했습니다. 행위가 있고, 행위가 사건이 될 만큼 강렬한 무엇이고, 무엇보다 등장인물들이 있는 것처럼 읽히기도 하기 때문인데요. 이 시에는 "당신"이 있고, "복숭아"도 있고, "절망"이 있고……. 그런데 제가 의아했던 것은 '나'로 추정되는 무언가가 위치만 있는 것처럼 느껴졌다는 거예요. '나'가 아예 없는 것도 아니고, 있는 것도 아닌 어떤 상태. 그러다 보니 이 빈자리를 의식하면서 시를 읽게 되는데 그에 비하면 '절망'의 상태, '절망'의 행위를 묘사하는 화자의 태도가 다른 것들을 대할 때보다 훨씬 더 '나'에 밀착해 있다는 느낌이 들었어요. 그래서 '나'라는 빈자리가 제 안에서는 매우 자주 절망으로 대체되어 다가왔는데요. 이 시적 화자는 절망을 '나'로 인식하고 있다는 생각 때문에요.

**조대한** 절망의 느낌에 관해 더 이야기를 해보자면, 사실 이게 참 전공병의 일종이긴 한데 시에서 "절망"이라는 단어가 나오는 순간 저는 어쩔 수 없이 시인 이상이 한 선언을 떠올리게 되었는데요. 이런 재미없는 이야기를 굳이 하는 이유는…… (웃음) 이상이 말했던 '절망과 기교'는 제게 시대에의 좌절을 미학적인 방법론으로 돌파하고자 했던, 그마저도 실패하리라 예감했던 한 예술가의 시대 인식으로 읽히거든요. 그와 그의 동인들에게는 실로 진실한 선언이었겠지만, 지금으로서는 다소 비대한 자의식을 지닌 인식론 같기도 해요. 그에 비한다면 하나의 세계를 깨뜨림으로써 튀어나온 이 시의 '절망'에서는 비대함이나 무거움이 거의 느껴지지 않는다는 점이 흥미로웠어요. 절망이 그렇게 등장해서는 "나 핑크 아니야" "분홍이야" 이런 말을 하기도 하고요. 그런 점이 저에게는 뭐랄까, 산뜻하게 느껴졌어요.

**장미도** 산뜻이라……, 산뜻하다는 평은 처음 들어보는 것 같아요. (웃음)

**조대한** 시 전반이 산뜻하다는 것은 아닙니다. 절망이 다뤄지

는 태도가 제게 유독 그렇게 다가왔다는 의미였습니다. (웃음)

**최가은**　음, 저는 사실 '산뜻'까지는 잘 모르겠는데⋯⋯. (웃음) 개인적으로 시적 주체가 절망에 굉장히 깊이 이입하고 있다고 느껴지기 때문에요. 그런데 대한 씨가 말씀해주셨듯, 절망이란 말은 시어로 쓰기에 부담스러울 수 있잖아요. 관념적이고 추상적이고, 과한 우울의 제스처처럼 비치기도 하고요. 그런데 절망이 다소 귀엽게 느껴지고, 대한 씨에게 '산뜻'에 가까운 무엇으로 다가올 수 있었다면 그 이유는 무엇일까요?

**장미도**　저는 절망에 관한 두 분의 감상이 다 너무 좋아요. '귀엽다'거나 '산뜻하다'는 표현, 그리고 절망이 '나'처럼 느껴진다는 것이요. 그러니까 저도 절망적인 상황을 그리되 절망을 너무 무겁지 않게, 담백하게 쓰고 싶었거든요. 음, 이건 다른 시에도 통용되는 이야기일 수도 있겠는데요. 아까 가은 씨가 이 시에서 '나'가 위치만 있는 것 같다고 하셨잖아요. 그래서 그 '나'가 절망인 것처럼 느껴진다고요.

'나'가 전면에 드러나지 않지만, 늘 저의 이야기이고 제 일부의 이야기였던 것 같아요. 시 창작의 층위에서 '나'를 지칭하지 않을 때, 내가 아닌 주체를 행동하게 만들 때, 시 내부적으로 어느 정도 거리를 확보하게 돼요. 분명 '나'의 이야기인 무엇은, '나'가 아닌 목소리로 쓸 때 외려 '나'에 더 가까워지는 지점들도 있는 것 같고요. 여기서는 절망을 '나'처럼 생각하기도 하지만, 동시에 당신을 '나'처럼 생각해보기도 했어요.

물론 '나'가 느낀 감정에 가까운 것은 절망일 테지만, 절망을 너무 처절하게 보이게 하고 싶지는 않았는데요. 오히려 노골적으로 '절망'이라고 씀으로써 절망이 이름처럼, 관념보다 단어 자체로 보이게 하고 싶었어요. 감정을 파토스 넘치게 잘 쓰고 싶지만 저는 그렇지 못한 사람이라서요.

검지가 '산뜻'의 근거가 될 수도 있을 것 같아요. 때때로 감정이란 게 머리보다 몸으로 더 자세하게 느껴지는 경우도 있잖아요. 예를 들어 '슬픔'이라고 한다면 저는 슬픔이 제 '어깨'라는 신체 기관으로 온다는 느낌을 받을 때가 있어요. 슬플 때는 어깨를 토닥토닥해주면 위로가 되잖아요. 그렇다면 절망은 어디서 올까, 어디서 발생할까. 신체 기관 중에서 그 근원을 생각해보면 손가락 끝으로 느껴지는 게 아닌가 싶더라고요. 그래서 이 손가락이라는 기관으로 절망을 우회해 표현하려고 했어요. 이러한 표현 방법 때문에 두 분께 '절망'이 그러한 방식으로 전해진 게 아닌가 싶어요.

**조대한**　말씀해주신 부분들이 독자로서도 정말 좋았던 지점이었어요. 사실 지나치게 강렬한 단어와 감정 앞에선 독서가 종종 정지될 때도 있거든요. 한데 지금 말씀하신 대로 신체화된 혹은 육화된 구체성으로 그 시어와 정동이 자연스레 연결되다 보니까 읽는 데 별다른 방지 턱을 못 느꼈어요.

**최가은**　저는 절망이라는 감정이 '단순히 과잉되지 않게 표현되었다'를 넘어선 이야기를 더 해보고 싶어요. 이 시에선 '나'가 아예 없다기보다 자리만 희미하게 존재한다는 느낌을 받았고, 시인께서도 그 부분을 어느 정도 의도했다고 말씀해주셨잖아요. 그래서인지 이 모두를, 그러니까 "당신" "복숭아" "절망"뿐만 아니라 이 상황 전체를 바라보고 있는 '나'가 따로 있을 수도 있다는 생각 역시 버리지 못했던 것 같아요.

그럼에도 절망이 '나'에 가깝게 느껴지는 것은 그 절망이 행하는 것들의 성격 때문이라고 생각해요. 이런 구절이 있잖아요. "절망은 전구를 끝까지 바라본다" 이것이, 뭐랄까요. 절망이 '나'이면서 '나'가 아닐 수 있다는 이 애매한 생각 때문에 더욱 진실하게 다가왔어요. 슬픔이 더욱 직접적으로 느껴졌달까요? 일인칭이 하는 말 같기도 하고, 전혀 그렇지 않은 것 같기도 해서…….

**장미도**　시를 쓸 때, '나'와 관련한 술어를 잔뜩 써놓고 이것을 이후 '절망'으로 대체한 것이 아니기 때문에 그러한 모호함이 발생할 수밖에 없다고 생각해요. 절망이 나로 읽히기도 하고 내가 아닌 것으로 읽히기도 한다는 느낌은 제가 특별히 의도한 것이기도 하고요. 제 시 속에 존재하는 것들이 '나'로 쉽게 치환되지는 않았으면 좋겠어요.

**이원석**　켁…….

**조대한**   원석 씨, 지금 비웃으시는 건가요?

**이원석**   아이고, 죄송합니다. 제가 아까 사레가 들렸는데 세 분 이야기 나누시는 것을 방해하지 않으려고 너무 오래 참다 보니까……. 정말 죄송합니다.

**일동**   (웃음)

**최가은**   아니, 잠시만요. 설명을 좀 드리고 지나가야 할 것 같은데요. 사실 코로나 상황 때문에 적절한 인터뷰 장소를 물색하는 것에 큰 어려움을 겪었어요. 그러던 중 오늘 이원석 소설가가 감사히도 장소를 제공해주셔서 아주 편안하고 안전하게 인터뷰를 진행하고 있습니다. 감사의 인사를 전할게요. 이따가 원석 씨의 최애 구절도 한번 들어보고 싶어요.

**이원석**   시란 참……. 질문 들어오기 전에 술을 많이 마셔둬야겠네요.

**최가은**   원석 씨 작품 자체에 대해서도 저희가 궁금한 게 많은데, 오늘 이렇게 객원으로 출연하게 되셔서 아쉽네요.

**조대한**   다음에 만우절 특별 편으로 '소로' 특집을 한번…….

**이원석**   '소로'라…….

**조대한**   요즘 부캐가 유행이잖아요.

**이원석**   부캐라…….

**조대한**   감상을 정리하시는 동안 하던 이야기를 계속 이어가 볼까요? 저희도 사실 이 뒤섞이는 '나'와 '당신'과 '절망'에 대해 오래 이야기를 나눴는데요. 그건 뒤에서 조금 더 자세한 이야기가 나올 것 같아요. 이번엔 저의 최애 구절을 이야기해볼게요. 그 전에 먼저 간단히 여쭤보고 싶은 것이 있는데요. 미술관에서 시작된 발상이라고 하니까 괜히 궁금해져서요. 혹시 특정한 그림을 염두에 두시고 "정물화"를 쓰신 건가요?

**장미도**   폴 세잔이 생각나긴 했지만, 특정한 그림을 염두에 둔 건 아닙니다. 사실 정물화에는 복숭아보다 사과가 훨씬 많이 쓰이는데요. 그럼에도 저는 복숭아가 그냥 딱 떠올랐어요. 그림을 던졌을 때 그림 바깥으로 튀어나올 수 있는 것들을 먼저 떠올려봤어요. 그림은 형태와 깊이감을 가진 물질이 평면으로 담겨 있는 것이잖아요. 더군다나 정물화의 대상은 그림이 그려지는 긴 시간 동안 형태 그대로를 유지하며 존재했을 것이고요. 그걸 깨뜨리고 파괴한다면, 입체적인 것, 물질성을 지닌 무엇이 튀쳐나오지 않을까.

그렇다면 과일 중에서 복숭아가 그런 속성과 가장 잘 맞아떨어지지 않을까 하는 생각을 했어요.

**조대한** 확실히 복숭아가 여러모로 잘 어울리는 선택이었네요. 과즙을 떠올리기도 쉽고요.

**최가은** 매우 쉽게 짓무르기도 하죠.

**조대한** 맞아요. 사실 제가 이런 질문을 드린 이유는, 제게 인상 깊게 다가왔던 구절이 복숭아와 직접적으로 연관되어 있기 때문인데요. 저는 "당신은 복숭아를 봉숭아라고 발음한다" 이 부분이 굉장히 좋았습니다. 일단 발음의 유사성 때문에 읽으면서 입에 걸리는 느낌도 좋았고, 색채의 차이가 두드러지는 것도 좋았어요. 저희가 '절망' 이야기를 오래 하다 보니 조금 간과한 지점이기도 하지만, 이 시에서는 제목에서도 나타나듯 "핑크"와 "분홍"이라는 색의 차이가 매우 중요한 요소로 다루어지잖아요.

제가 읽기에, 먼저 정물화 속 복숭아에게 주어진 이미지는 핑크에 가깝다는 생각이 들었어요. 절망은 그걸 부정하지만요. 핑크는 사실 자연에서 잘 보이지 않는 색깔 같아요. 유사한 색감이라 하더라도 벚꽃이나 복숭아를 핑크색으로 지정해서 색칠하면 이상한 그림이 나올 것만 같아요. 그런데 이 정물화의 세계가 한번 흐트러지고 난 뒤 "당신"이 발음을 하자 복숭아는 봉숭아가 되고,

핑크는 분홍으로 화한 것 같더라고요.

저는 동네에 누나들이 많은 환경에서 자란 편인데요. 어렸을 때 누나들이 제 손톱에 봉숭아를 맨날……. 많이들 해보셨죠? 겨울까지 안 지워지면 첫사랑이 이뤄진다는 말도 있었는데 그때까지 버텨본 적은 없네요. 봉숭아를 짓이겨서, 손톱에 얹어두고, 그 위에 검은 비닐과 고무줄을 묶고, 그러다 보면 어느 순간 손톱에 물이 들잖아요. 이처럼 봉숭아는 신체에 특정한 색채를 바로 입히는 게 아니라, 시간에 짓이겨지고 물들어야만 색으로 자신을 드러내는 것 같아요. 복숭아의 시간이 정지된 혹은 응집된 무엇에 가깝다고 한다면, 봉숭아는 서서히 스미고 뭉개지는 감촉의 시간처럼 느껴졌어요. 이 한 문장 속에 담긴 복숭아와 봉숭아의 배치와 감각의 상응이 무척 재미있었어요.

**장미도**　우와, 복숭아와 봉숭아에 대한 정말 재미있는 해석이에요.

**조대한**　아, 그런가요? 또 이 시구에서 흥미로웠던 것 중 하나는 일종의 언명이 주는 효과인데요. 방금 말씀드렸던 색채나 발음의 유사성 혹은 시간성의 차이 말고요. 화자가 발음할 때마다 냉장고는 곧장 바구니로 변화하잖아요. 범주화해본다면 각각의 시어가 짝을 이루는 것처럼 보이기도 해요. 이를테면 "냉장고"는 "복숭아"와, "바구니"는 "봉숭아"와요. 어쨌든 발음에 의해서 그런 묘한 공간의 변화가 발생한다는 사실이 흥미로웠습니다.

**장미도**　"봉숭아"는 "복숭아"와 발음의 유사성 때문에 말맛으로 쓴 단어인데, 말씀해주신 것을 듣다 보니 정말 그렇게 연결되는 것 같아서 흥미로워요. "냉장고"와 "복숭아"를, "바구니"와 "봉숭아"를 연결해주셨는데 말씀하신 대로 인공적인 것과 자연적인 것을 배치하고 싶다는 마음도 있었고요.

어쨌든 하나의 사실로 존재하는 무언가가 있다고 하더라도 그것이 항상 하나의 사실로 받아들여지지는 않잖아요. 나에게 중요한 어떤 사실이 누군가로부터 부정당하고, 아무것도 아닌 무엇이 되기도 하고요. 그런 생각에서 복숭아는 무조건 복숭아가 되지 않을 수도 있다, 그러니까 봉숭아가 될 수도 있다는 생각. 나아가 냉장고도 항상 냉장고일 필요는 없다, 바구니가 될 수도 있다, 라는 생각을 해보았던 것이고요.

**최가은**　저는 해당 구절을 통해서 이런 이야기도 해보고 싶어요. "복숭아"에서 "봉숭아"로 넘어가는 것이, 시에서 사실 복숭아가 계속 뭉개지고 있는 중이었잖아요. 그런데 이 뭉개지고 썩어가는 정도가 빛의 유무에 따라 심화되는 것 같아요. 이걸 아까 이야기 나누었던 혼재된 시간감과 연결해볼까요?

내가 경험했다고 생각하는 시간이 분명 있지만, 그와 동시에 전혀 개입하지 못한 시간이 있기 마련이라고 한다면, 경험하지 못한 시간을 이 시에서는 '어둠'이라고 말해보고 싶어요. 사전 회의 때 "냉장고"에 관해서 대한 씨가 이런 이야기를 하셨는데요. 냉장고는 열어보면 언제나 불이 켜져 있잖아요. 그러면 상상하게 되죠. 닫으면 꺼질 거라고.

**조대한** 근데, 본 적은 없잖아요. 불이 꺼진 상태를요.

**최가은** 맞아요. 그러니까 이게 내가 봐서, 혹은 경험해서 아는 어둠이 아니라 내가 경험하지 못하기 때문에 꺼져 있는, 어둠인 어떤 세계가 있다고 할 때 그 세계의 시간 동안 복숭아의 시간은 나와 무관하게 흘러가고 있었기 때문에 뭉개지고 썩어간다는 생각이요. 제가 「핑크 아니면」과 「상자적 시간」에서 차례로 느꼈던 일종의 위안은 그런 데서 오는 것 같아요. 그러니까 나와 무관한 시간의 흐름을 이 시들은 어떻게든 보여준다는 것이요. 저의 머리와 몸이 경험한 시간과 별개로 올해의 봄이 들이닥친 것, 장미도 시인의 화자들은 그런 것을 외면하지 않는 것 같더라고요. 저는 그 부분에 초점을 맞춰서 그런지 복숭아와 봉숭아 사이의 관계가 시간의 흐름처럼 보이기도 했어요.

**조대한** 이왕 말씀을 꺼내셨으니 조금 바보 같은 이야기를 해보자면……, 저는 어렸을 때 냉장고가 불이 꺼지는 그 순간을 너무나도 보고 싶었어요. 하지만 문이 닫히는 것과 맞물려서 바로 불이 꺼지는 거잖아요. 그래서 되게 빨리 문을 열고 닫는 그런 짓을 이렇게, 이렇게 (묘사 중) 다들 해보시지 않았나요?

**최가은**　……내 반드시 보고 말겠다, 그 순간을.

**조대한**　그렇죠, 그렇죠! (신남) 그걸 가은 씨의 말씀과 이어보면, 개입할 수 없는 순간에 기어이 개입하고 말겠다는 치기 어린 상상 같은 것으로도 말해볼 수 있을 것 같아요.

**장미도**　맞아요. 냉장고에 관한 두 분의 말씀이 재미있어요. 복숭아와 봉숭아도요. 모든 시간 속에 내가 존재할 수 없고, 어떻게 보면 그 시간의 흐름은 추측일 뿐이라는 것. 제가 자주 하는 생각인 것 같은데요. 그보다 먼저, 두 분은 냉장고를 굉장히 빨리 여셨다고 했는데 저는 되게 처언~처언~히이 닫아보았거든요. 그러면 신기하게도 조명이 꺼질락 말락 하기도 해요. 물론 문명이 너무 발전한 탓에 어둠을 포착할 수는 없었지만요.

**조대한**　역시 해보셨군요. 코드를 뽑았어야 했는데…….

**장미도**　(웃음) 그런데 두 분이 말씀하신 그대로예요. 경험해보지 못한 시간의 흐름을 그 흐름대로 "냉장고" 속에 담아보고 싶었던 것 같아요. 그 부분을 살려둔 것이 위안이라고 말씀하시니 감사하고요.

**최가은**　복숭아가 썩었다는 사실 자체가 중요하게 다가오진 않았어요. 말씀하셨다시피 나는 모든 시간에 존재할 수 없지만 미술관에 가거나, 시공간을 뛰어넘는 예술 작품을 마주할 때면 그 모든 순간에 내가 존재한 것만 같다는 착각을 하기도 하잖아요. 그게 물론 틀린 시간관이라고 말할 수는 없겠고요. 하지만 그곳에만 머물 수는 없다고 생각해요. 아무리 진짜처럼 느껴진다고 하더라도요.

어떤 시들은 그곳에만 있으려고 하죠. 물론 그런 시들이 주는 매혹도 있지만, 저는 최근의 제 경험과 연결되다 보니까 그게 조금 힘들더라고요. 제가 A를 경험한 동안 A 이외의 모든 것을 감각하지 못했다고 할 때, A로 충만했으니까 그게 다야, 그게 진짜야라고 말하는 것은 과연 맞는 걸까, 그거야말로 과잉이 아닐까 하는 생각이 드는 거죠. 자의식이든 뭐든……. 그런데 상자든 정물화든 이 속에서 일어나는 일들에 실컷 몰두하고 나니 어느새 냉장고의 어둠 속에서 썩어가는 복숭아가 옆에 놓여 있다는 게, 개인적으로는 많이 와닿습니다.

**장미도**　시라는 장르가 기본적으로 그럴 수도 있지만, 어쨌든 말이 안 되는 이야기로 읽힐 수 있는 지점이 제 시 속에 더러 있는 것 같아요. 정물화를 던졌는데 그 속에서 복숭아가 튀어나온다거나 하는 것들이요. 그렇기 때문에 좀 더 감정이나 상상 자체에만 매몰되지 않을 수도 있지 않을까 하는 생각이 들어요.

　복숭아가 상해가는 걸 인상 깊게 봐주신 것이 감사해요. 이거 쓸 때 고민을 많이 했었거든요. '복숭아가 상해간다'에만 초점을 맞추면 유사한 상태를 반복하는 것에 불과하게 될까 봐요. 그런데 '상함'이라는 과정도 스펙트럼이 매우 넓잖아요. 조금 상한 상태에서 거의 상해가는 것, 그리고 완전히 썩은 상태까지요.

　**최가은**　1부 쉬는 시간을 갖기 전에 원석 씨도 감상을 한번 전해주시는 게 어때요? 최애 구절이 있으신가요?

　**이원석**　음, 그럴까요? 저는 시를 미리 읽고 세 분처럼 준비해온 것이 아니라서 해석을 덧붙이는 게 좀 무례할 수도 있겠는데요. 그래도 괜찮다면…… "전구가 빛난다는 소문을 들으면 전구를 쳐다보지 않을 수 없다고 절망이 말한다" 저는 이 문장이 굉장히 좋았습니다. 시의 독법에 익숙하지 않은 입장에서는 시어의 의미를 추적하면서 읽는 게 가장 간단한 방법이라고 생각해요. 아까 세 분이 '절망'이라는 단어에 대해 오래 이야기해주셨는데요. 사실 그 단어가 다들 말씀해주신 것처럼 부피가 굉장히 크잖아요. 소설에 쓰였다고 해도 마찬가지일 것 같아요. 소설에서든 시에서든 이렇게 부피가 큰 단어가 나오면 독서를 멈출 수밖에 없게 되고, 그렇다면 굳이 왜 이런 단어를 썼을까 생각하게 되거든요.

저는 시 전체를 읽으면서, 또 세 분의 이야기를 들으면서 어쩌면 이 구절 전체가 '절망'에 관한 이야기가 아닐까 생각했어요. "소문을 들으면 전구를 쳐다보지 않을 수 없다"는 말이, 소문에 해당하는 무언가를 믿을 수 없기 때문에, 믿지 않기 때문에 쳐다봐야만 하는 것이라는 생각을 했거든요. 절망이라는 것이 그렇잖아요. 저에겐 믿음 뒤에 찾아오는 감정에 가까워요. 무언가를 믿었는데, 그것이 배반당했을 때 찾아오는 감정이요. 믿음이라는 게 사실은 얼마나 불가능한 일인지에 대해 최근 많은 생각을 하고 있다 보니 그렇게 다가오는 것일 수도 있고요.

아까도 잠깐 그런 이야기가 나왔지만 저는 이 세 인물, "당신" "복숭아" "절망" 혹은 그 이상의 인물들이 모두 다른 인물이라기보다는 특정 인물의 분체라는 생각도 해보았는데요. 그런 관점에서 봤을 때 자기 자신조차 믿지 못하는 어떤 사람이 전구가 빛난다는 소문을 듣고 전구를 봐야만 하는 어떤 상황, 이 상황 자체가 '절망'에 대한 설명이 아닐까 하는 생각을 했습니다.

**조대한**  오, 정말 흥미로운 말씀이네요. 특히나 믿음 뒤에 찾아온 어떤 감정의 낙폭을 절망이라고 표현하신 부분이요.

**최가은**  믿지 못하기에 쳐다볼 수밖에 없다는 해석도요. 듣고 보니 이 구절 자체가 절망을 말하고 있다는 해석에 동의되면서, 초반에 절망의 발화, 절망의 행위가 유독 진실하게 다가왔다는 저의 감상에 이유가 생긴 것도 같아요.

**장미도**    절망에 앞서 믿음이 있다는 말씀이 깊은 무게로 다가
오네요. 제 시에 관한 이원석 소설가의 해석을 처음 들어보는 것
이기도 하고요. 매우 기쁜데요? (웃음)

**최가은**    두 분이 학교를 함께 다니시지 않았던가요? 마치 대
화를 처음 해보시는 사이인 양······.

**이원석**    수업을 함께 듣기는 했지만, 저희가 수업 시간에는 대
개 아무 말도 안 하고 구석에 구겨져 있는 편이었거든요.

**조대한**    (웃음) 원석 씨 말씀을 듣다 보니, 언급해주신 "소
문"이라는 시어가 이전과는 다르게 다가오네요. 살아 있다는 건
영원한 루머에 지나지 않는다고 말했던 최승자 시인의 유명한 구
절이 겹쳐 떠오르기도 하고요. 실체 없는 루머와 소문의 텅 빈 부
피로 구성되는 존재들의 불안이 말씀하신 절망과 이어져 있다는
생각이 들기도 합니다. 이 부분은 저도 모르게 그냥 지나쳤던 듯
싶은데 말씀을 듣고 나니 조금 달리 보여 기쁩니다. 해당 구절에
서 이야기를 이어가보면, '쳐다본다'라는 표현에 대해서도 할 이
야기가 많을 것 같아요. 장미도 시인의 시 전반에서 무언가를 바
라보는 일을 중요하게 여기신다는 인상을 종종 받곤 했거든요. 제

가 기억하기로 데뷔작인 「FRACTAL」에서도 무언가를 바라보는 상황의 묘사가 나와요. "같은 방향을 보게" 배치된 공간이랄지, "오래도록 바라보고 조심스럽게 만지면" "무언가 생길 것 같은 예감"이랄지. 「핑크 아니면」에서 특징적인 것이 있다면, "전구를 쳐다보지 않을 수 없다"거나, "전구를 끝까지 바라본다"거나 하는 구절처럼, 바라보는 대상이 주로 '빛' '전구'라는 점이에요.

**장미도** '바라본다'라는 것이 그 대상의 바깥에 주체가 위치하기 때문에 가능한 상황인 거잖아요. 그 행위 자체가 조금 무책임하다고 느껴질 수도 있는 것 같아요. 내가 어떤 상황에 깊이 개입하지 않고, 바깥에서 관조한다는 느낌 때문에요.

아까 원석 씨의 말씀을 이어서 계속해본다면, 저 자신의 경우에도 바깥에서 바라본다고 종종 생각하는 것 같아요. 나는 이렇게 하나의 덩어리로 이루어져 있지만, 실은 굉장히 파편화되어 있다고 감지돼요. 파편들은 조각조각 흩어져 있는 것만도 아니고, 하나의 덩어리로 단단히 붙어 있는 것만도 아닌 것 같아요. 조각과 조각, 부분과 부분을 이어붙인 것들이 끝없이 붙었다 흩어졌다 하는 과정의 연속이지요. 그리고 필연적으로 사이에는 무수한 틈이 존재할 수밖에 없고요. 빛이 들어온다면 그 사이로 비칠 것이고 감정도 그곳에서 생기지 않을까요? 빛이 등장하는 장면에서 대한 씨께서 말씀하신 '바라본다'는 의미가 담겨 있지 않나 싶어요.

**조대한**　분절되고 파편화된 나를 바라보는 바깥의 시선 이야기가 흥미롭네요. 우리가 우리 자신을 객관적으로 바라본다는 것은 이기利器의 렌즈 없이는 불가능한 일이잖아요. 정물화가 완전한 피사체로서 시선-권력의 대상이 되는 존재를 형상화한 것이라면, 흔들리고 깨져버린 이 세계는 역전된 소실점을 통해 비추는 새로운 빛의 풍경이라고 해야 할지도 모르겠어요. 말씀하신 것처럼 폭력으로 악용되어온 '시선'의 역사가 분명히 존재하잖아요. 오래된 서정시의 문법을 이야기할 때 늘 언급되는 그 시선을 일인칭의 존재가 되받는 것으로 두신 시적 상황과, 관조와 무책임의 상반된 거리감을 끊임없이 의식하고 계신 점이 무척 인상 깊어요.

**최가은**　'바라본다'의 폭력성에 대해 이야기해보면, 저희가 또 오래 이야기를 나눈 구절이 있었는데요. "복숭아를 씹을수록 전구는 붉게 빛난다 이명은 빛에서부터 자라난 것 같고 그것은 복숭아의 비명일지도 모른다고 당신은 생각한다"라는 부분이었어요. 절망, 혹은 시적 화자가 전구를 끝까지 바라보고 나서 일어난 일이라고 말할 수도 있겠는데요. 화자가 복숭아를 씹자, 전구가 붉게 빛나기 시작하고 빛에서부터 이명이 자라나더니 이것이 복숭아의 비명으로 전환되기도 하죠. 이때의 '붉은빛' '이명' '비명' 등을 복숭아 혹은 전구의 언어라고 말해볼 수도 있다면, 그들의 언어가 시적 화자에게 오감으로 전해지는 것이잖아요. 앞선 연에 배치된 시어이긴 하지만 "깨질 듯 시끄러운 빛"이라는 공감각적 표현도 있고요.

사물이 이처럼 여러 감각으로 자신의 언어를 전달한다는 것은, 실상 사물 자체가 그렇다는 것이 아니라 이걸 받아들이는 시적 화자의 태도 때문에 발생할 수 있는 상황인 것 같아요. 그저 바라보는 것이 아니라, 원석 씨와 대한 씨가 이야기해주신 것처럼 믿기 위해 쳐다본달지, 오래도록 조심스레 바라본달지, 혹은 "끝까지" 바라보는 태도 때문에 발생한 것이요. '보다'가 엄청나게 끈질기다는 생각이 들어요. 이 끈질김으로부터 사물들이 발현하는 무언가를 최대한 감각할 수 있는 게 아닌가 싶네요. 더불어 그게 가능한 이유는 기본적으로 이 세계가 제한된 공간이라서 그런 것 같기도 하고요. '보다'가 관조처럼 느껴지지 않는 이유가 있다면 그런 것 같아요.

**조대한** 맞아요. 그런 상황 묘사 때문인지, 이 제한된 미시 세계가 종종 거대하고 무한한 세계처럼 느껴질 때도 있어요.

**최가은** 그 이야기도 나눠보고 싶은데요. 아쉽지만 벌써 분량이 꽤 찼어요. 미도 씨의 최애 구절을 비롯한 다른 이야기들은 잠시 쉬고 진행하도록 하죠.

— 잠시 휴식 —

**최가은**   아까 나누었던 '핑크' 이야기에 더 집중해볼까요?

**조대한**   좋아요. 문득 떠오른 생각인데 이 작품이 실렸던 『문학동네』 지면도 분홍색으로 디자인되어 있었잖아요. 묘하게 어울린다는 생각이 들어 재미있었어요. 개인적인 이야기입니다만 저는 원색에 대한 공포가 있는 편이거든요. 운전하면서 철쭉이나 개나리가 산등성이를 온통 뒤덮고 있는 풍경을 마주할 때가 있는데, 그럴 때마다 간혹 무섭다는 느낌이 들더라고요. 자연광 아래에서 선명한 원색의 무더기가 빛나고 있으면 어딘가 이상한 곳에 와 있는 것 같은 착각에 빠지기도 하고요. 그래서인지 "핑크"라는 시어에 강한 이질감을 느꼈습니다.

**장미도**   맞아요. 핑크 자체가 채도가 높기도 하고, 쨍한 색깔이 발산하는 공격성이라는 게 정말 있어요. 약간의 거리감도 느껴지고요. 아까 대한 씨가 철쭉을 말씀해주셨는데, 자줏빛이나 보랏빛을 강하게 발산하는 친구들도 요즘에는 종종 눈에 띄더라고요. 원래 자연의 색깔인지 개량종인지는 잘 모르겠지만, 그런 원색은 어쩐지 인공적인 느낌이 강하죠.

**조대한**   맞아요. 핑크는 제게 그림이나 인형의 집 같은 공산품에 어울리는 색 같은 반면, 분홍은 조금 더 자연스러운 색의 느낌이에요. 외래어라 그럴까요?

**최가은**　핑크 자체가 자연적 원색이라는 느낌이 덜하다는 말씀에 동의합니다. 저는 핑크 하면 사실 동화의 이미지가 많이 떠오르기도 하는데요. 아니, 동화라기보다는 아주 선명한 색감의 애니메이션이랄까요. 이번에 장미도 시인의 시를 보면서 생각해본 건데, 모든 명명이 기본적으로 그렇지만 핑크라는 말 자체가 대상을 지칭하는 것이 유독 제대로 안 되는 어휘라는 생각이 들어요. 색 자체를 가리킨다기보다는 개별적인 이미지나 감각만을 떠올리게 한다는 점에서요.

**장미도**　핑크가 스펙트럼이 굉장히 넓은 색이잖아요. 매우 쨍한 핑크도 있고, 보라에 가까운 핑크도 있고. 좀 연한 쪽으로 가면 인디 핑크도 있고요. 저는 쨍한 핑크를 의도했지만, 가은 씨 말대로라면 읽는 사람에 따라 전혀 다른 색감으로 다가갈 수도 있겠다는 생각이 들어요. 분홍을 영어로 한 것이 핑크인데, 핑크라고 지칭하면 조금 다르게 들리는 느낌이 확실히 있어요. 생각해보니 재미있네요.

**최가은**　대한 씨가 사전 회의 때 저에게 그런 질문을 했어요. "근데 너 핑크를 본 적이 있어?"라고요. 처음에 그 말을 들었을 땐 좀 황당해서 "뭔 소리야, 핑크를 못 보긴 왜 못 봐"라고 대답했는데.

**장미도**　(웃음)

**조대한**　네, 정확히는 그보다 거칠게 대답하셨습니다만…….

**최가은**　생각해보니 정말 내가 핑크를 본 적이 있나? 라는 의문이 들더라고요. 생각하면 할수록 핑크란 실체보다는 관념에 속한 색깔이 아닐까 하는 생각이 들고, 우리가 현실에서 직접 마주하고 있는 색채는 분홍에 가까운 것 같더라고요. 핑크는 말 그대로 기호일 수 있겠다고 생각했던 거예요. 대한 씨는 정물화가 깨지면서 시작되는 세계가 핑크가 분홍이 되는 과정으로 느껴진다고 말씀해주셨는데, 저는 그런 해석이 굉장히 재미있었어요.

**조대한**　기왕 핑크와 분홍 이야기가 나왔으니, 시의 이 부분 말이에요.

> 핑크 아니야, 절망이 말했고 분홍이야, 당신은 유릿조
> 각 앞에 서 있다

저희 둘이 이야기를 나눠보았지만 이 구절이 완벽하게 해명되질 않더라고요. "핑크 아니야"는 절망이 말한 것이 분명한데, "분홍이야"는 발화 주체가 상대적으로 불확실하게 느껴져요. 누가 말한 것일까요? 특히나 다음 연으로 넘어가면,

> 불 꺼진 바구니 속에서 복숭아가 검게 익고 있다

핑크야, 절망이 말했고 투명해, 당신은

유릿조각을 밟고 서 있다


"핑크 아니야"라고 말했던 절망이 다시 "핑크야"라고 진술
을 번복하거든요. 조금 도식적이긴 하지만 "핑크 아니야"와 "핑크
야"가 선명하게 대비를 이루고 있으니, 저는 두 연 사이의 차이에
우선 주목해야겠다고 생각했어요. 인용된 2연에서는 "유릿조각"
앞에 서 있고, 3연에서는 밟고 서 있잖아요. 그렇다면 2연에서는
아직 밟은 건 아니잖아요. 3연에 이르러서야 밟으며 그것이 완전
히 깨져 있음을 실감한 것이 아닐까 하는 생각이 들었어요. 이때
의 유리는 전구가 깨지면서 발생한 조각들로 이해했고요. 그러다
보니 저희가 1부에서 길게 이야기했던 '어둠'의 시간이 다시 떠올
랐어요. 내가 경험해보지 못한 불 꺼진 인위의 시간 혹은 깨져버
린 전구를 밟고 서 있는 그 어둠의 시간을 "핑크"라고 한다면, 그
모습을 아직 바라볼 수 있는 반대쪽의 시간은 "핑크 아니"라 "분
홍"에 가깝지 않을까 생각해보았습니다.


**장미도**　우와, '핑크 아님'과 '핑크'를 그렇게 깔끔하게 구분해
주시니까 굉장히 다르게 다가와요. 사실 저는 해당 구절들에 관해
누가 무슨 말을 했는지 명확히 하고 싶지는 않았었는데요. 음, 가
은 씨는 누가 말한 것 같으세요? (웃음)

**최가은**   (웃음) 매번 시를 제멋대로 읽는 저로서는······. "분홍이야"를 따로 떨어뜨려서 본 것이 아니라, "분홍이야, 당신은" "투명해, 당신은"과 같이 둘 다 절망이 혹은 절망이 아닌 '나'가 끼어들어서 말한 것으로 보았어요. "투명해, 당신은"에서는 행이 아예 갈리기도 하니까요. 그런 식으로 읽을 때 리듬감이 살아서 혼자서 그렇게 읽고 좋아했어요. (웃음) 또, 그냥 "당신"을 수식하는 말들로 이해해도 좋을 것 같아요.

**장미도**   오, 너무 좋아요. 두 분이 말씀해주신 것처럼 이렇게 다양하게 해석될 수 있는 구절인지 몰랐어요. 처음에는 대화로 썼는데 여러 가지 확장되는 지금의 해석이 훨씬 재미있어요.

**최가은**   쉼표의 배치 때문에 가능해지는 해석인 것 같아요. 이번에는 1부에서 대한 씨가 잠깐 언급해주셨던 '뒤섞이는 나'에 대한 이야기를 해볼까 해요.

> 당신은 복숭아를 줍는다 뭉개지고 뭉개진, 검지에서 피가 난다 당신은 무너진 복숭아를 씹는다 달라붙는 이빨, 굴러떨어질 것 같은 눈알, 끈질기게 참아야지 씨앗까지 삼켜야지

"당신은 복숭아를 줍는다 뭉개지고 뭉개진"이라고 할 때, 이

"뭉개진"이라는 수식어는 원래 복숭아 거잖아요. 그런데 갑자기 '나'의 혹은 '당신'의 검지에서 피가 나고, 그 이후 당신이 "무너진 복숭아를 씹"었을 때 복숭아가 이빨에 달라붙는 것이 아니라 이빨이 달라붙어요. 어떤 대상들이 그것이 속해 있어야 하는 곳을 비껴가면서 자꾸 자리를 바꾸죠. '속한다'라는 개념 자체를 파괴하는 과정 같기도 하고요.

**조대한**  주체와 객체가 그런 방식으로 교묘하게 섞여가며 조화를 이루는 세계라는 점이 인상 깊어요. 시에 제시된 공간이 워낙에 물리적으로 제한된 곳이다 보니까 그 안에 놓인 존재들이 서로 엮이며 자리를 뒤바꾸는 과정이 보다 눈에 잘 들어오기도 하고요. 「상자적 시간」에서도 그랬지만, 「핑크 아니면」과 나란히 실린 「여름의 절반은 장마」에서도 비슷한 부분이 있었어요.

**최가은**  「여름의 절반은 장마」에 "물을 아무리 마셔도 장마는 끝나지 않고"라는 구절이 있거든요. 이 구절을 처음 보았을 때도, 물을 마시는 것이 장마가 끝나는 것과 대체 무슨 관계라는 걸까, 하는 생각을 먼저 했어요. 그런데 뭐랄까 장미도 시인의 시는 이런 식으로 인과가 아닌 것들을 인과적인 것으로 배치하는 데 있어서 조금은 뻔뻔한 (웃음) 태도를 보이는 것 같아요. 언뜻 무관해 보이는 것들을 '아무리 ~해도' '~지 않아'라는 구조 위에 놓고서는 훌쩍 직진해버리니까, 더욱 인상 깊은 면이 있죠. 명확하게 어떤 세계가 구축되고 나면, 그 안에서는 제 나름의 논리가 자유롭게 활개 친다는 느낌이 들어요.

**장미도**   내가 바라보는 대상이 자리를 바꿀 수 있다는 것은 아마도 제가 그 대상이기도 하다는 점 때문에 가능한 것 같아요. 저의 시들이 '나'에 머무르지 않고 한 발자국 나아가는 것처럼 보였으면 하는 바람도 있고요. 제가 시를 쓸 때 기존과는 다른 전제를 두고, 다른 논리를 밀어붙이는 경향이 더러 있어요. 그런데 그게 이상하게 받아들여지지 않으려면 그때의 논리가 세계와 너무 동떨어진 것이어서는 안 된다고도 생각합니다. 어느 정도 유사한 세계이기는 하되, 너무 다르지도 또 완벽히 같지도 않아야 한다고 생각해요. 독자분들이 시에 가장 강하게 반응하는 지점도 그런 애매한 거리로부터 발생한다고 생각하고요.

**조대한**   말씀을 듣고 보니 장미도 시인의 시는 그 거리의 애매함이 특히나 잘 형상화되어 있는 것 같아요.

**장미도**   정물화를 던지면서 펼쳐지는 세계가 결코 우리와 아무 관계도 없는 공간은 아니라고 생각해요. 다소 상투적인 말이기는 하지만, 때로는 우리가 현실에서 경험하는 세계도 도저히 말이 안 되는 것처럼 느껴질 때가 있잖아요. 그럴 때마다 시에서 자리를 뒤바꾼 전제가 세계의 모순된 지점을 조금 더 말이 되는 방향으로 이끌어주거나, 적어도 다양한 해석의 가능성을 열어줄 수도 있지 않을까 합니다. 사실 두 분의 말씀을 듣다 보니 든 생각이에요. (웃음)

**조대한** 전제를 뒤바꾼다고 말씀해주신 부분이 굉장히 인상 깊어요. 언급된 장미도 시인의 시들은 모두 특정한 시공간의 전제 하에 시작되는 세계이기도 하잖아요. "핑크 아니면" "상자적인 시간" "모감주나무 아래" "정물화가 흔들리는 세계" 등등……. 이 공간들에서는 주어와 술어의 인과가 유독 성립하지 않는 편인데, 막상 자세히 읽다 보면 그들의 사이가 굉장히 먼 것 같으면서도 한편으로는 단단히 결합되어 있다는 생각이 들어요. 그 간격의 행간 혹은 모호한 긴장 관계가 이 시를 자꾸 더 읽어보고 해석하고 싶어지게 만드는 것 같아요.

아까 가은 씨가 '속한다'라는 개념의 파괴를 언급해주셨잖아요. 주어와 술어의 배치가 기대를 배반한다고도 말씀하셨고요. '나'라고 불리는 대상을 일종의 객체로서 바라보려 해도 애초부터 그것은 온전한 대상화가 불가능한 무엇일 텐데, 지금껏 '나'라고 믿고 바라봤던 대상이 무르게 뭉개지고, 베어 무는 이빨이 동시에 '나'에게 달라붙는 이빨이 되어 뒤섞이는 과정이 그러한 '나'의 불가능성을 은연중에 드러내고 있다는 생각이 드네요.

**최가은** 그렇게 은밀히 가시화되는 불가능성이 바로 장미도 시인의 시들이 현재 저희가 지속하고 있는 삶과 연결될 수 있게 하는 요소인 것 같아요. 제어된 세계, 담백한 태도와 같은 저희의 모든 감상을 장미도 시인의 이야기와 연결해보자면…… 아까 시인이 만들고자 하는 세계의 뒤바뀐 전제가 현실 세계와 너무 멀지 않은 것이라고 말씀하셨잖아요. 기어이 복숭아는 썩어버린 것처럼 현실의 시간을 외면하지 않기 때문에 한눈에는 완전히 말이 안 되는 것이 설득력을 가지는 것 같고요. 저희가 언급한 시들에 연속적인 어떤 주체가 있다면, 그는 이 제한된 세계에서 매우 많은 것을 체험할 수 있을 것 같아요. 1부에서 이 세계가 미시 세계처럼 보이지만 결코 그렇지 않다는 이야기가 나온 것도 같은 맥락일 것이고요. 시를 '나'에 가두고 싶지 않다는 바람이 너무 강하다 보면 사실 시가 흩날리는 느낌이 들 때도 있는데, 이 시들에는 단단한 중심이 있어요. 그것이 권위적이고 서정적인 소실점이 아니라는 앞선 저희의 감상도 중요한 것 같고요.

**장미도**   제 시가 어쨌거나 현실에 발을 붙이고 있는 지점이 있다는 말씀 같아요. 현실에서도 참 많은 사건이 발생하잖아요. 저만의 개인적인 사건이 있는가 하면 더 큰 사회적인 이슈들도 있는데 그것들을 있는 그대로 적기에는 시 앞에서 너무 솔직해진다는 느낌이 들어요. 저는 그렇게 하지 못하는 사람 같고요. 그 거대한 감정을 정리하기 위해 정물화라든지 상자라든지 이런 식으로 규정을 지어서 다시 배치해보려고 했던 것 같습니다.

**조대한**  말씀해주신 부분이 저는 무척 좋았어요. 본인이 감각했던 세계를 정물화든 상자든 일정한 시적 공간으로 축소해서 다시 구성하고 재배치한다는 말씀이요. 음, 그럼 이쯤에서 장미도 시인의 최애 구절을 하나 꼽아주실 수 있을까요? 특별히 힘을 주셨다거나, 이 문장은 내가 봐도 마음에 든다거나, 혹은 이 펀치 라인은 찢었다 싶은 구절도 좋습니다. (웃음) 물론 열 손가락이 다 아프기 마련이니까 하나만 고르기 어려우실 테지만요.

**장미도**  뭐, 그렇게 다 자식 같지는 않습니다. (웃음)

복숭아를 씹을수록 전구는 붉게 빛난다

찢은 것까지는 모르겠지만, 쓰고 나서 어느 정도 내가 말하고자 하는 것과 가까운 문장으로 만들어졌다는 생각이 들어서 좋았던 구절이에요. 그리고 이 구절과 별개로 시에 대해 덧붙이고 싶은 말이 있어요. 저는 '절망'이라는 시어를 쓸 때 정말 많은 고민을 했어요. 단어가 주는 세기 때문에 나머지가 다 가려질 것 같아서요. 저는 그것이 절망이든 혹은 다른 종류의 것이든 모종의 감정이 휩쓸고 지나간 뒤 속이 비어 있는 바로 그 자리에서 시를 시작하거든요. 물론 그곳은 처음부터 쭉 비어 있는 공간이 아니라, 감정이 끝까지 차오르거나 감정에 단단히 휩싸인 이후에 남게 되는 곳이니까 완전한 무의 공간이라고 말할 수는 없겠지만요. 그 빈

공간에 남은 미세한 진동과 흔적이 독자분들에게도 느껴졌으면 좋겠어요.

**조대한**  어떤 감정들이 지나가거나 가라앉은 뒤에 남아 있는 여백의 공간에 다른 무언가를 채워 넣는다는 것이 너무 좋네요. 시를 읽는 이에게도 그곳의 앞뒤를 채운 시간의 부피가 전해지는 것만 같아요.

**최가은**  완전한 무가 아니라는 말씀이 특히 인상적이네요. 아까 현실을 대하는 태도가 솔직하지 못하다고 하셨는데, 저는 오히려 다 쓸려나가지 못한 잔여물이 있는 자리에서 시를 시작하신다는 것 자체가 매우 솔직한 태도라고 생각해요.

저는 "전구가 빛난다는 소문"에서 "소문"이라는 시어를 쓰신 것이 궁금했는데 이야기를 듣다 보니 방금 하신 말씀과도 연결되네요. 1부에서 잠시 이야기가 나오기도 했지만, "전구가 빛난다"라는 말은 소문이 되기에는 너무 사소하고도 사소한 사실이잖아요. 그런데 사실과 소문 사이의 간극에 그저 무시하기에는 찜찜한 잔여물이 남아 있는 것 같아요.

**장미도**  "소문"에 대해서라면, 앞서 저희가 나누었던 이야기와 연결해볼 수 있을 것 같아요. 저는 복숭아와 봉숭아, 핑크와 분홍의 구도를 쓸 때와 유사한 문제의식을 가지고 이 시어를 떠올렸어요. 우리가 경험하는 대부분의 '사실'들은 실은 온전히 고정된 사실이라기보다 소문처럼 떠도는 것들인 경우가 왕왕 있잖아요. 그런가 하면 뜬구름 같은 소문이 기정사실화되어 있는 경우도 있고요. 그렇게 소위 정상적으로 호명되는 바깥의 목소리에 대해서 이야기하기 위해 소문이라는 단어를 택했는데, 그 단어 주변에서 어떤 간극과 잔여물을 느끼셨다니 기쁠 따름입니다. (웃음)

**조대한**　말씀을 들으니 "소문"이라는 시어는 장미도 시인의 시가 굉장히 잘 짜였다는 감상을 자아내게 하는 사례 중 하나인 것 같아요. 물론 이곳은 많은 것이 유보된 모호한 세계이고 근본적으로 해석의 품이 굉장히 넓은 곳이어서 '잘 짜였다'라는 것이 수학적으로 딱딱 맞아떨어진다는 의미는 결코 아닙니다만 그럼에도 치밀한 고민 끝에 배치된 시어라는 생각을 버릴 순 없네요.

**장미도**　제가 일종의 레이어를 쌓아가는 과정처럼 시를 대해서 그런 것 같기도 해요. 새삼스럽지만 두 분이 이렇게 꼼꼼하게 시를 읽어주셔서 정말로 감사하다는 말씀을 드리고 싶어요. 오늘 새로운 경험을 많이 하네요. 합평에서는 주로 기술적 차원의 조언을 듣게 되거든요. 오늘처럼 의미를 다층적으로 해석하고, 각자의 의견을 덧대 시를 확장하는 경험은 처음이라 굉장히 신선하고 즐겁습니다.

**조대한**   의미의 확장이라는 말씀은 과분합니다만, 그래도 분명 혼자 앉아서 꼼꼼하게 읽을 때의 시와 이렇게 함께 이야기를 나누면서 곱씹을 때의 시는 각기 다가오는 게 다르더라고요.

**최가은**   맞아요. 저희도 그냥 좋다고만 생각했다가 얘기를 하다 보면 새로이 알게 되는 점이 많은 것 같아요.

**조대한**   또 오늘 좋은 이야기를 많이 나눌 수 있었던 건 장미도 시인의 시 자체가 워낙 의미의 품이 넓어서겠지요. 시를 빌리자면 "씹을수록 붉게 빛나서"…….

**최가은**   ??? 뭐야…….

**조대한**   주접 죄송합니다.

**최가은**   아, 맞다. 여기 "씨앗"이요. 진짜 마지막으로 "씨앗"이라는 시어에 대해 듣고 싶은 이야기가 있어요. 「상자적 시간」에도 "씨앗"이 나왔거든요. 좋아하시는 시어인 것 같아요.

**조대한**   견과류 좋아하세요?

**최가은**   저기요, 조대한 씨. 피곤하면 나가셔도 됩니다.

**장미도**   (웃음)

**조대한**   저는 견과류 좋아하는데…….

**최가은**   「상자적 시간」에서는 씨앗이 뭐랄까 태초, 근원의 이미지로 다가왔어요. 통념적인 의미의 씨앗으로요. 하지만 여기서는 씹어야 하는 무엇인데, 씹지 않고 삼켜버리는 복숭아의 마지막 단계잖아요. 같은 시어이지만 완전히 다른 느낌이에요.

**조대한**   맞아요. 광의적으로는 비슷할지도 모르지만 세부적으로 들어가면 「핑크 아니면」의 씨앗은 어딘가 모나 있는 느낌이에요. 앞에 "이빨" 같은 단어들이 함께 있어서 그런지 묘한 고통이 따라오는 시어이기도 하고요.

**장미도**   오, 정말 씨앗이 두 편의 시에 다 나오네요. 저도 충격…….

**최가은**   장미도 시인은 견과류를 좋아하시는 걸로…….

**이원석**   전 조금 다른 이야기를 꺼내봐도 될까요? 주변에서 장미도 시인 이름이 필명이냐고 많이들 물어보시더라고요.

**장미도**  본명이랍니다. 필명이냐고 물어볼 만큼 특이해서 좋아하는 이름이에요.

**조대한**  사람에게는 이름이 주는 실감이란 게 있으니까요.

**이원석**  창작자로서 굉장히 좋은 이름을 갖고 계신 것 같아요.

**조대한**  왜죠?

**이원석**  …….

**최가은**  장미도 시인은 창작자로서 굉장히 좋은 이름을 갖고 계신 걸로……. 이제 좀 술을 제대로 마셔볼까요?

**이원석**  계속 마시고 계셨잖아요…….


— *장미도 시인 잠시 자리 비움* —


**최가은**  원석 씨, 주무세요?

**이원석**  어이쿠, 장미도 시인이 말씀을 굉장히 잘하시네요. 수업 시간에는 아무 말도 없으셔서 몰랐는데…….

— *장미도 시인 돌아옴* —

**장미도** 제 욕 하셨나요?

**이원석** 아니, 아니요?

**최가은** (웃음) 이제 슬슬 마무리해야 할 시간이네요. 사실 저희의 공식 질문이 있기는 한데 이게 점점 '답정너'가 되어가는 것 같아서 민망해요.

**장미도** 인터-리뷰라는 형식으로 한 편의 시를 읽어나가는 '시로'의 기획에 대한 의견 말씀이시죠? (웃음) 저는 개인적으로 시 한 편만 좁고 깊게 읽어내는 일과 시집 전체를 조감하듯 해석하는 일은 각각 위험성이 있다고 생각해요. 그런데 시 한 편에 대한 이토록 기다란 인터뷰 기획은 정말 '시로'가 처음이었던 것 같아요. 그래서 새롭고 참 재미있다고 생각했고요. 지난 인터뷰들을 살펴보면, 굵직굵직한 주제 속에서 미처 빛을 다 발하지 못했던 시의 작은 부분들이 재조명되는 듯해서 좋았어요. 의외로 시 한 편에서 시작해서 시 세계 전반으로 확산되는 지점도 종종 있는 것 같고요.

**최가은**   저는 오늘 개인적으로 반성한 부분도 있었어요. 어쩌면 시인님은 시 세계 전체를 연속적으로 생각하지 않을 수도 있는데 저희가 "정물화" "상자"처럼 키워드를 애초부터 엮어서 인터뷰를 시작했다는 점에서요.

**장미도**   제 작품 중에서는 연작시의 형태를 지닌 것도 있지만, 그렇지 않은 개별 시편들이 더 많은 편이기는 해요. 또 시를 창작할 때 여기서 완벽하게 하지 못한 이야기는 다음 작품으로 이양해 발전시켜보자는 생각도 잘 하지 않는 편이고요. 하지만 앞에서 말씀드린 것처럼 시 창작을 대하는 저의 태도는 기본적으로 공통된 출발점에 놓여 있는 것이기에, 두 분이 나름의 해석으로 작품들을 연결하고 의미를 확장해주신 일에 대해 저는 감사할 뿐이에요. 정말로 재미있었어요. 지금도 시 한 편을 갖고 이리 뜯어보고 저리 뜯어보며 두 시간이 훌쩍 넘는 시간 동안 이야기할 수 있다는 점이 매우 놀라워요.

저 개인적으로 두 분께 전하고 싶은 말도 있어요. 계절별로 발표되는 작품들을 거의 다 따라 읽어주시는 것 같아서 너무 놀라웠는데, 지치지 않고 꾸준히 해주셨으면 좋겠어요. 정말로요.

**조대한**   꾸준히 하고 있지 못해 마음이 찔리네요……. 매 계절 발표되고 있는 시들을 누군가 읽고 있다는 사소한 응답으로 시작하게 된 일인데 그렇게 생각해주셨다니 저희가 오히려 감사

할 따름이에요. 팬으로서 응원하고 있을 테니 장미도 시인도 지치
지 않고 계속 즐거이 써주셨으면 좋겠습니다.

**최가은**　마무리까지 훈훈하네요. 그럼 다 같이 인사하고 끝내
볼까요. 오늘 함께해주셔서 다들 감사합니다.

**일동**　감사합니다.

**epilogue**

**조대한**   이번엔 역할을 바꿔서 제가 인터뷰어가 되어보도록 하겠습니다. 비평에 대해 쓰신 가은 씨 글을 몇 편 읽었는데요. 그 중 어떤 글에서 강보원 평론가의 말을 빌려 비평이 타협이라는 점에 '타협'하신 지점이 재미있었어요. 평소 비평의 내용만큼이나 한국문학비평이 생산되고 유통되는 방식에 관심이 많으시잖아요.

**최가은**   네, 맞아요. 그런데 요즘 제 고민이 어떤 의미가 있는 건지…… 솔직히 좀 피로감을 느끼고 있어요. 말씀해주신 글은 제가 '리뷰레터'라는 이름으로 시작한 뉴스레터의 프롤로그 글인데요. 기존 매체의 방식을 통과하지 않고 생산되는 비평을 고민하던 중에, 주변으로부터 추천받은 뉴스레터를 시작해봤어요. 대단한 목적이 있다기보다는 제 개인적인 비평 블로그 같은 걸 만들자는 소박한 취지에서 시작한 것이기도 하고요. 비평은 무엇이고 어떻게 해야 하는가 하는 추상적이고 때로는 소모적인 생각에 몰두하기보다는, 이것저것 고민이 닿는 만큼 일단 시도하고 있어요. 여전히 몸도 마음도 정신없고 그럴싸한 대답도 마련되지 않은 상태지만 나름 재미있기도 하고요. 대한 씨는 어떠셨어요?

**조대한**　어떤 것이요?

**최가은**　저희 이번 인터리뷰집의 경우도 물론 전에 없던 아주 새로운 방식이랄 수는 없지만, 나름 색다른 시도인 것은 맞잖아요.

**조대한**　그렇죠. 저희가 '시로' 리뷰를 시작한 것이 기존 계간지 지면이나 웹진이 아니라 블로그였으니까요. 시 한 편만을 대상으로 리뷰를 쓰고 시인분들을 인터뷰하는 방식이었고요. 제가 이전에 리뷰나 비평문을 쓰던 방식과는 조금 다른 시도였죠.

**최가은**　저희의 인터뷰가 2020년 한 해 동안 계간『자음과모음』비평 코너에 실리게 되면서, 일종의 투 트랙으로 독자분들을 만날 수 있는 것도 좋은 계기였어요. 사실 대한 씨 개인에게 주어진 리뷰 지면이었는데, '색다른' 리뷰 방식을 원했던 잡지 기획에 따라 '시로'와 연계를 시도한 것이잖아요. 지금 돌이켜보면, 한국

문학비평의 2020년은 결이 조금 다른 해였던 것 같기도 해요. 기존 체제에서 벗어나 혹은 그 안에서 변화의 방식을 모색하는 작업들이 두드러지고, 유난히 가시적인 해였으니까요. 그 이후로는, 글쎄요. 적어도 비평의 내용이 아닌 형식에 관한 한, 그런 시도들이 지속되고 있다고 판단되지는 않아요.

**조대한**　일정 부분 동의합니다. 개인적으로는 계간지 마감이 아니었다면 인터리뷰가 그렇게 체계적으로 진행될 수 있었을까 하는 생각은 들어요. 이 자리를 빌려 마감을 끝낼 수 있게 도와주신 편집자님께 감사 인사를 전하고 싶습니다. (웃음) 어쨌든 그것도 일종의 '타협'으로서 지속될 수 있었다는 생각이 들어요. 어떤 틀 없이 비평가 개인, 작가 개인이 자발적으로 어떤 프로젝트를 오랫동안 지속하는 일은 쉽지 않은 것 같아요. 다소 부끄럽지만 최근 저희도 생업에 치여 블로그 리뷰 쓰기에 소홀했었으니까요.

**최가은**　그래서 더 어려운 것 같아요. 저희가 몇몇 동료들과 개별적으로 이야기를 나눠봐도 알 수 있듯이, 다들 어느 정도는 문제의식을 공유하고는 있지만 고민을 이어나가고, 또 재미있는 다른 기획들을 지속해나가는 것 자체가 어렵다고 생각하잖아요. 결국 다 시스템의 문제 같은데요. 안정성이라는 장점도 있지만, 궁극적인 변화를 도모하기 어렵다는 점은 한계로 볼 수 있겠죠. 개인적으로는 동세대 평론가들의 비판의식이 기성 평론가들이나 선배 세대와의 문제의식은 물론 실행력과 연결되어야 지속과 변혁이 가능하다고 생각하는 편입니다만, 그래서 더 불가능한 이야기 같아요. (웃음)

말씀하신 대로 시스템의 체계 자체가 재생산의 원동력이기도 하고요. 저도 그렇고 대한 씨도 그렇고 각자 잡지 기획 과정에 참여해본 경험들이 있잖아요. 기획원들의 열정만으로는 일을 지속하기 어렵다는 것을 매순간 체감하고 있지요. 시스템을 마련하는 과정에서 비평가나 연구자 개개인들의 근본적인 고민을 예민하게 반영하는 일도 어렵고요. '시로'의 구성원은 특히나 저희 둘 뿐이어서…….

**조대한**  저희가 그렇지 않습니까. MBTI 상극이라는 P와 J의 만남……. 누가 무엇을 맡고 있는지는 비밀로 하겠습니다. 아무튼 저희 둘뿐이라 더 산만하게 진행될 수도 있었는데, 시인분들이 저희를 무조건적으로 믿고 많은 도움을 주셨어요.

**최가은**  맞아요. 정말 매번 신기하고 감사했어요. 어떻게 이렇게 흔쾌히 수락해주시고 즐겁게 참여해주실 수 있었는지. 시인들과의 인터뷰를 통해 좋았던 것을 함께 이야기할 수 있는 친구가 얼마나 소중한지 다시금 깨닫는 시간이었죠. 잠깐 일을 함께하고 헤어지는 사이가 아니라, 인터뷰를 통해 정말이지 좋은 친구들을 얻었어요. 리뷰의 인연으로 각자의 작업에 대한 응원을 직접 나눌 수 있는 사이가 된 시인들도 있고요. 기존 매체가 아닌 개인 블로그로 진행하는 것이라 더 응원해주신 듯해요.

**조대한**   저희가 리뷰를 쓰거나 인터뷰를 했던 시인들이 최근 1~2년간 첫 시집을 많이 내셨어요. 그분들이 시집을 내서 주목을 받고 동시에 많은 분들에게 사랑을 받는 모습을 보고 대문호들의 첫 발자국을 함께했다는 생각이 들어 괜히 뿌듯했습니다. (웃음) 가은 씨는 리뷰를 썼던 박지일 시인의 첫 시집 『립싱크 하이웨이』(문학과지성사, 2021)의 해설을 쓰기도 하셨잖아요. 저도 근시일 내에 출간 예정인 한여진 시인의 첫 시집에 해설을 쓰게 되었고요. 이런 데서 시와 비평이 쓰기를 넘어 소통에 가까운 행위가 된다는 느낌을 받는 것 같아요. 혹시 시인들과 나눈 소통 가운데 특히 기억에 남는 에피소드가 있나요?

**최가은**   기억에 남는 에피소드요? 강렬한 기억은 있죠. 우리의 첫 인터뷰이자 셋의 첫 만남이었던 주민현 시인 인터뷰 날…….

**조대한**   그날이 기억나세요? 저는 술을 많이 마셔서…….

**최가은**   기억이 전혀 나지 않는다는 사실이 강렬한 기억으로 남아 있다는 거죠.

**조대한**　그렇군요……. 주민현 시인은 한잔 더 하러 가시지 않았던가요? 지금 생각해도 충격적이네요. 그 뒤로 민현 시인과 저희는 좋은 술친구가 되었죠.

**최가은**　술자리의 기억이 없으면 친구가 되거나 적이 되곤 하더라고요……. 이번에 첫 시집을 내신 시인들이 독자들을 만날 자리가 있을 때, 저희 인터뷰와 관련한 질문이 나온다는 소식을 들은 적도 있어요. 그런 게 참 재미있고 신기했어요.

**조대한**　맞아요. 저희가 사실 오랫동안 함께 이야기해온 기획이긴 했지만, 막상 시작은 얼마간 충동적인 면이 있었잖아요? 그런데 시인분들과 독자분들도 그렇고 또 출판사 쪽에서도 관대하고 애정 어린 시선으로 지켜봐주셨던 것 같아요. 저희의 작업이 이렇게 한 권의 책으로 멋지게 묶여 나오게 된 것도 다 그분들 덕분이라고 생각합니다.

**최가은**　맞습니다. 그리고 저는, 개인적으로는 또 뭐랄까요. 평소 저와 대한 씨가 추구하는 비평의 방향성이랄까요? 그런 게 좀 다른 부분이 있잖아요? 앞서 「프롤로그」에서 잠시 언급하기도 했지만, 대한 씨는 본인이 문학비평을 한다는 것의 의미를 좋은 작품을 더 많은 독자분들에게 소개하고 문학의 독자층을 확장하는 것에 두고 계시죠. 반면, 저는 비평을 조금 더 편향적인 행위로 생각하는 쪽이에요. 좋은 작품을 더 많은 독자에게 확장한다기보다는, 제게 좋은 작품을 저 자신에게, 혹은 저와 유사한 입장의 집단에게 해명하려는 의지가 앞서는 편이죠. 저에게는 비평이 일종의 '의미 투쟁'으로 여겨지기도 하니까요. 말하다 보니 여기서 저희 둘의 성격 차이가 보이는 것 같기도 하고요.

　어쨌거나 그렇기 때문에 자연스레 저희가 평소에 하던 고민의 성격이 다를 수밖에 없어요. 우리가 밤낮으로 함께 공부하던 때를 지나, 대한 씨가 2~3년 먼저, 또 제가 그 뒤에 말 그대로 '시스템' 속에서 비평을 쓰기 시작하면서 고민의 구체적인 지점도 더욱 달라졌죠. 그러던 와중에 저와 관점이 다른 대한 씨와 각자의 입장에서 작품에 대해 이야기를 나눈 과정이 무엇보다 문학비평이 무엇일 수 있는지에 대해 고민해보는 시간이어서 뜻깊었던 것 같아요. 제 입장과도 거리를 많이 두게 되었고요. 의견 차가 끝내 좁혀지지 않은 지점들도 많았지만, 그 때문에 함께한 결과물로서 이 작업물이 더욱 의미가 있어요.


**조대한**　감동이네요. 게으른 저를 이끌고 어떤 결과물을 남기게 해주셨다는 점에서 가은 씨께 한없이 감사한 마음뿐이에요.


**최가은**　(웃음) 그래서 대한 씨는 앞으로 계획이 어떻게 되시나요?

**조대한** 당장 내일 일에 쫓겨 살아가는 것이 변함없는 저의 하루살이 루틴이라 거창한 계획이랄 것은 딱히 없는데요. 음…… 몇 학기째 마음속에 커다란 짐으로 남아 있는 박사 논문을 이제는 정말 떠나보내고 싶네요. 정작 다른 마감과 일정에 쫓겨 내용은 그대로일 것 같지만요.

**최가은** '박사 논문'이라…… 갑자기 마음이 무거워지네요. 지금 서로 먼저 가지 말라며 바짓가랑이를 붙잡고 있는 모양새인데. 응원합니다, 그래도. 저도 논문을 무사히 완성하는 것이 제일의 목표고요. 또 비평에 관해서는, 더 이상 고민 속에 그저 파묻혀 있지 말고 고민을 지속하면서도 그 속에서 이것저것 시도하고 또 실패하는 것이 목표예요. 저의 실패에 조금 더 너그러워지기로 했고요. 이 부분에 관해서는 대한 씨의 다정한 우정에 빚진 게 정말 많아요. 제가 좀 불안정한 사람이라. (웃음) 늘 고맙게 생각합니다.

제게 좋은 시와 작품들은, 물론 그것의 목록이 조금 한정되어 보일지라도……. 제가 기왕에 했던 말을 번복하면서라도 그 한정된 목록에 반복적으로 집중하고 싶어요. 1년 전에 이 작품을 보면서 했던 생각, 2년 전에 이 작가에 대해서 '알아버렸다'고 자신했던 생각 등이 시간이 지나면서 계속해서 바뀌더라고요. 요즘은 문보영 시인의 일기와 이소호 시인의 시집 『캣콜링』(민음사, 2018)을 둘러싼 말들에 대해 계속 다시 생각하고 있어요. 생각을 뒤엎는 목록에는 물론 저희 인터리뷰집의 인터뷰와 리뷰에서 다뤘던 시들이 가장 많이 포함되고요. 또 서로 너무 정신이 없어서 요즘에는 밥 한 끼 함께 하기도 힘들지만, 대한 씨와 또 재미난 기획을 언젠가 함께해보고 싶어요.

**조대한**   그러니까요. 우리 통화할 때마다 다음에는 이런 거 해보자 저런 거 해보자, 그런 이야기를 빠지지 않고 나누는데 막상 시작한 건 아무것도 없잖아요? (웃음) 음……, 시를 다룬 인터리뷰집이 1호였으니 다음번에는 소설이나 비평을 다루는 인터리뷰집 2호, 3호가 나오게 될까요?

**최가은**   글쎄요…….

# 시, 인터-리뷰

SIRO ; 시로 읽는 마음, 그 기록과 응답

ⓒ 조대한 최가은, 2022

초판 1쇄 인쇄일  2022년 11월 17일
초판 1쇄 발행일  2022년 12월 1일

지은이    조대한 최가은
펴낸이    정은영
편집      정수향
마케팅    최금순 오세미 공태희
제작      홍동근

펴낸곳    (주)자음과모음
출판등록  2001년 11월 28일 제2001-000259호
주소      10881 경기도 파주시 회동길 325-20
전화      편집부 (02)324-2347  경영지원부 (02)325-6047
팩스      편집부 (02)324-2348  경영지원부 (02)2648-1311
이메일    munhak@jamobook.com

ISBN 978-89-544-4855-0 (03810)